대통령 예수

다른 세상을 상상하는 그리스도인을 위한
예수 스타일 정치 이야기

대통령 예수

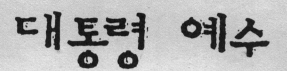

다른 세상을 상상하는 그리스도인을 위한 예수 스타일 정치 이야기

셰인 클레어본, 크리스 호 지음 정성묵 옮김

살림

'하나님 나라'라는 대안세계의 감격을 꿈꾸는 이들을 위해

김민웅(성공회대 교수. 기독교 윤리학–세계체제론)

이건 이제 새삼 놀랄 만한 일도 아니다. 오늘날 한국 사회에서 교회가 도처에서 비난의 대상이 되고 있다는 현실 말이다. 그냥 점잖은 어조로 하는 비판의 대상 정도가 아니다. 조롱과 풍자의 존재로 전락하고 있다. 왜 그런가? 교회가 탐욕의 성채로 자신을 살찌우고 있기 때문이다. 신실한 신자들의 입장에서는 혹 억울하기도 하고 거북하기 짝이 없기도 할 것이다. 신자가 아니더라도 이는 안타까운 일이다. 오래전 예수가 예루살렘 성전을 향해 '강도의 소굴'이라고 했던 기억을 뼈아프게 새기고 지냈다면 그나마 사정이 달라졌을 텐데. 사랑보다는 이기적 성취를 축복으로 선전하고 정의보다는 순종을 최선의 덕으로 가르치는 곳에서 예수가 설 자리는 없다.

민중을 못살게 군 전제군주를 가리켜 '여우 헤롯'이라고 질타하는 예언자의 목소리보다는, 권력 앞에서 얌전하게 머리를 조아리고 교회를 경영의 대상으로 여겨 시장의 논리를 도입하는 종교가 사회적 존경을 받기는 당연히 어렵다. 한국의 적지 않은 교회는 이런 식으로 예수를 배반한 지 이미 오래인지 모르겠다. 그러나 자신이 배반자라는 의식조차 존재하지 않는다. 하나님 나라 앞에서 '회개'가 없는 것이다. 여기서 한국 교회 또는 한국 기독교의 불행은 지속되고 있다. 특히 성서에 대한 이해에 대해 말하자면, 많은 이들이 엄청난 해석의 왜곡 속에서 자기들이 필요한 것을 취사선택해서 설교에 끼워 놓는 방식으로 신자들을 세뇌하고 있다. 아니 세뇌라기보다는 거세라는 쪽이 옳을 것 같다. 정의에 대한 용기, 작은 자들에 대한 사랑, 평화를 위한 헌신, 자본의 유혹과 폭력을 이기는 힘은 제거 대상이다. 아닌가? 하나님 나라 일꾼으로서 가져야 할 이런 능력은 점점 기대하기 어렵다. 하나님과 맘몬을 동시에 섬겨 '출세할 수 있는 믿음'을 확신하도록 해 주는 곳은 그래서 부흥이라는 이름 아래 융성해지고 있다. 비극이다.

　미국의 기독교는 그렇다면 좀 상황이 다를까? 한국 기독교의 본류가 미국 기독교라는 점에서 이런 질문에 대한 대답은 주목된다. 그런데 셰인 클레어본과 크리스 호가 지은 『대통령 예수』는 오늘날 미국 기독교가 예수의 본래 가르침과 멀어도 너무나 거리가 먼 곳에 있음을 폭로하고 있다. 이 땅에 진정한 사랑과 정의를 일구어나가는 예수의 하나님 나라 운동은 어느새 망각되고, 교회와 신학이 제국의 지배를 위한 도구가 되고 자본의 탐욕과 전쟁의 승리를 위한 지침처럼 변질되어버린 현실에 눈감지 않고 있다. 이런 시선은 기독교에 대한 비신앙인의 편견이나 이데올로기적 해석에 근거한 것이 아니다. 성서의 본질적 메시지에 충실한 영혼이 탄생시킨 일깨움이다. 그런 까닭에 이 책은 성서가 처음부터 제국의 지배와 구별된 새로운 세상을 목표로 함을 분명히 하고 있다는 점을 놓치지 않고 있다. 그건 당연한 각성이다. 이 세상의 작고 약한 자들을 희생시키면서 힘과 욕망의 궁전을 짓는 일에 몰두하는 제국을 하나님께서 선하다고 칭찬하실 리가 없다. 도리어 이런 제국의 희생자들, 그 제국의 주변부에서 진정한 희망을 품고 일어서고자 하는 이들을 역사의 주역으로 내세우시는 것이 하나님의 뜻이다. 이 책은 그걸 성서의 눈을 통해 설득력 있게 풀어나가고 있다.

　셰인 클레어본과 크리스 호는 평화운동가이다. 그와 동시에 이들은 성서가 주는 하나님 나라에 대한 영감으로 가득 찬 사람들이다. 그런 그들의 눈에 보이는 미국의 현실은 하나님 나라의 꿈을 짓밟고 좌절시키는 바빌론 제국의 현대판이다. 자본의 위력에 굴종하게끔 설득하고 권력의 죄에 동조하도록 하며 특히 전쟁의 폭력을 옹호하도록 만드는 제국의 종교로 전락한 미국 기독교에 대한 비판은 거침이 없다. 만일 이런 책을 미국인이 아닌 저자가 썼다면 이데올로기적 반제국주의 선동이라고 몰아붙였을 수도 있다. 하지만 이 책의 저자들은 단지 미국의 제국주의와 미국 기독교의 문제를 신랄하게 짚어내는 것으로 그치지 않는다. 그렇게만 했다면 그건 독설을 쏟아낸 것에 불과할 수 있다. 그러나 이들은 진정한 사랑과 정의가 오랜 시간 누룩처럼 번져서 세상을 변화시키는 미래에 대한 믿음을 진지하게 일깨우고 있다. 우리 자신이 자기도 모르게 빈곤해진 정치적 상상력을 풍부하게 할 수 있는 길을 제시하면서, 일상의 소소한 지점에서부터 국제적인 현실에 이르기까지 우리가 하나님 나라의 실현을 위해 할 수 있는 일들이 무엇이 있는지 소개하고 있다. 사례는 미국의 현실이지만 우리의 상황에도 마찬가지로 충분히 대입하고 새로운 발상을 해볼 수 있는 근거를 마련해준 셈이다.

이 책은 무엇보다 재미있다. 성서의 내용을 구태의연하게 다시 설명하려고 드는 것이 아니라 생생한 현실감을 가지고 박진감 있게 풀어나가고 있다는 점에서 빼어나다. 이 성서 해석은 역사와도 하나가 되어 그 성서 해석에 살이 붙고 피가 흐르게 하고 있다. 따라서 이 책을 읽는 사람들은 성서 해석과 역사에 대한 조명을 동시에 이룰 수 있는 일거양득의 체험을 하게 될 것이다. 기존에 관성을 가지고 이해했던 성서의 대목이 신선한 충격과 함께 깨달음으로 읽힐 수 있는 기쁨을 누리게 될 것이다. 그에 더하여 "그래, 이상은 좋은데 현실이 힘겹잖아." 하고 탄식하고 좌절하기 쉬운 마음에 현실적으로 가능한 선택과 행동의 무수한 본보기들을 미담처럼 들려준다. 그 이야기들을 접하면 우리 자신이 그동안 얼마나 지적으로 게으르고 정신적으로 허약했는지 깨닫게 된다. 책의 후반부에 펼쳐지는 구체적인 이야기들 하나하나가 감동적이다. 그래 맞다. 우리가 세상을 논리로 설득하는 자들이 아니라 진정과 행동으로 감동하게 하는 자들이 될 때 비로소 세상은 변하는 것이다. 아, 정말 그렇구나. 하나님 나라는 우리 안에 있다. 거기에서 시작된다. 이걸 믿으면 '지금, 이 자리'가 곧 하나님 나라의 신나는 일터가 될 것이다. 이 책은 그런 일터를 찾는 이들을 뜨겁게 격려해주고 있다.

당신은 좋은 가정에서 태어났다.
열심히 일하는 아빠와 언제나 곁을 지켜준 엄마.

부모는 당신과 남동생에게 나누며 살라고 가르쳤고
잠자리에 들기 전에 꼭 기도하는 모습을 보여주었다.

주일학교에서 예수님에 관해 배웠고
또래 아이들과 찬양을 불렀다.

노아의 방주, 모세와 십계명, 구유에 잠든 아기 예수님 이야기.

미국이 축복받은 나라라고 배웠다.
좋은 크리스천 리더가 이끄는 나라에서 태어난 게 너무도 감사했다.

손을 가슴이나 눈썹 위에 대고 하나님과 국가에 충성을 맹세했다.

하나님이

이 거룩한 국가에서 역사하고 계신다고 확신했기에.

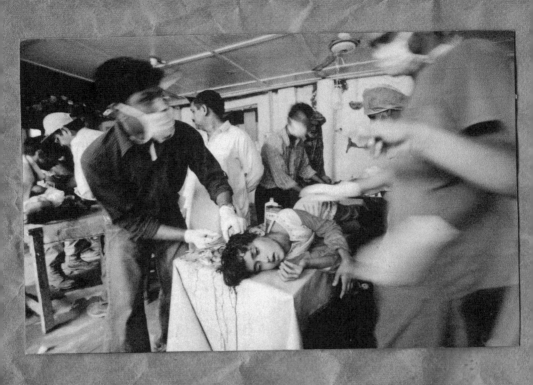

하지만 요즘 들어 이것이 정말로 하나님의 뜻인가 싶다.

하나님이 정말로 권좌를 통해 역사하시는지 의문스럽다.

혹시 하나님의 생각은 완전히 다른 건 아닐까?

차례

사랑과 아름다움으로 가득하던 피조 세계가 타락하면서 사람들이 흉악해지고 끔찍한 혼란이 찾아온다. 어떻게 해야 할까? 홍수를 일으켜 새롭게 시작해야 할까? 하늘까지 이르는 탑을 쌓아야할까? 사람들을 악한 나라들의 틈바구니에서 구출해내 약속의 땅으로 이끌 리더로 모험심 강한노부부를 임명해야 할까? 인류를 그들 자신으로부터 구할 방법이 있어야 하는데……

구별된 백성들을 복의 통로요 살아 있는 성전으로 형성하는 과정이 지지부진하다. 해법은?하나님이 세상에 진정한 사랑을 보여주기 위해 육체를 입으신다. 단, 평화의 왕은 대량 학살의와중에 망명자로 태어나 제국의 처형장에서 구조된 후 이 특별한 백성들 위에 서신다. 혁명을시작하는 방법치고는 꽤 이상하다.

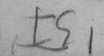

서문
그리스도인에게
정치적 상상력을!

이 책의 목적은 예수님을 알기 원하는 사람들과 미국 교회의 상상력을 되살리는 것이다. 교회는 국가와 사랑에 빠지면서 상상력을 잃어버렸다. 세계 유일의 초강대국을 운영하면 혜택 못지않게 많은 유혹이 찾아온다. 이 유혹으로 인해 교회의 정체성은 왜곡되었다. 권력의 맛을 본 교회는 십자가에 달린 예수님을 따르는 것보다 '역사의 흐름을 주도하는 일'에 더 열심인 듯하다. 우쭐대며 힘에 호소하는 애국주의적 가치가 겸손, 온유, 희생적 사랑 같은 영적 가치 위에 설 때가 너무도 많다.

교회(敎會, church):

(명사) 이 책에서 교회는 (기쁠 때나 슬플 때나) 예수의 하나님을 세상에 드러내는 사람들의 집단을 말한다.

국가(國家, state):

(명사) 이 책에서 국가는 왕이나 대통령,
입법부가 독립 정부를 갖고 다스리는 나라를
말한다.

우리 교인들은 정신분열증에 빠져 있다. 그러니까 좋은 그리스도인이고 싶지만 속으로는 오직 국가의 군사력과 경제력만이 세상을 바꿀 수 있다고 믿는다. 그러다 보니 미국인으로 사는 것과 그리스도인으로 사는 것을 구별하지 못하는 사람이 많다. 이처럼 권력은 교회의 목적과 관행을 타락시킨다. 두 주인을 섬길 수 없다는 예수님의 말씀은 한 주인을 섬기면 필히 다른 주인과의 관계가 파괴된다는 뜻이다. 우리 형제이자 동료 운동가인 토니 캄폴로의 말을 빌리자면 "교회와 국가를 섞는 것은 아이스크림을 소똥에 섞는 것과 다름없다. 소똥은 괜찮지만 아이스크림은 완전히 망가진다." 예수님의 말씀처럼 온 세상을 얻고도 영혼을 잃는다면 무슨 소용인가?

그래서 우리에게 필요한 것은 성경의 정치적 상상력, 새로워진 기독교 정치, 새로운 희망과 목표와 관행을 탐구하는 것이다. 무의미한 대통령 후보 토론에 좌지우지되지 않는 기독교인의 숫자가 늘어나고 있는 것은 바로 이런 쇄신이 일어나고 있다는 분명한 증거다. 온갖 잡음 속에서도 우리는 텔레비전을 끄고 성경책을 펴서 세상을 다시 상상할 준비가 되어 있다.

지난 몇 년 사이에 교회와 국가의 경계는 더욱더 모호해졌다. 가장 결정적인 예는 미국 국무부에서 흘러나오는 기독교의 언어다. 미국 국무부는 그리스도인들이 이라크 전쟁과 아프가니스탄 전쟁을 주도했다며 직간접적으로 하나님을 들먹이고 있다. 애국주의 목사들은 그리스도와 전혀 닮지 않았던 미국의 역사에 눈감고서 무조건 미국을 기독교 국가로 내세운다. 하나님 나라를 구현한 초국가적 교회에 소망을 두어야 하건만 우리는 미국이 세상을 향한 하나님의 소망이라고 생각한다. 하지만 오늘날의 미국은 전혀 그리스도를 닮지 않았다. 우리가 직접 만난 열두어 명의 군인들은 국가에 대한 충성심을 잃을 정도로 극심한 정체성 위기를 고백했다. 그뿐만이 아니다. 과연 하나님이 이라크 전쟁과 아프가니스탄 전쟁을 축복하셨을까? 글로벌 경제의 일상적 현실은 가난한 자들을 향한 하나님의 비전과 전혀 어울리지 않는다. 이런 상황에서 미국 화폐에만 '우리는 하나님을 신뢰합니다(In God We Trust)'라고 쓰면 다인가? 많은 그리스도인이 의문을 품고 있다.

이 책을 통해 우리는 '정치적'이란 용어를 더욱 광범위하게 정의하고자 한다. 계속해서 읽어보면 알겠지만 정치란 단순히 입법부, 정당, 정부만을 의미하지 않는다. 그래서 우리는 기독교 신앙이 정치적이라고 말하되 그 의미나 양상에 대해서는 다시 정의하고자 한다. 우리가 세상과 관계를 맺는 모습, 바로 그것이 정치다.

이 책의 목적은 새로운 학문 분야를 여는 것이 아니다. 그런가 하면 성경의 모든 책에 대한 철저한 정치적 분석을 원하는 독자는 이 책이 너무 넓은 붓을 사용하고 있다는 점에 실망할지도 모른다. 우리는 단지 학자들과 평범한 성도들의 통찰을 이 책에 담고자 했다. 우리가 인용할 학자들은 예수 그리스도의 진정한 신학적, 역사적 의미를 이해하기 위해 평생을 바쳐온 사람들이다. 역사상 가장 창조적인 왕의 이야기를 시와 실제 삶과 이미지에 담아내려고 노력한 그들에게 깊이 감사한다.

먼저 히브리 성경[1]부터 살펴보자. 왜냐하면 예수님의 이야기가 히브리 성경에서 시작되기 때문이다. 다짜고짜 복음을 다루고 예수님에 관해 쓰는 것은 옳지 않다. 예수님의 뿌리가 되는 이야기를 듣고 그 뿌리를 통해 예수님의 언어와 정치와 행동을 조명해야 옳다. 미국의 내러티브는 미국에서 시작되지 않았으며 미국에서 끝나지 않을 것이다. 마찬가지로 예수님의 이야기는 마태복음에서 시작되지 않았으며 요한계시록에서 끝난 것도 아니다.

1부
왕과 대통령이 있기 전

태초에

　까마득한 옛날에는 왕이나 대통령이 없었다. 오직 하나님만이 왕이요 대통령이셨다. 성경은 우리 스스로 망쳐놓은 세상으로부터 끊임없이 인류를 구해주시는 하나님에 관한 이야기다. 하나님은 하늘 왕국을 이 땅에서 이루고 계신다. 다시 말해, 하나님은 황제와 왕들의 땅을 탈출하여 약속의 땅으로 향하는 사람들의 모험을 이끌고 계신다. 먼저 하나님은 파라오의 독재로부터 한 무리의 노예들을 구해내셨다. 하나님은 히브리 노예들을 눈물과 피땀으로 가득한 고통스런 상황에서 구해내 제국보다 더 좋은 곳으로 이끄신 구원자셨다. 그분은 만국 중에서 세상을 환하게 밝혀줄 새로운 사람들, 곧 '거룩한 백성'을 형성해가셨다. 저런, 이야기가 너무 앞서갔다.

이 이야기는 어느 동산에서 시작된다. 이 동산에는 전쟁도 가난도 오염도 유행병도 없었다. 패스트푸드 식당이나 노동력을 착취하는 공장도 없었다. 공화당이나 민주당은커녕 녹색당도 없었다. 동산은 완벽한 곳이었다. 딱 하나, 유전자 조작을 하지도 농약을 치지도 않은 유기농 과일 나무들 한가운데 최초의 인류가 절대 손대지 말아야 할 나무가 한 그루 있었다. 선악을 알게 하는 나무. 하나님은 아담과 하와¹⁾에게 이 나무의 과실을 먹는 순간 '죽음'을 맛보리라 경고하셨다. 하지만 아담과 하와는 그 죽음이라는 것을 감수하기로 했다. 하나님과 같은 지식을 얻을 수만 있다면 죽음 따위는 그리 큰 대가처럼 보이지 않았다. 교활한 뱀은 금지된 열매를 먹으면 하나님처럼 될 수 있다며 아담과 하와를 꼬드겼다. 하나님처럼 될 수 있다니, 이 얼마나 멋진 일인가. 선과 악, 아름다움과 추함을 분간할 눈이 생긴다니. 자기 운명을 스스로 통제할 수 있게 된다니. 우리 모두는 하나님처럼 되기를 원하지 않는가? 그래서 아담과 하와는 금지된 열매를 삼켰다.

그러자 순식간에 온갖 추악한 것이 나타났다. 동산 밖 문명에서 처음으로

> 우리를 사로잡는 것은 아름다운 것이다. 아마도 가장 큰 유혹은 하나님께 반대하려는 마음이 아니라 하나님처럼 되려는 마음일 것이다. 독이 든 과일일수록 더 맛있어 보이는 법이다. 그런 의미에서 자유와 평화, 정의 같은 이상은 얼마나 위험한지 모른다. 이런 이상은 하나님의 마음에 가깝기 때문에 그 유혹이 실로 대단하다. 실제로 우리는 아름다운 것들을 위해 목숨을 걸고 사람을 죽인다. 우리가 팔고 착취하고 위조하는 것은 아름다운 것들이다. 우리는 소유물에 오히려 소유 당하고 있다. 다시 말해, 우리는 자유의 추구라는 굴레에 갇혀 있다. 평화를 위해 싸우는 국가들은 폭력을 깨뜨리겠다는 명목으로 폭력을 자행하고 있다. 뱀의 속임수는 너무도 교활하고 감쪽같다.
>
> 인간의 추악함은 대개 아름다움을 왜곡된 방식으로 추구한 결과다. 예를 들어, 탐심은 복을 인정하는 데서 출발한다. 살인의 출발점은 정의를 향한 갈망이다. 아름다움을 몰라보는 사람은 정욕을 품을 수 없다. 폭식은 하나님의 선물을 과용한 결과다. 우상 숭배는 아름다운 것에서 하나님의 영광을 본 후 아름다운 것이 숭배를 받아 마땅하다는 식으로 논리를 확대한 결과다.

일어난 사건은 살인이었다. 아담과 하와가 금단의 열매를 먹은 탓에 에덴의 자손들은 죽음이라는 씁쓸한 뒷맛을 보게 되었다. 창세기 4장을 보면 그 죽음의 이야기가 나온다. 아벨은 양치기였고 가인은 농부였다. 최초의 형제 살해는 농부가 자기 밭에서 목자를 죽인 사건이었다(오늘날까지도 이민 노동자와 농부는 토지 쟁탈전을 벌이고 있다).

이때 하나님은 무시무시한 말씀을 하셨다. "네 아우의 피가 땅에서부터 내게 울부짖는구나." 가인이 혼란을 일으킨 뒤에 취한 행동은 자기 아들 에녹의 이름을 딴 도시를 건설한 것이었다. 그때부터 문명의 이야기가 시작된다. 선악을 알게 하는 나무는 인류를 보호하는 제방이었다. 그런데 이제 인류가 그 열매를 먹음으로써 제방이 터지고 폭력의 홍수가 세상으로 쏟아져 들어왔다. 그러자 오래지 않아 사람들은 부와 권력을 좇아 서로를 학살하기 시작했다.

문명은 형제 살해와 함께 시작되었다.

홍수

성경 첫 번째 책의 여섯 번째 장에서부터
상황은 벌써 심각해져 있었다. "그때에 온 땅
이 하나님 앞에 부패하여 포악함이 땅에 가
득한지라."(창 6:11) 폭력이 전염병처럼 온 땅
을 시커멓게 물들였다. 이에 대한 하나님의
대응책은 뭐였을까?

얼핏 홍수는 지독히 폭력적인 현상처럼 보
인다. 오늘날 허리케인과 쓰나미가 얼마나 참
혹한가. 하지만 사실 노아의 홍수는 피조 세
계를 부패와 폭력으로부터 보호하기 위한 조
치였다. 하나님의 이독제독(以毒制毒), 혹은
지구의 생명을 유지하기 위한 가지치기라고
나 할까. 하나님은 지극히 사랑하시는 인류
가 스스로 망하는 꼴을 두고만 보실 수 없어
홍수로 인류를 구원하셨다.

"하나님이 이르시되 내가 나와 너희와 및 너희와 함께하는 모든 생물 사이에 대대로 영원히 세우는 언약의 증거는 이것이니라. 내가 내 무지개를 구름 속에 두었나니 이것이 나와 세상 사이의 언약의 증거니라. 내가 구름으로 땅을 덮을 때에 무지개가 구름 속에 나타나면 내가 나와 너희와 및 육체를 가진 모든 생물 사이의 내 언약을 기억하리니 다시는 물이 모든 육체를 멸하는 홍수가 되지 아니할지라. 무지개가 구름 사이에 있으리니 내가 보고 나 하나님과 모든 육체를 가진 땅의 모든 생물 사이의 영원한 언약을 기억하리라. 하나님이 노아에게 또 이르시되 내가 나와 땅에 있는 모든 생물 사이에 세운 언약의 증거가 이것이라 하셨더라."(창 9:12~17)

탑

문명이 시작되자 인류는 하나님 앞까지 이르려는 열망으로 불타올랐다. 뉴욕과 바벨은 물론이고 온 천지에 하늘을 찌르는 탑들이 솟아오른다. 주일학교에서 바벨탑에 관한 옛날이야기를 들은 기억이 나는가? 아니면 밥 말리의 흘러간 옛 노래 가사에서 바벨론에 관해 배웠는가?

하나님의 백성들은 하늘에 닿을 탑을 쌓기로 했다(창 11장). '온 땅의 언어가 하나요 말이 하나'였던 시대에 사람들은 자신들이 무한한 능력이라도 가진 듯 자아도취에 빠져 있었다. 그러다 급기야 자신들의 명성을 떨치게 해줄 거대한 우상을 세우기 시작했다. 목적은 천국의 아름다움을 얻으려는 것이었지만 에덴동산에서 동행했던 하나님으로부터 점점 더 멀어지는 결과만 낳았다. "그 하고자 하는 일을 막을 수 없으리로다."(창 11:6) 하나님의 이 말씀은 히로시마와 나가사키를 연상시킨다. 하나님은 무한한 능력을 싫어하신다. 그것은 인간의 무한한 힘이 하나님께 위협이라서가 아니라 인간 자신에게 해롭기 때문이다. 그래서 하나님은 인간이 하늘까지 다리를 놓도록 놔두지 않고 높은 곳에서 '내려오셔서' 언어를 혼잡하게 하여 무리를 사방으로 흩으셨다. 이제 인간은 서로의 말을 알아듣지 못하게 되었다. 이로써 조화와 커뮤니케이션, 화해의 소망은 오직 하나님께만 있게 되었다.

하지만 이 이야기는 비극이 아닌 구원의 이야기다. 언어가 흩어진 것은 하나님의 징벌이 아니라 오히려 인류가 제국주의적 프로젝트로부터 구원받게 된 사건이었다. 그대로 두었다면 필시 인류는 죽음으로 치달았을 것이다. 탑 주위의 땅은 바벨론으로 알려지게 되었다. 알다시피 이 바벨론은 훗날 제국주의의 상징과도 같은 국가가 된다. 성경은 바벨론이라는 '큰 음녀'로 구체화된 거짓 아름다움을 묘사하면서 끝을 맺는다. 세상의 왕과 상인들, 만국이 음녀 바벨론과 더불어 음행을 한다. 그들은 이 음녀의 화려함 앞에서 넋을 잃는다. 온 세상이 그 아름다움에 놀라워한다. 하지만 음녀는 결국 무너지고 만다. 바벨탑에서 언어가 흩어진 이야기 직후에 아브람과 사래의 이야기(창 12장)가 등장하는 것은 우연이 아니다. 집도 힘도 없는 아브람과 사래는 바벨탑 프로젝트와 인상 깊은 대조를 이룬다. 하나님은 (세상에서 악을 없애는 것이 아니라!) 세상을 위한 복의 통로로 새 민족으로 세우기 위해 아브람 내외를 언어적 혼란의 한복판에서 불러내셨다. 하나님은 새로운 법과 새로운 문화, 그리고 인류의 구속이라는 새로운 운명으로 그들을 구별되게 하셨다.

아브람과 사래의 이야기는 곧 우리의 이야기다. 그것은 우리 조상의 이야기다. 하나님은 세상을 구속하고자 아브람 가족을 이루셨다. 하나님은 아브람에게 '많은 민족들의 아버지'(창 17:5)라는 뜻의 아브라함을 이름으로 주시기 전 그렇게 말씀하셨다. "너는 너의 고향과 친척과 아버지의 집을 떠나 내가 네게 보여줄 땅으로 가라. 내가 너로 큰 민족을 이루고 네게 복을 주어 네 이름을 창대하게 하리니 너는 복이 될지라. 너를 축복하는 자에게는 내가 복을 내리고 너를 저주하는 자에게는 내가 저주하리니 땅의 모든 족속이 너로 말미암아 복을 얻을 것이라."(창 12:1~3)

하나님은 이 망명자들에게 의미로 충만한 새 이름을 주셨다. 드보라, 엘리야, 미리암, 이삭, 라합, 한나, 아론. 이들은 더 이상 제국에 속하지 않는 영웅들이다. 그들은 새로운 이야기의 등장인물이다. 모든 이집트인이 파라오의 이름 앞에 절했지만 이 새로운 이야기에서 파라오는 무명의 존재일 뿐이다. 파라오는 단순한 사람이 아니다. 그는 이 영웅들이 떠나온 세상의 아이콘이다. 하지만 이 새로운 가문은 자신만을 위해서가 아니라 폭력과 죄로 물든 세상을 치유하고 축복하기 위한 하나님의 모략을 위해 구별되었다. '복의 통로'는 무엇을 의미하며, 그들이 어떤 종류의 백성들이 될까? 이 질문을 이 책에서 탐구해보자. 아무튼 그들은 제국의 어둠 속에서 신음하는 여러 민족을 구속하기 위해 구별된 독특한 공동체였다.

•이집트 탈출

히브리인들은 추악한 제국 안에 살면서 극심한 고통을 당한 민족이다. 돈 한 푼 받지 못하면서 파라오의 은행 건축에 쓸 벽돌을 구운 세월이 몇 해인지 모른다. 정작 자신들의 가족은 굶어죽는데 파라오 가족의 식량 창고를 지어야 했다. 정작 자신들의 자녀는 가난에 시달리는데 부유층 아기의 산파 노릇을 해야 했다. 자신들이 참여하지도 못할 연회를 준비하고, 자신들은 구경도 못할 사치품을 지키기 위해 전쟁터에서 목숨을 버려야 했다. 한마디로 그들은 노예였다.

하나님은 억압받는 자들의 울부짖음을 외면하지 않으신다. 히브리 성경에는 사람들이 하나님께 부르짖고 하나님이 그 부르짖음을 들으셨다는 구절이 자주 나타난다. 고통의 소리를 들으신 하나님은 히브리 노예들을 제국의 땅에서 빼내 젖과 꿀이 넘쳐흐르는 약속의 땅으로 인도해가셨다.

하나님은 이집트 탈출의 대장정을 이끌 리더로 아무나 세우지 않으셨다. 제국의 대량 학살 와중에도 지혜롭고 용감한 한 여인은 갓난아기를 바구니에 넣어 강으로 흘려보냈다. 그러자 이번에는 대담한 공주가 그 바구니를 발견하고 아기를 품에 안았다. 이 아기가 바로 모세였다. 제국과 대량 학살의 마수가 미치지 못하는 약속의 땅으로 하나님의 백성들을 인도해 갈 리더. 모세는 태어난 순간부터 압제적 체제의 그늘 아래서 떨어야 했다. 하지만 처음 강물 위에서 떨 때도, 파라오의 군대가 바다에 수장되었을 때도, 하나님은 모세를 적시에 구해내셨다.

모세는 파라오의 땅에서 백성들을 인도해 나왔지만 왕은 아니었다. 그보다는 '하나님의 대변자'인 선지자에 가까웠다. 모세가 가는 곳마다 왕들이 차례로 권좌에서 떨어져나갔다. 하나님이 히브리 노예들을 대신하여 싸우시자 군대와 전차들이 고꾸라졌다. 그 과정에서 하나님은 복수가 우리가 아닌 그분께 속했다고 가르치셨다. 복수는 금단의 열매였다. 하나님은 백성들이 손에 피를 묻힐 때마다 호되게 나

King of Jericho
King of Ai
King of Jerusalem
King of Jarmuth
King of Lachish
King of Eglon
" Gezer
" Debir
" Geder
" Hormah
" Arad
" Libnah
" Adullam
Kings of Makkedah,
Bethel, Tappuah,
Hepher, Aphek,
Lasharon, Madon,
Hazor, Shimron Meron,
Acshaph, Taanach,
Megiddo, Kedesh, Jokneam
in Carmel, Dor, Goyim in Gilgal,
Tirzah... 31 in all.

3'7

무라셨다. 한편, 이스라엘 백성들은 왕과 파라오의 땅에서 멀리 떨어진 팔레스타인 산지에서 드보라와 사무엘 같은 '사사(shophetim)'와 '선지자(nebi'im)'를 중심으로 독립적인 삶을 구축했다. 이로써 하나님은 다시금 이 특별한 민족 국가의 왕이 되셨다. 히브리 백성들은 더 이상 왕을 믿지 않았다. 오직 하나님만이 유일한 왕이셨다.

하지만 오래지 않아 히브리 백성들은 주변의 여느 국가들처럼 보고 만지고 절할 수 있는 인간 왕을 갖고 싶어졌다. 아시리아와 바벨론 같은 인근 제국이 강성해지자 히브리 백성들도 지배라는 허무한 꿈에 빠져들었다. 왕 아래서 죽도록 고생한 지가 얼마나 되었다고 스스로 왕을 원하는 모습이 얼마나 한심한가. '다른 국가들처럼' 왕을 원한다는 것은 믿음과 상상력이 마비되었다는 증거다. 히브리 백성들은 아직도 열국의 파괴적인 패턴으로부터 '구별된' 운명을 받아들이지 못했다. 모세 덕분에 몸은 자유를 얻었으나 마음은 여전히 파라오의 지배를 받고 있었다. 외로운 광야를 떠돌다 보니 어느새 파라오의 플랜테이션이 그리워졌다. 제국의 맛이 여전히 입가를 맴돌았다. 제국에서 먹던 고기와 패스트푸드가 눈앞에서 어른거렸다. 이집트 제국의 꿈이 히브리 백성들을 붙잡고 놓아주질 않았다.

아무리 하나님과 함께라지만 광야를 떠도는 것보다는 제국의 노예 생활이 더 편안하고 안락해 보였다. 히브리 백성들은 문명이 그리워 울부짖었다. "우리가 애굽 땅에서 고기 가마 곁에 앉아 있던 때와 떡을 배불리 먹던 때에 여호와의 손에 죽었더라면 좋았을 것을 너희가 이 광야로 우리를 인도해 내어 이 온 회중이 주려 죽게 하는도다."(출 16:3) 몸이 제국에서 벗어나는 데는 불과 며칠밖에 걸리지 않지만 마음에서 제국을 몰아내는 데는 평생이 걸리는 법이다.

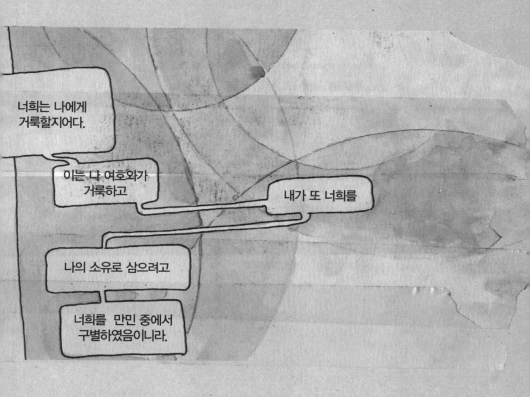

물론 눈에 보이지 않는 왕을 믿기는 쉽지 않다. 하지만 보이는 왕이 더더욱 못 믿을 존재인 것을. 물론 이름을 알려달라는 말에 그저 '스스로 있는 자'라고만 하신 하나님 앞에서 두 손을 모으기는 쉽지 않다. 하지만 왕궁이나 대형 교회, 대통령 집무실에 편히 머물기보다는 광야에서 피난민들과 함께 노숙할 수 있는 왕이 진짜 왕이라는 사실을 잊지 말자.

성경은 하나님이 인간의 손으로 지은 전에 거하시지 않는다고 분명히 말하는데도 힘과 확실하고 멋들어진 것을 갈망하는 우리는 굳이 하나님을 성전에 가둬두려고 한다. 사무엘하 7장을 보면 다윗 왕은 자신만 거대한 '백향목

궁'에 사는 것이 왠지 미안했다. 그래서 하나님께 더 멋진 거처를 마련해드려야겠다고 생각했지만 곧바로 하나님께 꾸지람만 듣고 만다. "네가 나를 위하여 내가 살 집을 건축하겠느냐? 내가 이스라엘 자손을 애굽에서 인도하여 내던 날부터 오늘까지 집에 살지 아니하고 장막과 성막 안에서 다녔나니."(삼하 7:5~6) 하나님은 당시 정치권력의 중심을 상징하던 성전이 아닌 캠핑을 원하셨다. 하나님은 고통받는 백성들과 함께 텐트에 머물기를 원하신다. 그분은 가난한 자들의 눈물이 흐르는 곳에 가까이 계신다. 물론 그 눈물은 대개 권력의 중심부에서 지극히 먼 곳에서 흐른다.

아무튼 이야기를 계속하자. 이스라엘 백성들은 '다른 국가들처럼' 왕을 원했다. 그러자 하나님은 사무엘을 통해 왕 제도의 폐단을 다음과 같이 경고하셨다.

"너희를 다스릴 왕의 제도는 이러하니라. 그가 너희 아들들을 데려다가 그의 병거와 말을 어거하게 하리니 그들이 그 병거 앞에서 달릴 것이며 그가 또 너희의 아들들을 천부장과 오십부장을 삼을 것이며 자기 밭을 갈게 하고 자기 추수를 하게 할 것이며 자기 무기와 병거의 장비도 만들게 할 것이며 그가 또 너희의 딸들을 데려다가 향료 만드는 자와 요리하는 자와 떡 굽는 자로 삼을 것이며 그가 또 너희의 밭과 포도원과 감람원에서 제일 좋은 것을 가져다가 자기의 신하들에게 줄 것이며 그가 또 너희의 곡식과 포도원 소산의 십일조를 거두어 자기의 관리와 신하에게 줄 것이며 그가 또 너희의 노비와 가장 아름다운 소년과 나귀들을 끌어다가 자기 일을 시킬 것이며 너희의 양 떼의 십분의 일을 거두어 가리니 너희가 그의 종이 될 것이라. 그날에 너희는 너희가 택한 왕으로 말미암아 부르짖되 그날에 여호와께서 너희에게 응답하지 아니하시리라."(삼상 8:11~18)

하나님은 왕이 그들을 노예와 병사로 삼아 자기 왕궁을 지키고 자기 대신 싸우게 만들 거라고 경고하셨다. 왕을 세우면 하나님이 그들을 통해 형성하고 계신 정체성이 흔들릴 수밖에 없었다. 다른 국가들과 똑같아지면 구별될 수 없지 않은가.

하지만 하나님의 경고는 소 귀에 경 읽기나 다름없었다. 이스라엘 백성들은 막무가내로 왕을 달라고 졸라댔다. 배신감에 깊이 상심한 하나님은 사무엘에게 말씀하셨다. "백성들이 네게 한 말을 다 들으라. 이는 그들이 너를 버림이 아니요 나를 버려 자기들의 왕이 되지 못하게 함이니라. 내가 그들을 애굽에서 인도하여 낸 날부터 오늘까지 그들이 모든 행사로 나를 버리고 다른 신들을 섬김같이 네게도 그리하는도다. 그러므로 그들의 말을 듣되 너는 그들에게 엄히 경고하고 그들을 다스릴 왕의 제도를 가르치라."(삼상 8:7~9)

나머지 이야기는 성경을 읽지 않은 사람이라도 충분히 짐작할 수 있다. 왕들로 인해 좋은 점도 있고 나쁜 점도 있었다. 하지만 혼란은 끊이질 않았다. 그런가 하면 뜻밖의 상황도 자주 벌어졌다. 이를테면 이스라엘의 적들에게 당하는 것은 주로 선한 왕이었고 대규모 국경 확장과 건축 프로젝트를 행한 것은 악한 왕들이었다. 한편, 나쁜 왕들이 선천적으로 악한 것은 아니었다. 본래 인간은 너무 큰 힘을 감당할 수 없는 법이다. 심지어 '하나님의 마음에 합당한 자'이자 완벽한 왕으로 알려진 다윗도 만왕의 왕을 배신했고 성경의 두 개 장에 걸쳐 하나님의 계명을 거의 남김없이 어겼다. (이에 비하면 일부 대통령들의 죄는 죄도 아니다.) 간음의 씨앗 솔로몬은 한술 더 떠서 무지막지한 세금을 부과하고 화려한 궁전을 짓고 7백 명의 후궁과 3백 명의 첩을 두었다. 7백 명의 아내가 기다리는 집이라니.

그러니 솔로몬이 믿음을 잃고 우상을 섬기고 전국에 요새를 건설한 것도 무리는 아니다. 권력에 취한 그 아들 르호보암은 부패의 유산을 물려받았다. 그의 눈에 이스라엘은 더 이상 공동체가 아니라 억눌러야 할 무지렁이들에 지나지 않았다. "내 아버지는 채찍으로 너희를 징계하였으나 나는 전갈 채찍으로 너희를 징계하리라."(왕상 12:11) 급기야 국민 봉기가 일어나고야 말았다. 백성들은 재정부 장관에게 돌을 던지고 다윗의 집안을 거부했다. 이스라엘 땅에 왕을 좋아하는 사람은 거의 없었다. 모든 백성들이 죽은 솔로몬을 미워했다.

아비멜렉이라는 인물은 왕권에 눈이 멀어 가족 전체(70명의 형제)를 죽이는 만행을 저질렀다. 그러나 한 형제 요담(요나단)은 죽음의 칼날을 피해 살아남았고, 누가 왕이 될지를 놓고 토론하는 나무들의 환상을 보게 되었다. 감람나무와 무화과나무, 포도나무는 세상을 위해 열매를 맺는 일을 너무도 귀하게 여겨 왕권에 오염되기를 거부하고 왕좌를 가시나무에게 넘겼다. 요담은 이 환상을 사람들에게 전하고 나서 '형제 아비멜렉을 두려워하여' 도망쳤다. 하지만 아비멜렉까지도 다스리시는 진정한 왕 하나님은 아비멜렉과 그 백성들 사이에 '악한 영'을 보내셨다. 그것은

> 하루는 나무들이 나가서 기름을 부어 자신들 위에 왕으로 삼으려 하여 감람나무에게 이르되 너는 우리 위에 왕이 되라 하매 감람나무가 그들에게 이르되 내게 있는 나의 기름은 하나님과 사람을 영화롭게 하나니 내가 어찌 그것을 버리고 가서 나무들 위에 우쭐대리요 한지라. 나무들이 또 무화과나무에게 이르되 너는 와서 우리 위에 왕이 되라 하매 무화과나무가 그들에게 이르되 나의 단 것과 나의 아름다운 열매를 내가 어찌 버리고 가서 나무들 위에 우쭐대리요 한지라. 나무들이 또 포도나무에게 이르되 너는 와서 우리 위에 왕이 되라 하매 포도나무가 그들에게 이르되 하나님과 사람을 기쁘게 하는 내 포도주를 내가 어찌 버리고 가서 나무들 위에 우쭐대리요 한지라.
>
> 이에 모든 나무가 가시나무에게 이르되 너는 와서 우리 위에 왕이 되라 하매. (삿 9:8~14)

형제들을 "죽여 피 흘린 죄를 그들의 형제 아비멜렉과 아비멜렉의 손을 도와 그의 형제들을 죽이게 한 세겜 사람들에게로 돌아가게" 하시려는 것이었다(삿

9:24). 히브리 성경 전체에 꾸준히 흐르는 주제 중 하나는 하나님이 왕권을 무너뜨리고 다시 정의하고 되찾으신다는 것이다.

하나님은 선지자들의 입을 통해, 제국의 논리대로 생각하고 말과 전차에 의지하고 세상의 왕이나 우상에게 충성을 맹세한 사람들을 꾸짖으셨다. 그러고 나서 세상 나라가 줄 수 없는 것을 약속해주셨다. 계속해서 사람들은 하나님의 영원한 꿈 대신 제국의 헛된 약속을 좇았지만 하나님은 포기를 모르는 분이시다.

하나님은 그들을 찾아가 용서하시고, 애인처럼 돌아오기를 호소하셨다.

결국 사람들은 하나님께 다시 부르짖었다. 그러자 하나님은 부드러운 어투로 "내가 뭐라고 했니?" 하고 말씀하셨다. "전에 네가 이르기를 내게 왕과 지도자들을 주소서 하였느니라. 네 모든 성읍에서 너를 구원할 자 곧 네 왕이 이제 어디 있으며 네 재판장들이 어디 있느냐? 내가 분노하므로 네게 왕을 주고……"(호 13:10~11)

그리고 물론
이야기는 거기서 끝나지 않는다.
하나님 안에서는 언제나
은혜가 심판을 이긴다.

모든 왕에게는 선지자가 있다

　히브리 백성들이 살아남은 것은 기적이었다. 하지만 그보다 더한 기적은 다양한 목소리에도 불구하고 그들의 이야기가 후대에 무사히 전해졌다는 것이다. 선한 왕의 요건에 관해서는 다양한 반대 시각이 존재한다. 예를 들어, 열왕기하 15장에서는 웃시야가 여호와께서 보시기에 정직히 행한 선한 왕이었다고 말한다. 그런데 불과 몇 장도 넘기지 않아 역대하 26장에서는 웃시야가 못된 왕이어서 하나님께 징벌을 받아 죽는 날까지 나병환자로 살았다고 말한다.

　다행이지 않은가. '보수주의자'나 '자유주의자'나 할 것 없이 모든 사람의 목소리가 후대에 무사히 전해질 것이다. 기독교인들이 빌 클린턴이 선한 대통령이었는지에 관한 책을 쓴다고 해보자. 필시 의견이 여러 갈래로 갈라질 것이다. "전혀 아니야. 간음을 저질렀잖아." "최악의 대통령이야. 클린턴이 가장 약한 시민들에 대한 연방 보조금을 삭감하는 복지 개혁 법안을 통과시켰잖아." 하지만 반대 목소리도 그에 못지않을 것이다. "그렇지 않아. 클린턴은 위대한 대통령이었어. 외교 분야에서 긍정적인 노력을 많이 했고 중동에 평화를 이루었잖아." 아마도 이 모든 의견에 약간씩의 진실이 담겨 있을 것이다.

　모든 왕에게 선지자가 있었다. 변방에서 들려오는 비판의 목소리 혹은 눈엣가시 같은 존재가 있었다. 선지자들은 왕의 더러움을 미리 차단하거나 사후에 깨끗하게 했다. 그들은 누구도 듣고 싶어 하지 않는 진실을 말했다. 다윗 왕과 나단. 느부갓네살 왕과 다니엘. 여로보암 왕과 호세아(그리고 덤으로 아모스 선지자까지). 요시야 왕과 예레미야. 헤롯 왕과 세례 요한. 진실을 말한 대가로 (그리고 국경일의 인물이 되는 대신) 목숨을 잃었다면 십중팔구 진짜 선지자였다.

아합 왕이 돈에 눈이 멀어 비윤리적인 비즈니스 거래를 시도했을 때 나봇은 선지자적인 목소리를 내었다. (그로 인해 이세벨 여왕의 손에 목숨을 잃었다.) 다윗은 간음과 살인을 저지르고 하나님을 위해 멋진 거처를 짓겠다고 나섰다가 나단에게 쓴소리를 들어야 했다. "하나님이 내게 이르시되 너는 전쟁을 많이 한 사람이라 피를 많이 흘렸으니 내 이름을 위하여 성전을 건축하지 못하리라 하셨느니라."(대상 28:3. 대상 17:4와 왕상 5:3도 볼 것) 먼 후대에 헤롯도 세례 요한에게 비슷한 꾸중을 들었다. 그리고 그 일로 세례 요한의 목이 날아갔다. 그런가 하면 감히 선지자를 죽이기는 두려우니까 왕국의 만찬에 초대한 뒤 자기 곁에 붙들어두려는 왕도 있었다. (이기지 못할 바에야 자기 사람으로 만들라!)

대부분의 왕에게는 거짓 선지자도 있었다. (거짓 선지자인지는 수입원을 보면 대번에 알 수 있다. 거짓 선지자의 이름은 대개 왕의 임금 지급 명부에 기록되어 있다.) 대혼란의 와중에도 아무 문제가 없다고 말한 하나냐가 바로 거짓 선지자였다. 오늘날에도 거짓 선지자가 활보하고 있지만 여기서 이름을 언급할 수는 없다. (이름을 대자면 끝이 없을 것이다!) 하나님의 진정한 마음은 진실한 선지자의 입을 통해 드러난다. 그리고 상황이 좋지 않은데 좋다고 얘기하지 말라고 하나냐에게 경고한 예레미야처럼(렘 28장) 진짜 선지자는 거짓 선지자에게 과감히 맞선다.

우리는 주로 왕과 대통령의 삶을 통해 역사를 배웠지만 하나님은 선지자들의 삶을 통해 역사를 이야기하신다. 때로 선지자들은 광범위한 지지를 얻었고 때로는 광야에서 외치는 목소리로 살았다. 하지만 사람들이 듣든 말든 선지자들은 엄연히 하나님의 목소리다. 선지자들은 상황에 상관없이 목소리를 낸다. 때로는 무모할 정도로 진실을 말한다. 선지자들은 선뿐 아니라 악에도 지극히 민감하다. 하나님의 진노와 사랑은 선지자들의 입술을 타고 흘러나온다. 랍비 아브라함 헤셸은 이렇게 말한다. "우리에게는 불의한 행위(사기 거래나 가난한 자들에 대한 착취) 하나가 별것 아닐지 몰라도 선지자들에게는 엄청난 재난이다. 우리가 볼 때는 불의가 사람들의 안녕에 흠집을 내는 작은 상처에 불과하지만 선지자들에게는 존재 자체를 위협하는 치명상이다. 우리에게는 하나의 이야기가 선지자들에게는 파국이요 세상의 위협이다."[2] 선지자들의 목소리에 많은 것이 걸려 있다. 그리고 때로는 말 한마디로 불의의 패턴이 온통 흔들릴 수 있다.

선지자들은 괴팍하다. 그들은 세상에서 말하는 정상적인 모습에서 많이 벗어나 있다. 문명에서 말하는 정상이 뭔가? 파괴와 전쟁의 패턴이 아니던가. 선지자들의 일은 현재 상태를 뒤흔드는 것이다. 다른 국가의 식자들과 다르다는 점에서 그들은 구별된 이스라엘의 대표라고 할 수 있었다. 성경의 선지자들은 기행과 기적을 통해 진리를 드러냈다. 예를 들어, 모세는 지팡이를 뱀으로 변하게 했다. 엘리야는 바위를 쳐서 불을 내고 제단에 불을 내렸다. 예레미야는 제국의 속박을 상징하는 몸짓으로 멍에를 메었다. (그리고 나중에 체포당했다.) 세례 요한은 메뚜기를 먹고 낙타 가죽 옷을 입었다. 또 선지자들은 입은 옷을 찢고 두루마리를 먹고 베옷을 입고 성벽 밖의 땅에 누웠다. 예를 들어, 에스겔은 누드 시위를 벌였고, 쇠똥으로 요리를 하는(그러고도 리얼리티 쇼에서 상금을 챙기지 않는) 식의 기행을 행했다. 그렇다. 선지자들은 괴팍하다. 그들의 기행을 읽노라면 왠지 창피해진다. 하지만 따지고 보면 그들의 행동이 우리의 행동만큼 창피하지는 않다. 그들이 우리의 부끄러운 행동을 드러내야 새로운 미래가 가능해진다.

거대한 짐승과 작은 선지자들

다니엘은 짐승을 만난 선지자 중 한 명이다. 황제 대신 하나님께 절함으로써 법을 어기고 다리오 왕에 의해 사자 굴에 던져진 다니엘. 그러나 하나님은 제국의 사자들의 입을 막아버리셨다. 다니엘은 왕궁의 한복판에서도 권력자에게 담대하게 진실을 선포했다. 한번은 왕궁의 온갖 산해진미를 거부하기도 했다. (강연회 장소에서 벌어진 화려한 만찬에서 몰래 빠져나와 거지들과 식사한 마더 테레사가 생각난다.) 다니엘은 왕들이 왕좌에서 쫓겨나고 제국들이 무너지는 환상을 보았다. 그가 환상에서 본 짐승은 단순히 거친 동물이 아니라 호러 영화에나 등장할 법한, 흉포한 뿔을 달고 불을 뿜어대는 용이었다. 다니엘뿐 아니라 밧모 섬의 요한(요한계시록의 저자) 같은 선지자들도 이런 묵시의 괴물에 관해 이야기했다. 그런데 이런 이미지는 주로 제국과 악을 상징했다. 요즘 말로 '권력층'이나 '체제'가 선지자들 말로는 '짐승'이었다.

"내가 밤 환상 가운데에 그 다음에 본 넷째 짐승은 무섭고 놀라우며 또 매우 강하며 또 쇠로 된 큰 이가 있어서 먹고 부서뜨리고 그 나머지를 발로 밟았으며 이 짐승은 전의 모든 짐승과 다르고 또 열 뿔이 있더라."(단 7:7)

"하늘에 또 다른 이적이 보이니 보라 한 큰 붉은 용이 있어 머리가 일곱이요 뿔이 열이라 그 여러 머리에 일곱 왕관이 있는데."(계 12:3)

47

짐승은 하나님이 의도하신 모습에서 크게 변형된 괴물이다. 심지어 가장 사나운 맹수보다도 흉측하다. 뱀이나 무시무시한 회색 곰 정도가 아니다. 그야말로 악마의 괴수다. 하나님의 뜻에서 벗어난 돌연변이 짐승은 극도로 타락한 제국주의 체제를 상징한다. 선지자들이 말한 짐승은 단순한 동물이 아니라 뿔을 달고 날며 불을 뿜어대는 가공스런 괴물이다. 이 괴물, 곧 권력자와 제국은 하나님의 정상적인 피조물에서 너무나 많이 변형된 존재다. 그야말로 하나님의 질서에서 벗어나 인간이요 자연이기를 포기한 존재다. 이 짐승은 더 이상 하나님의 형상이나 선하심을 담고 있지 않다. 짐승은 생명이나 사랑, 아름다움을 완전히 버린 비인간적 체제를 말한다. 이런 체제에서는 사랑하고 사랑받는 인간적 모습을 찾아볼 수 없다.

하지만 다니엘의 짐승 환상은 희망도 담고 있다. 다니엘의 묵시는 시리아 군주 안티오쿠스 에피파네스 4세에게 박해를 받던 신실한 유대인들에게, 바벨론과 메디아, 페르시아, 그리스가 흥왕했다가 몰락한 것처럼 사악한 시리아 제국의 시대도 끝이 나지만 하나님 나라는 여전하리라는 희망을 주었다.[3] 다니엘은 환상 중에 네 짐승을 보았다. 하나는 날개 달린 사자와 비슷했다. 두 번째 짐승은 곰처럼 생겼고 세 번째 짐승은 네 날개를 단 표범 같았다. 쇠 이빨을 가진 네 번째 짐승은 희생자를 집어삼키고 모든 것을 짓밟고 지나가는 탱크와 같았다. 하지만 환상의 핵심은 이제부터다. "환상 중에 보니 인자 같은 이가 하늘 구름을 타고 와서."(7:13) 짐승들은 죽임을 당하고 인자는 옛적부터 항상 계신 이의 앞으로 인도되었다. 인자는 쓰러진 짐승들 위로 올라 옛적부터 계신 이의 왕좌에 앉아 만국의 경배를 받았는데 "그의 권세는 소멸되지 아니하는 영원한 권세요 그의 나라는 멸망하지 아니할 것"이었다(7:14). 인자는 죽임 당한 짐승들 사이를 걷는다. 인자, 곧 울고 웃을 줄 아는 왕 만세![4]

악한 제국이 짐승(사자와 곰, 표범)이라면 거룩한 왕국은 '인자'다. 낡은 질서가 짐승 같다면 새로운 질서는 진정 인간적이다. 새 왕국은 사람들이 다시 감정을 느끼는 인간적인 왕국이다. 사람들이 다시 웃고 울고 놀게 되리라. 사자와 양이 함께 눕고 어린아이가 곰을 부둥켜안게 되리라(사 11장). 인간이 짐승처럼 굴기 시작하자 하나님은 갓난아기가 되셨다. 그리고 이 갓난아기는 세상의 모든 권세를 얻으셨다.

짐승을 이야기한 사람은 다니엘만이 아니다.
'짐승(The Beast)'의 합창이 들리는가?
"마을 사람들이여, 조심하라. 짐승이 풀려났다."
피에 굶주린 기업과 정치권력에 대한 무시무시한 경고.
피난민(refugees)을 줄여 쓴 푸지스(FUGEES)란 그룹의 곡이다.

왕이 울 때

물론 모든 선지자가 남자였던 건 아니다. 예를 들어, 리스바라는 여인은 숨은 영웅이었다. 전국이 피로 물들었을 때 리스바의 눈물은 다윗 왕의 인간적인 부분을 자극했다(삼하 21장). 리스바는 오늘날과 비슷한 시대에 살았다. 조약을 어기는 왕들(2절), 전쟁의 피로 얼룩진 국토. 다윗은 상황을 바로잡고 이스라엘 전역의 가뭄을 해결하고자 기브온 사람들과 거래를 했다. 그런데 거래 조건이 문제였다. 바로 인간의 목숨을 팔기로 한 것이다. 다윗은 인간들의 명줄을 기브온 사람들의 손에 넘겨주었다. 왕들과 왕좌들이 파멸을 가져오리라는 사무엘상 8장의 슬픈 저주가 현실로 이루어진 것이다. 그리하여 불쌍한 리스바의 아들들과 다른 아들들이 기브온 사람들에게 죽임을 당했다. 게다가 기브온 사람들은 온당한 장례를 치러주지 않고 시체를 들짐승의 먹이로 언덕 위에 방치해두었다. 하지만 다윗의 눈물겨운 노력에도 하나님은 끝내 땅을 치유해주지 않으셨다.

그러나 그 누가 어머니를 막으랴? 리스바는 베옷을 가져다 시체 옆 바위 위에 펴고 그곳에 캠프를 쳤다. 다음 구절을 보면 리스바는 "곡식 베기 시작할 때부터 하늘에서 비가 시체에 쏟아지기까지"(10절) 그곳에 머물렀다. 다시 말해, 그곳에 한 계절 내내 머문 것이다. 한 계절 내내 리스바는 동물이 시체를 먹지 못하도록 보호했다. 이윽고 이 용감한 행동에 관한 소식은 전국으로 퍼져 왕의 귀에까지 흘러들어갔다. 그때 다윗은 사울과 친구 요나단을 떠올렸다. 폭력에 시달렸던 자신의 과거가 주마등처럼 지나갔다. 감동한 다윗은 모든 시체의 뼈를 모아 왔다.

인간 고통은 심지어 왕의 잃어버린 감정까지 되살리는 힘이 있다. 리스바는, 일말의 가책도 없이 아이들의 목숨으로 거래할 정도로 인간성을 잃은 왕의 마음을 움직였다. 진정한 해방은 심지어 왕까지도 해방시킬 수 있다. 인종 차별 폐지 운동의 지도자이자 노벨 평화상 수상자인 데즈먼드 투투 주교가 (함박웃음을 지으며) 말했듯이 "압제받는 자들이 압제에서 해방되고 압제자들이 압제자 노릇에서 해방될" 때 진정한 혁명이 이루어진 것이다. 그때 비로소 하나님이 땅을 치유해주신다(14절).

2003년 폭격 당시 이라크로 평화를 일구러 갔을 때 우리는 이 이야기를 읽고서 다시 한 번 어머니들이 시체 옆에 캠프를 치고 큰 소리로 애곡하기를 위해 기도했다. 그러면 온 세상이 부당한 비극의 소식을 듣고 그 어머니들과 함께 시체 옆 바위 위에 설 것이라 생각했다. 그리고 우리도 세상의 왕들이 듣도록 함께 소리 높여 울부짖으리라 생각했다. 그러면 왕들이 인간성을 되찾고 하나님이 우리 땅을 치유해주실까 하여.

선지자들은 피조물을 향한 하나님의 꿈이 이루어진 모습을 우리에게 보여준다. 그러고 나서 한없이 기다리지만 말고 지금 그 꿈을 함께 이뤄가자고 말한다.

약자의 힘

하나님은 지금도 지극히 약한 사람, 전혀 뜻밖의 인물을 들어 해방 이야기의 주인공으로 삼으신다. 왜일까? 우리가 우리 힘과 재주로 해방을 이뤘다고 착각하지 않게 하시기 위함이다. 하나님은 아무도 도와주지 않는 사람들을 위해 싸워주신다. 하나님은 바다로 군대를 삼키게 하시는 분이다. 음악과 예배, 춤으로 여리고 같은 강력한 성벽도 무너뜨리신 분이다. 이스라엘 백성들이 나팔을 불며 전진하자 여리고 성벽이 무너져 내렸다(수 6장). 단, 하나님은 이스라엘 정탐꾼들을 숨겨준 여리고의 라합과 그녀의 '기생 집'을 보존해주셨다. 그리하여 라합은 예수님의 족보에 들게 된다(마 1장). 하나님이 참으로 선하고 예측 불가하시지 않은가.

미디안 사람들에게 맞서 싸운 기드온의 이야기도 그야말로 한편의 드라마다(삿 7장). 탁월한 사령관답게 기드온은 정확히 3만 2천 명의 군대를 모았다. 하지만 하나님은 그를 따르는 백성들이 너무 많다면서, 이스라엘이 자기 힘으로 구원을 받았다고 자랑하지 못하도록 그 백성들 중 일부를 돌려보내라고 명령하셨다. 그리하여 2만 2천 명이 돌아가고 1만 명만 남았다. 그때 하나님의 음성이 다시 들려왔다. 아직도 너무 많으니 3백 명으로 간추리라는 것이었다. 3만 명이 넘는 숫자에서 3백 명이라. 도저히 비교가 안 되는 숫자다. 하지만 여기에 하나님의 뜻이 숨어 있다. 3백 명밖에 되지 않으니 이제는 하나님의 힘과 능력을 믿는 수밖에 없다. 이 상황에서 이긴다면 이스라엘 군대가 대단해서가 아니라 바다도 가르는 기적의 하나님이 도우신 게 분명하다.[5]

　하나님이 리더로 삼으신 또 다른 인물을 보자. 목동에서 왕이 된 인물. 그것은 마치 노동 착취 공장에서 일하는 소년을 기업의 총수로 뽑은 것이나 다름없다. 아무런 정치권력이 없는 목수를 하나님의 아들로 삼은 것과 비슷한 상황이다. (음……이 문제는 나중에 살피자.) 물론 목자로 살아왔다면 하나님의 보호하심에 관해 적잖이 배웠을 것이다. 게다가 목자라면 유월절 축제에 쓸 어린 양의 공급을 책임지는 직업이니 보통 중요한 일이 아니다. 유월절에는, 이집트를 강타한 재앙을 피하기 위해 각 집에 어린 양의 피를 발랐던 때를 기념하여 모든 가정이 어린 양을 잡았다. 그러나 목자가 전쟁을 알 턱은 없었다. 게다가 목자는 그리 고상한 직업이 아니었다. 당시 사회의 가장 밑바닥 일이라 대개는 (성탄극에 등장하는 멋진 차림의 건장한 사내들이 아니라) 아이들이 맡았다. 꾀죄죄한 베두인 아이들을 떠올리면 정확하다. 똑똑한 사람치고 목자 일을 하는 사람은 거의 없었다. 따라서 어느 모로 봐도 목자는 왕의 재목이 결코 아니었다. 사무엘이 이스라엘의 차기 왕을 찾으러 왔을 때 이새는 아들들을 전부 불러들였다. 딱 한 명, 다윗만 빼고. 다윗은 친부가 보기에도 왕의 후보감이 아니었다. "네 아들들이 다 여기 있느냐?" 사무엘이 묻자 이새가 대답했다. "아직 막내가 남았는데 그는 양을 지키나이다." 이새가 들에서 막내 다윗을 데려오자 하나님의 음성이 임했다. "이가 그니 일어나 기름을 부으라."(삼상 16:12) 기름 부음을 받은 꼬마 다윗은 전장으로 나가 하나님 백성들의 적인 '할례 받지 않은 블레셋' 거인 골리앗을 죽였다. 그런데 알다시피 다윗은 대단한 무기를 사용하지 않았다. 성경은, 다들 큰 전투를 준비하느라 분주한데 다

53

말더듬이 선지자가 하나님의 목소리가 되리라.
불임의 늙은 여인이 한 민족의 어미가 되리라.
목동이 그 민족의 왕이 되리라.
집 없는 아기가 그 민족을 집으로 이끌리라.
이것이 전능자 하나님의 위대한 패러독스요 해학이다.

윗은 집으로 돌아가 양떼를 돌보았다고 말한다. 게다가 다윗은 병사들이 갑옷을 입혀주자 제대로 걷지도 못할 정도로 나약했다. 폭력에 익숙한(줄여 말하더라도) 사울은 다윗에게 갑옷과 검을 주어 전쟁을 준비하도록 했다. 그러나 다윗은 "이것을 입고 가지 못하겠나이다."라고 말한 뒤(17:39) 조약돌 몇 개를 집더니 성큼성큼 걸어가 2미터 70센티미터에 육박하는 힘의 화신 앞에 섰다. 그러고는 "그 갑옷의 무게가 놋 오천 세겔"(17:5)인 골리앗의 얼굴을 바라보았다. (요즘 같았으면 골리앗은 필시 지프를 타고 나타났을 것이다). 순간, 새총 소리가 휙 하고 나더니 거인이 마른 지푸라기처럼 쓰러졌다. 이것이 하나님의 해학이다. 다윗과 골리앗의 이야기를 오늘날에 맞게 각색하자면 남미의 농부 몇 사람이 공정무역 커피콩 몇 개로 다국적 기업을 무너뜨리거나 꼬마 한 명이 물총으로 오사마 빈 라덴을 무찌른 사건쯤이 될 것이다. 이것은 인간의 힘을 조롱하는 이야기다. 이 이야기 속에 더 나은 미래에 대한 약속이 숨어 있다. 모든 소년 병사가 AK-47 소총 대신 물총을 갖고 놀았다면 지금 세상이 어떻게 달라졌을까?

하나님이 찍은 백성들 : 정결 법

아브라함의 자손이 구별된 백성들로 부름을 받았다는 것이 실질적으로 무엇을 의미할까? 실제로 뭐가 달랐을까? 히브리인들의 관례와 법 대부분은 레위기 등에 실린 특이한 '정결 법'에 나와 있다. 그런데 오늘날 우리는 이 정결 법을 크게 오해하고 있다. 한 작가는 이 문제에 관한 혼란을 다음과 같이 표현했다.

구별?

● 하나님의 법에 관해 백성들을 잘 교육해줘서 감사합니다. 당신에게 정말 많은 것을 배웠습니다. 내 지식을 최대한 많은 사람과 나누려고 합니다. 예를 들어, 동성애를 옹호하는 사람에게는 레위기 18장 22절을 들이대면 찍소리도 못할 겁니다. 하지만 하나님의 법과 그 실천에 관해 아직도 궁금한 게 좀 있습니다.

1. 레위기 25장 44절은 이웃 나라에서 사올 경우에는 남녀 노예를 소유해도 되는 것처럼 말하고 있습니다. 내 친구는 이 원칙이 멕시코 사람에게는 적용되지만 캐나다 사람에게는 적용되지 않는다고 하네요. 설명 좀 해주세요. 왜 캐나다 사람은 노예로 삼으면 안 되죠?

2. 출애굽기 21장 7절을 근거로 내 딸을 팔고 싶습니다. 요즘 시대에 적정한 값은 얼마라고 생각하십니까?

● 3. 생리 중인 여성과 접촉하면 안 된다고 알고 있습니다(레 15:19~24). 그런데 생리 중인지 어떻게 알죠? 직접 물어보니까 다들 화를 내더군요.

4. 소를 제단에서 희생 제물로 태우면 하나님이 그 냄새를 기뻐하신다고 알고 있습니다(레 1:9). 문제는 내 이웃이에요. 이웃들이 그 냄새가 싫다고 하네요. 그냥 무시해야 할까요?

5. 한 이웃이 안식일에도 일해야 한다고 주장합니다. 출애굽기 35장 2절에 따르면 그를 죽여야 하잖아요. 내가 직접 죽여야 할까요? 경찰에 넘겨야 할까요?

6. 내 친구는 조개를 먹는 것(레 11:10)이 동성애보다는 약한 죄라고 하네요. 하지만 내 생각은 달라요. 뭐가 옳죠? 죄에 등급이 있나요?

7. 레위기 21장 20절은 시력이 이상하면 하나님의 제단 앞에 나아가지 말라고 말하잖아요. 솔직히 나는 책을 볼 때는 안경을 끼거든요. 시력이 꼭 1.0/1.0이어야 하나요? 아니면 조금 나빠도 괜찮나요?

8. 내 남자 친구들은 대부분 머리 가장자리를 둥글게 잘랐는데 레위기 19장 27절에는 그러지 말라고 나와 있잖아요. 얘들을 죽여야 할까요?

9. 레위기 11장 6~8절에서 죽은 돼지의 껍질을 만지면 부정해진다고 하잖아요. 그러면 장갑을 낀 채로 미식축구를 하는 건 괜찮은가요?

10. 우리 삼촌은 농부예요. 그런데 삼촌은 같은 밭에 두 가지 농작물을 심었어요. 이건 레위기 19장 19절의 명령을 어긴 거잖아요. 게다가 숙모는 두 가지 종류의 실(무명실과 폴리에스테르 실)로 짠 옷을 입고 다녀요. 삼촌은 불경스러운 욕도 잘해요. 마을 사람들을 모아 삼촌 내외에게 돌을 던져야 할까요?(레 24:10~16) 아니면 삼촌이 장모와 함께 사니까 불에 태워 죽여야 할까요?(레 20:14)

당신이 이 문제에 정통하다고 들었습니다. 그래서 당신이라면 내 질문에 답해주실 수 있다고 확신합니다. 하나님의 말씀이 영원불변하다는 사실을 일깨워주심에 다시 한 번 감사드립니다.[6]

더 좋은 뭔가를 위해 구별되다

　　하나님은 이스라엘 백성들이 과거를 기억하고 새로운 종류의 민족으로 계속 발전하도록 하기 위해 중요한 날과 사건을 히브리의 축일과 의식으로 정하셨다. 개중에는 어린 양을 잡아 그 피를 집 문틀에 바르는 의식처럼 극단적인 것도 있다. 하지만 이스라엘 백성들의 해방 역사가 그러했다. 그들이 살던 시

로쉬 하샤나(ROSH HASHANA) : 유대의 신년. 쇼파(양 뿔)를 분다. 타슐리크(tashlikh)는 돌이나 떡 부스러기를 물에 던짐으로써 상징적으로 죄를 벗어던지는 의식이다.

아 세레트 예메이 테슈바 (ASERET YEMEI TESHUVA) : 열흘의 참회 기간

욤 키푸르(YOM KIPPUR) : 속죄와 화해를 기억하는 속죄일

수콧(SUKKOT) : 초막절 혹은 장막절

하누카(HANUKKAH) : 이스라엘 백성들의 유대교를 핍박했던 셀루시드 제국의 격퇴를 기념하는 등화의 축제

투 비슈왓(TU BISHVAT) : 나무들의 신년

대에 구별되려면 극단적인 조치가 필요했다. 이 모든 의식은 하나님의 보호와 구원하심을 받는 백성들이라는 정체성을 잊지 않기 위한 수단이었다. 그리고 그런 정체성을 유지하려면 나름의 관습과 축일을 가진 독특한 문화를 형성할 필요가 있었다.

오늘날까지 이어져온 유대의 축일들을 보면 이스라엘 민족이 여느 민족과 매우 다르다는 사실을 발견할 수 있다. 유대의 달력은 그 옛날 종살이하던 제국의 달력과 전혀 다르다.

세미니 아체레트(SHEMINI ATZERET)와 심하트 토라(SIMCHAT TORAH)

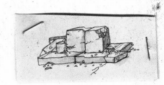

티샤 베아브(TISHA B'AV) : 유대 역사 속의 두 가지 슬픈 사건(솔로몬 왕이 세운 첫 번째 성전이 주전 578년에 파괴된 사건과 이후 세워진 성전이 주후 70년에 같은 날짜에 파괴된 사건)을 기억하며 단식하는 날

테벳(TEVET)월 10일 : 예루살렘 포위의 시작일

퓨림(PURIM, 부림절) : 에스더서에서 일어난 사건들을 기념하는 제비뽑기 축제

페사흐(PESACH) : 이집트 탈출을 기념하는 유월절

세피라(SEFIRAH) : 오멜을 세는 날

"그들을 바라보니 이 백성들은 홀로 살 것이라.

그를 여러 민족 중의 하나로 여기지

하나님은 한 민족을 망가진 세상과 구별되게 유지하기 위해 모세에게 율법 곧 토라를 주셨다. 율법은 제국 밖에서의 삶을 위한 지혜로운 지침서다.[7] 이 율법은 이스라엘 백성들이 노예근성을 버리고 피조 세계의 치유라는 본래의 목적을 이루도록 하기 위한 하나님의 방법이었다. 율법에는 할례처럼 구별된 백성들로 확실하게 인 치기 위한 명령이 포함되어 있었다. 그 외에 정결한 음식처럼 보다 미묘한 차별화 수단도 있었다. 잠시 할례에 관해 생각해보자. 할례는 (최소한 인구의 절반에게는) 하나님의 백성들이라는 분명한 외적 표시 중 하나였다. 99세의 아브라함도 할례를 받아야 했다. (저런, 믿음의 조상이라는 칭호가 아깝지 않다!) 아브라함은 모든 8일배기 아기와 함께 하나님의 신인류라는 육체적 '언약의 표징'으로 할례를 받았다. 아울러 성경은 '마음의 할례'를 말한다. 즉, 할례는 하나님의 백성들이 되기 위해 이 땅의 잔재를 잘라내는 것이다. 이것은 하나님의 반(反)문화에 참여하기 위한 일종의 피 의식이었다.

물론 이 모든 것은 교인임을 드러내는 범퍼스티커나 티셔츠 문구, 문신이 등장하기 이전의 얘기다. 초대 교회 시대에 이방인 회심자들과 관련해서 한 가지 질문이 대두되었다. "그들도 할례를 받아야 할까?" 먹고 입고 사는 방식에 관한 히브리 율법을 따르지 않는 사람들(그리고 남성 성기가 아예 없는 사람들)은 어떻게 구별되어야 할까? 지금 하나님의 백성들을 '거룩한 나라'로 구별되게 하는 요소는 무엇인가? 하나님은 우리 삶과 공동체를 어떻게 인 치셨는가? 이 질문은 이 책의 끝 무렵에 살펴보자.

않으리로다."

    레위기와 신명기 같은 책에서 정결 법들을 읽어보면 고개가 끄덕여지는 율법들이 있다. 예를 들어, 할례는 건강을 위한 명령으로 받아들일 수 있다. 그런가 하면 다소 이해하기 힘든 율법도 있다. 예를 들어, 이스라엘 백성들은 돼지 껍데기를 만질 수 없었다. 미식축구 팬들에게는 안타까운 일이다. 하지만 이것도 현대의 제국주의적 게임에 집착하지 말라는 명령으로 해석할 수 있다. 두 가지 종류의 실로 천을 짜지 말라는 명령도 스타일을 중시하는 사람들에게는 달갑지 않은 명령이다. 그러나 잘 생각해보면 이 모든 율법은 제국의 불건전한 패턴과 낙인에서 완전히 탈피하여 새로운 문화를 창출하기 위한 수단이었다. 이 율법들을 오늘날의 관점에서 상상해보면 그 안에 담긴 문화 비판적 요소가 눈에 들어온다. "집 안에 말하는 상자를 들여놓지 말지어다." "어린아이들의 피와 땀을 착취하여 만든 브랜드 옷을 입지 말지어다." 이 문제는 나중에 더 자세히 살펴보자.

    이스라엘 백성들은 제국과 시장 경제의 문화에서 벗어났기 때문에 마치 이 땅에 거주하는 거류민과도 같았다. 안티오쿠스 에피파네스 4세 같은 황제들은 하나님 백성들의 구별됨을 깨뜨리고 동화를 강요하기 위해 할례를 금지하기도 했다. 그래서 율법을 지키는 것은 주위 세상에 직접적으로 맞서는 것을 의미했다. 율법은 불의의 사슬을 끊고 압제의 순환을 흐트러뜨리기 위한 수단이었다.

히브리 법전에 기록된 '눈에는 눈, 이에는 이' 법(출 21:24, 레 24:20, 신 19:21)을 생각해보자. 이 명령의 목적은 복수를 조장하는 것이 아니라 오히려 복수의 범위를 제한하는 것이었다. 이집트를 탈출한 젊은이들은 제국 밖에서 살기 위한 새로운 방법을 알아가는 중이었다. 하나님은 그런 그들에게 확실한 경계를 정해주셨다. 이를테면 한쪽 눈이 상한 것을 양쪽 눈을 파내서 복수하지 못하게 하셨다. 팔이 부러지면 팔과 다리를 모두 부러뜨려 복수할 수 없다. 나중에 예수님은 이 명령의 정신과 의도를 정확히 풀이해서 말씀해주셨다. "눈은 눈으로, 이는 이로 갚으라 하였다는 것을 너희가 들었으나 나는 너희에게 이르노니……" 이 율법 덕분에 이스라엘 백성들은 주위 세상에 만연한 추악한 복수 혈극에서 비교적 자유로울 수 있었다. 이 율법은 중세의 전쟁, 현대의 갱들 간의 전쟁, 이라크 전쟁처럼 폭력이 폭력을 낳는 악순환을 끊기 위한 수단이었다.

하나님은 이 외에도 여러 가지 방법으로 이스라엘 백성들의 정치적 상상력을 깨우고 그들이 낡은 삶의 방식으로 되돌아가지 않게 만드셨다. 이집트 탈출 후 처음 등장하는 이야기 중 하나는 그 유명한 만나 이야기다. 이스라엘 백성들이 광야에서 굶주림으로 신음하자 하나님은 하늘에서 만나의 비를 내려주셨다. 이 이야기 속에서 우리는 하나님의 (십계명보다도 먼저 주어진) 첫 번째 명령을 듣게 된다. 파라오의 제국과 약속의 땅 중간 어디쯤에서 주어진 이 명령은 각 사람이 만나를 필

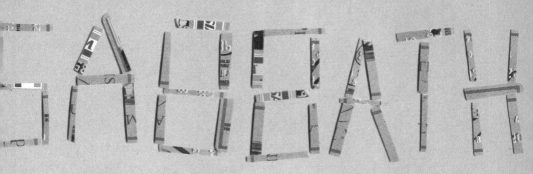

요한 만큼만 거두라는 것이었다(출 16장). 하나님은 남을 만큼 거두지 말라고 하셨지만 꼭 말을 듣지 않는 사람이 있기 마련이다. 결국 하나님은 벌레를 보내 남은 음식을 못 먹게 하셨다. (오늘날 우리에게도 벌레가 필요하지 않을까?) 하나님은 각 사람이 한 오멜만, 그러니까 일용할 양식만 거두라고 명령하셨다.

마침내 약속의 땅[8] 앞에 이른 이스라엘 백성들은 성경학자 셰드 마이어스가 말하는 '안식일 법[9]'을 받았다. 안식일 법에는 일요일(혹은 토요일)에 예배하라는 것 못지않게 노예로 살던 제국의 착취적 경제로 돌아가지 말라는 취지가 숨어 있었다. 구별된 백성들이 되려면 세상과 다른 종류의 경제가 필요했다. 하나님은 이스라엘 백성들이 이집트 안에서 제국의 경제를 개혁하게 하시는 대신 그들을 제국 밖으로 이끌어내어 완전히 새로운 경제를 구축하게 하셨다. 하나님의 경제는 죽음이라는 제국의 경제와 완전히 다른 생명의 경제다.

안식일 법은 부의 지나친 편중을 차단하기 위한 하나님의 견제와 균형 시스템이었다. 하나님은 인간의 추악한 죄성을 너무도 잘 아셨다. 히브리 백성들을 그냥 놔뒀다가는 예전처럼 가진 자와 가지지 못한 자의 사회로 돌아갈 게 뻔했다. 그래서 하나님은 왜곡된 경제가 싹트지 않도록 안식일 법이라는 창조적인 해법을 내놓으셨다.

우리는 대부분의 사람들이 건너뛰는 성경들에서 안식일 법이 무엇인지를 엿볼 수 있다. 어릴 적 우리는 노아와 아브라함, 소년 다윗과 골리앗에 관한 노래를 부르며 자랐다. 하지만 빚 탕감이나 토지 개혁, 식량 재분배, 노예 해방에 관한 찬양을 들어보았는가? '빚 탕감'과 운이 맞는 가사를 쓰기 어려워서일까? 아니면 출애굽기와 레위기, 신명기의 지루한 이야기로 곡을 만들어내기가 어려워서일까? 하지만 사실 성경의 이 책들이야말로 하나님의 가장 창조적이고도 흥미진진한 아이디어가 살아 숨쉬는 곳이다.

안식일 법은 나그네와 불법 이민자를 환영하고 가난한 자들이 밭에서 남은 이삭을 줍도록 허용하는 법이었다. (쓰레기통 뒤지기를 금지하는 법을 통과시킨 자들은 하나님께 호통을 들어 마땅하다.) 안식일 법은 사회 약자들을 돌보기 위한 법이었다. 이 법에는 이자 놀음에 관한 경고도 포함되어 있었다. (안식일 법을 오늘날 사

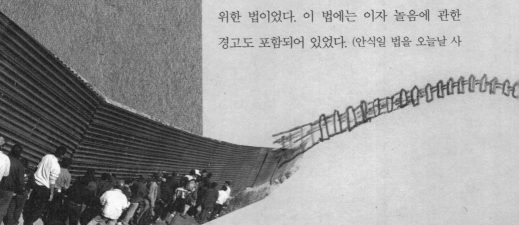

회에 적용하면 은행 소유주는 은행 강도 못지않은 범죄자다. 그리고 많은 신용카드 회사가 큰 위기에 처할 것이다.)

안식일 법의 백미 중 하나는 7년마다 실행되는 조항이다. 일단, 히브리 백성들은 일곱 번째 날마다 일을 쉬었다. 그날은 땅과 가축, 종들도 모두 쉴 수 있는 날이었다(일에 치인 이집트에서의 삶과는 너무도 대조되는 모습). 이와 비슷하게 7년마다 히브리 백성들은 '한 해 전체를 쉬는' 안식년을 지켰다. 이 1년간의 휴식기에 밭에서 계속해서 자라는 곡식은 근근이 살아가는 자들의 차지였다(출 23:11). 안식년이 오면 지난 6년간 쌓인 빚도 모두 탕감되었다. 사회에서 앞서나가는 사람들이 한 해를 쉼으로써 빈부 격차가 최소 수준으로 유지될 수 있었다. 이것은 참으로 반문화적인(그리고 어려운) 경제 관습이었다. 가난한 자가 없는 삶에 관한 하나님의 이상(신 15:4)은 노예였던 히브리 백성들에게는 도저히 상상조차 하기 어려운 것이었다.

부의 추가 한쪽으로 지나치게 기울어지는 것을 차단하는 것으로 모자라셨는지 하나님은 한 가지 관습을 추가하셨다. 50번째 해마다(7 곱하기 7) 축제 중의 축제를 지키게 하신 것이다. 이 축제는 희년으로 불렸다. 희년이 오면 하나님은 모든 재물과 땅이 그분의 것임을 상기시키고 누구도 종으로 돌아가지 않도록 하기 위해(레 25:42) 부의 구조를 완전히 뒤엎으셨다. 희년은 모든 공동체 일원의 빚을 탕감하고(레 25:35~42) 저당 잡히거나 몰수된 땅을 원래의 주인에게 돌려주고(25:13, 25~28) 노예를 풀어줌으로써(25:47~55) 사회 경제적 불평등의 구조를 허물기 위한 조치였다.

하나님은 안식일 법을 통해 이집트 제국의 불의한 관행이 다시는 되풀이되지 않기를 바라셨다.

하나님은 빚 탕감, 노예 해방, 고리대금 금지, 부의 재분배를 통해 가난의 뿌리인 인간 시스템에 체계적으로 관여하셨다. 정말 좋은 왕국이 상상되지 않는가? 특히 히브리 백성들이 노예로 살던 이집트와 주변 가나안 열강들에 비하면 가히 천국이다. 안식일 법에 따라 선거 공약을 내건 후보가 나온다면 무조건 찍어주리라.

물론 이스라엘 백성들이 율법을 제대로 못 지켰다고 말할 사람도 있을 것이다. 하지만 그렇게 따지면 예수님의 가르침을 제대로 지킨 기독교인도 없지 않은가? 우리가 잘 지키는지와 상관없이 율법은 세상을 향한 하나님의 명령이자 꿈이다. 본질적으로 율법은 신인류의 순결을 유지시키기 위한 하나님의 방법이었다. 그것은 단순히 이스라엘만을 위한 것이 아니라 피조 세계 전체를 위한 것이었다. 아시리아 제국 같은 주변의 이방 국가들을 개혁하는 것, 이를테면 아시리아 제국이 제국 활동을 더 잘하게 만드는 것은 하나님의 계획이 아니었다. 하나님은 본보기를 통해 세상을 구원하고자 하셨다. 제국의 변방에 새로운 사랑의 사회를 건설하여 세상이 그 아름다움을 보고 배우길 바라셨다. 이스라엘은 산 위의 동네였다. 하나님은 이스라엘을 통해 세상을 비추고 그분의 품으로 다시 끌어오고자 하셨다. 물론 불순종으로 이스라엘의 빛이 희미해지고(때로는 꺼지기 직전까지 갔다) 새로운 전략이 필요해지기도 했다. 하지만 또다시 홍수가 필요한 것은 아니었다. 사랑이 죽음을 이겨냈다. 노아의 이야기에서 하나님은 몇 사람을 구하고자 많은 사람을 멸절시키셨지만 아브라함의 이야기에서는 많은 사람을 구원하고자 몇 사람을 따로 구별하셨다.

이스라엘 백성들은 자꾸만 하나님의 꿈에서 멀어져 열국의 패턴으로 돌아갔다. 그들은 약속의 땅으로 온전히 들어가지 못했다. 그래도 하나님은 포기하지 않으셨다. 먼 훗날 하나님은 약속의 땅에 관한 새로운 비전을 주셨다. 그것은 바로 이 땅에서 이루어질 하나님의 왕국이었다. 훗날 하나님의 아들이 이스라엘 민족의 지향점을 온전히 실현하셨다. 그리고 세상의 소망이 될 사람들을 모으셨다. 하나님은 제국과 왕들의 더러운 모습을 더 이상 보고만 계실 수 없었다. 새로운 종류의 왕과 새로운 종류의 제국이 나타날 때가 되었다. 그리하여 평화의 왕, 하나님의 아들이 이 땅에 오셨다. 그분이 승리하실까?

한번 보자...

2부
전혀 새로운 대통령

이스라엘 백성들이 끊임없이 언약을 깨고 구별되지 못한 모습을 보이자 하나님은 한 사람을 통해 이스라엘의 지향점을 보여주셨다. 하나님은 인류가 사랑의 법에서 벗어나 스스로를 파괴하는 모습을 더는 지켜만 보실 수 없었다. 히브리 역사 속의 수많은 풀리지 않은 물음 속에서 한 가지 사실만큼은 더없이 분명하게 빛난다. 아브라함과 사라에서 시작된 이야기를 이루기 위해 예수님이 오셨다는 사실!

　　"그때에 가이사 아구스도가 영을 내려 천하로 다 호적하라 하였으니…… 주의 사자가 곁에 서고 주의 영광이 그들을 두루 비추매 크게 무서워하는지라. 천사가 이르되 무서워하지 말라. 보라, 내가 온 백성들에게 미칠 큰 기쁨의 좋은 소식을 너희에게 전하노라. 오늘 다윗의 동네에 너희를 위하여 구주가 나셨으니 곧 그리스도 주시니라."(눅 2:1, 9~11)

아, 기분 좋은 크리스마스 이야기. 생각만 해도 기분이 좋아지는 크리스마스 성극, 벽난로 앞에 앉아 마시는 에그노그(달걀에 설탕, 우유 따위를 넣은 음료—옮긴이), 반짝이는 크리스마스트리. 누가복음의 첫머리는 이처럼 미국식 문화적 기독교의 소재 정도로 전락했다. 가난한 목자들의 뼛속까지 뒤흔들었던 예수님의 탄생 이야기는 이제 본래의 맛을 잃고 싸구려 크리스마스카드 그림의 소재로나 활용된다. (물론 그 끝은 결국 쓰레기통 신세다.)

하지만 누가복음의 이야기는 예수님의 첫 제자들에게 큰 용기와 희망을 불어넣었다. 그런데 그 이야기가 국사를 관장하는 자들에게는 체포의 이유였다. 오늘날 그리스도인들이 자주 사용하는 언어 가운데 상당수가 예수님 당시에는 매우 정치적인 언어였다. 예수님은 제국의 사전에서 단어들을 뽑아 아름다운 정치 풍자의 색깔을 더해 의미를 변형시키셨다.

다음과 같은 단어를 음미해보라.

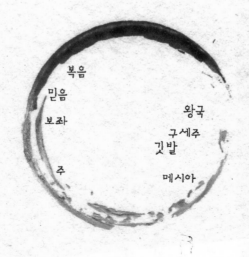

이 모두는 로마도 잘 알고 있는 단어들이었다.

제국의 언어

예수님의 언어

바실레아(Basilea, '제국' 혹은 '왕국'): 로마 제국을 지칭하는 용어. 수장은 카이사르.

바실레아: 예수님이 가장 자주 사용하신 대화 주제(하나님 나라 혹은 하늘나라). 수장은 이스라엘 백성들을 이집트 종살이에서 해방시키신 야훼.

복음(evangelion, '기쁜 소식'): 제국의 후계자가 태어나거나 원정 전쟁에서 승리했다는 제국의 선포. 주로 깃발이 걸리고 정치 행사가 동반된다.

복음: 하나님 나라가 가까웠다는 예수의 기쁜 소식.

메시아: 하나님이 세우신 이스라엘의 통치자. 이스라엘이 압제로부터(그리고 그들 자신으로부터) 구원받게 되리라는 성경의 약속을 성취할 자. 이 명칭은 주로 예수님께 사용되었으나 다윗 같은 통치자에 대해서도 사용되었다. 흔히 메시아를 성육신한 하나님으로 생각하는데 그것은 오해다. 메시아는 '하나님께 권한을 위임받은 왕'이다. (예수님은 성육신한 하나님이시지만 메시아는 매우 다른 정치적 의미와 역사적 역할이 있었다.)[1]

그리스도(히브리어 '메시아'의 헬라어 번역): 로마에서는 하나님과 그 백성들이 임명한 유대인 통치자로 알려져 있었다. 유대의 왕 직함은 이미 헤롯에게 주어졌다. 따라서 예수님을 유대의 왕으로 부를 수 없다. 한 시대에는 오직 한 사람만 왕좌에 앉을 수 있다.

하나님의 아들: 예수님께 주어진
이름.

신의 아들: 왕과 황제에게 자주 사용된
칭호. 알렉산더 대왕(만왕의 왕이라는
칭호도 사용)과 옥타비아누스(나중에 율리
우스 카이사르의 계보를 이은 아우구스투
스로 알려짐)가 사용한 이름.

하지만 예수님은 자신을 주로 인자(Son
of God, 혹은 다니엘 선지자에게서 차용
한 'the human one')로 부르셨다. 마
귀가 광야에서 예수님을 시험할 때 사용
한 이름. [2]

에클레시아(Ekklesia): 로마 제국 안의
지역적 공공 모임. 마을 모임과 비슷했다.
이 모임은 시민권을 부여하고 [3] 지역의 정
치적 문제를 토론하고 '장로'를 임명하고 카
이사르에 대한 기도와 경배를 행했다.
종교(제의적인 희생 제물 등)와 세속적
정치 행위 사이에 구별이 없었다.

에클레시아:
초대 교회를 지칭하는 표현. "예수
님의 제자들이 '로마 제국주의에서
벗어난 새로운 사회의 지역적 공동체
로서' 세상에 참여하도록 부름 받았다
는 사실을 강조한다." [4] 초대 교회는 새
로운 시민권을 부여하고 장로를 임명했
다. 이 에클레시아는 자체적인 정치적,
종교적 관심사를 논의했지만 국가나 다른
에클레시아와 구별되었다.

파루시아(Parousia, 문자적으로는 '왕림'): 당시 황제의 지역 방문.

파루시아: 황제의 파루시아와 현저히 다른 예수님의 재림.[5]

구원자(sorter, 문자적으로는 '치유자' 혹은 '보존자'): 구원자 카이사르 아우구스투스는 로마의 혼란을 치유하고 새로운 황금시대를 연 왕으로 칭송을 받았다.[6]

구세주: 예수님을 위한 명칭.

믿음: 예수님에 대한 신뢰와 충성, 희망을 지칭하는 표현.

믿음: 파스 로마나(Pax Romana, 로마 제국에 의한 평화)에 대한 신뢰와 충성, 희망을 지칭하는 표현. 충실한 남편의 신의와 비슷하다.[7]

주: 예수님께 주어진 칭호. 그리스도나 메시아보다 훨씬 더 국제적인 찬사.

주(kyrios): 통치자, 특히 최고 통치자에게 주어진 칭호.

임마누엘: '하나님이 우리와 함께 계신다'를 뜻하며 메시아에 관해 히브리 성경에서 예언된 이름. 나중에는 천사가 마리아 앞에서 예수님의 이름 중 하나로 임마누엘을 사용했다(마 1:22-23, 사 7:14도 보시오).

임마누엘(dues praesens): 신들의 임재와 의지의 현신. 안티오쿠스 에피파네스 4세와 도미티아누스 같은 황제가 스스로에게 붙인 칭호.

예배(proskyneo): 찬양하고 경배하는 의미로 하나님께 절하는 것. 예를 들어 이 단어는 동방박사들이 구유 안의 아기 예수님께 절하는 것을 가리킬 때 사용되었다.

예배(proskynesis): 통치자나 황제 앞에서 복종의 뜻으로 부복하거나 절하는 행동을 포함하는 관습. 복종의 행동.

이 언어들에는 제국의 정치적 색깔이 짙게 깔려 있었다. 다음은 주전 6년 소아시아 정부 청사의 폐허에 새겨져 있던 글귀다.

더없이 신성한 카이사르…… 만물의 근원과 동등하게 여겨야 마땅하다. …… 모든 것이 (무질서에) 빠지고 해체되어 갈 때 그가 다시 회복시키고 전 세계에 새바람을 일으켰다. 카이사르…… 만민을 위한 복…… 생명과 활력의 근원…… 모든 도시가 만장일치로 신성한 카이사르의 탄생일을 새해로 채택하고 있다. ……우리의 모든 존재를 통제한 신이…… 우리에게…… (황제) 아우구스투스를 주심으로 우리의 생명을 완벽한 절정에 이르게 하셨다. ……아우구스투스는 우리와 우리의 후손에게 구세주로 보내졌고 전쟁을 끝냈으며 만물에 질서를 회복시켰다. 그리고(그러므로) (신임이) 분명해졌다. ……카이사르는 이전 시대의 모든 희망을 성취했다. ……전 세계에 이 신(아우구스투스)의 탄생일은 그에 관한 복음(에반겔리온)의 시작이 되었다……[8]

이제 크리스마스 이야기를 다시 읽어보라. 단, 이번에는 1세기의 시각에서 읽어보라. 로마에는 이미 구세주가 존재했다. 그 이름은 바로 카이사르였다. 그리고 이 카이사르에게 복음이 있었다. 그런데 이제 예수님을 통해 새로운 종류의 구세주가 선포되고 있다. 예수님이 새로운 종류의 복음과 왕국을 들고 나타나셨다.

"그 사랑은 내 위에 깃발이로구나." 주일학교에서 부르던 이 노랫말이 기억나는가? 내 위에는 로마의 깃발이 아니라 그분의 깃발이 펄럭이고 있다. 그리고 그분의 깃발은 로마의 '자유, 평화, 안보'가 아니라 '사랑, 사랑, 사랑'이다. 우리는 로마나 미국, 아니 우리에게 충성을 요구하는 그 어떤 국가나 제국의 기도 아닌 예수님의 깃발을 흔들어야 한다.

단, 예수님이 그런 언어를 통해 원하셨던 것은 로마의 힘이 아니었다. 문화 전쟁의 기점을 마련하시려는 것도 아니었다. 카이사르의 왕좌에 오르시려는 뜻은 전혀 없었다. 이 정치적 언어는 '미국을 다시 기독교 국가로 만들려는' 현대 교회의 프로젝트와 아무런 상관이 없다. 오히려 정반대다. 예수님은 제자들에게 아브라함에서 시작된 구별된 공동체를 추구하라고 말씀하셨다. 예수님은 세상의 정부들이 종교화되기를 원하지 않으셨다. 그분은 이스라엘이 세상의 빛이 되어야 한다고 말씀하셨다. 세상의 도를 버리고, 주변 제국보다 좀 나은 '이 세상' 왕국이 아니라 완전히 새로운 사회를 이루라고 촉구하셨다.

짤막한 정치적 배경 읽기

성경을 대충 읽으면 정치적 언어를 무심코
지나가기 쉽다. 뿐만 아니라 성경의 이름과 고유명사
의 시대적 의미를 놓칠 수 있다. 하지만 성경의 이름과 장소
를 유심히 보면 1세기 지중해 지역의 정세를 엿볼 수 있다. 지금 우
리가 럼스펠드나 국회의사당, 오바마, 백악관 대통령 집무실이란 단
어를 들으면 온갖 생각을 떠올리듯 예
수님 시대에 재판정, 골고다, 안디바,
데가볼리 같은 단어에는 많은 의미
가 함축되어 있었다.

벳세다

요단 강

예수님 탄생 전후에 갈릴리와 유대
사람들은 로마와 속국 통치자들(헤롯 왕
들과 예루살렘의 대제사장들)에 대항하여 저
항과 반란을 끊임없이 일으켰다. 당시는 사
회 불안, 저항 운동, 진압, 폭동이 끊이지 않
던 시기였다. 민중 봉기와 학살이 전국을 피로
물들였다. 예수님이 탄생하기 몇십 년 전, 로마
군대는 수많은 마을을 불태우고 주민 전체를 노예
로 끌고 갔으며 저항하는 자는 모조리 죽였다.

세포리스라는 마을을 보자.[9] 헤롯 안디바는 갈릴
리 사람들의 세금과 땀으로 세포리스를 건설했다. 목
수였던 요셉과 어린 예수님도 그때 노동을 착취당했을지

모를 일이다.[10]

예수님이 마지막으로 걸으셨던 엠마오는 이런 정치적 혼란 속에서 파괴되었다. 나사렛에서 몇 킬로미터 떨어진 막달라라는 도시 전체는 예수님이 태어나시기 한 세대 전(주전 52년)에 파괴되면서 많은 주민이 노예로 끌려갔다. 학자들은 막달라 마리아가 이 도시 출신일 거라 짐작한다. 막달라 마리아의 조상도 그 공포 속에서 죽임이나 강간을 당하고 노예로 끌려갔을지 모른다. 제국의 폭력으로 인한 폐허가 천지를 뒤덮었으니 이런 지역을 지나실 때마다 예수님의 마음도 많이 아팠으리라.

유대인 역사가 요세푸스의 기록에 따르면 주전 4년 광범위한 반란이 일어나자 그에 대한 보복으로 로마의 바루스 장군은 여러 마을을 불태우고 언덕에 숨은 반란자들을 잡아 한 번에 2천 명을 십자가에 못 박았다. 그런가 하면 티투스 장군은 반란자들을 체포하여 매일 5백 명씩 죽였다.

갈릴리 호수

디베랴

막달라

나사렛

세포리스

그로 인해 "십자가를 세울 공간도 몸을 매달 십자가도 없을" 지경이었다.[11] 계속해서 요세푸스는 병사들이 포로들을 여러 가지 자세로 십자가에 못 박으며 즐겼다고 말한다. 참으로 잔인한 시대였다. 예수님 옆에서 십자가에 못 박힌 두 사람은 '강도(lestes)'로 불렸는데, 사실 이것은 로마인들이 저항자에서 폭도에게까지 두루 사용한 명칭이었다.

폭동과 혁명

배경을 이해하지 않고 예수님과 십자가 사건을 논하는 것은 몽고메리 버스 보이콧, 짐 크로우 법, 베트남 전쟁을 모르고서 마틴 루터 킹을 논하는 것과 같다. 예수님이 태어나신 갈릴리 북부 지방은 많은 반제국주의 봉기의 진원지였다. 그래서 메시아가 그런 곳에서 나올 수 없다는 말이 나올 만도 했다. "나사렛에서 무슨 선한 것이 날 수 있느냐?"(요 1:46)

로마가 꿈꾸는 세상보다 더 나은 세상을 만들려는 반문화 운동과 지하 운동이 끊이질 않았다. 개중에는 험악한 운동도 있었다. 열심당(Zealot) 운동은

로마를 전복시키려는 폭력적 혁명가들로 이루어졌다. 열심당은 수백의 민병대를 조직하기도 했다. (열심당원 중 일부는 나중에 예수님의 비전으로 합류했다.) 차고 다니던 굽은 단검의 이름을 딴 시카리(Sicarii)[12]도 극단주의 집단이었다. 학자들은 시카리파가 유명 인사를 납치해 동지의 석방을 협상했다고 말한다. 지성인과 선생들이 이끄는 시카리파는 로마 정부와 결탁한 유대인 고위 인사 같은 권력의 상징들을 암살했다(오늘날의 이라크 혁명 전사들과 비슷하다).

에세네파와 쿰란 공동체 등은 오염된 사회에서 완전히 벗어나 언덕이나 굴, 사막으로 들어가는 편을 택했다. 그들은 농부와 권력층의 싸움터에서 멀리 떨어진 그곳에서 작은 유토피아 마을을 일구고자 했다. 예수님의 사촌 요한이 이런 집단의 영향을 받지 않았나 싶다. 한 공동체는 예루살렘의 성전 시스템을 역사적 타협으로 여겨 철저히 거부하기도 했다. 이 집단은 (토라에 나타나는) 왕정 시대 이전의 삶을 극단적으로 구현하여 스스로를 성전으로 여기면서 사막을 방랑했다.[13] 요한이 이 극단적인 운동의 영향으로 광야에서 예루살렘 성전과 차별화된 침례 예식을 행했을 가능성도 있다.

예수님이 태어나기 직전의 사건(오늘날 많은 사람이 1960년대를 잊지 못하듯 아마 예수님의 부모도 이 사건을 죽을 때까지 잊지 못했을 것이다)과 같은, 제국의 만

행을 규탄하는 대규모 비폭력 시위도 있었다. 제국의 권위자들은 카이사르의 형상이 새겨진 로마 동전을 예루살렘으로 들여오려고 했다. 그때 '엄청나게 많은' 유대인 농부들이 가이사랴의 총독 관저로 몰려가 5일 밤낮으로 시위를 벌였다. 그것은 '왕은 하나님뿐'[14]이라는 파격적인 옛 신앙을 표현한 행동이었다. 총독은 이 시위를 진압하기 위해서 대규모 병력을 보냈고, 군대는 세 겹으로 거대한 원을 형성하여 시위 군중을 포위했다. 그러자 군중은 싸우는 대신 고개를 숙여 목을 늘어뜨렸다. 땅과 신념을 빼앗기느니 목을 내놓겠다는 의지의 표현이었다. 군대는 어찌할 바를 몰라 하다가[15] 결국 떠나갔다.[16]

한번은 로마에서 예루살렘 성전에 카이사르의 동상을 세우려고 했다.[17] 그때 '수만 명의' 유대인이 40일 동안 비폭력 저항 운동을 펼치며 선포했다. "어떤 식으로든 (카이사르와) 전쟁을 벌이지는 않겠지만 우리의 법이 침해되는 모습을 지켜보느니 죽음을 택하겠다." 밭도 갈지 못하고 굶주려가며 40일간이나 저항을 했으니 이 농부들의 결의가 얼마나 강했는지 짐작하고도 남는다.

예수님도 이 이야기들을 들으며 자라셨을 것이다. 그러니 예수님의 많은 이야기에 혁명의 색채가 깔린 것도 무리가 아니다. 예수님은 대중 저항 운동들(열심당, 테러리스트, 은둔자)에 새로운 생명력과 상상력을 불어넣으셨다. 사람들은 혁명에 목말라 있었다. 빌라도가 정치범 한 명을 풀어주겠다고 했을 때 사람들이 예수님 대신 반란자 바라바를 택한 것만 봐도 알 수 있다.

헤롯 대제(대제는 무슨!)

팔레스타인[18] 정치적 혼란의 시작은 예수님이 탄생하시기 수백 년 전으로 거슬러 올라간다. 이 역사를 알지 못하면 예수님을, 정치적 비전을 지닌 실제 인물이 아니라 단순히 상징적인 인물로 치부하기 쉽다. 예수님의 고향은 소아시아와 아프리카, 동아시아를 잇는 고대 통상로의 중심이었다. 주전 300년 대 알렉산더 대왕은 역사상 최초의 글로벌화 프로젝트를 시작했다. 수많은 지역을 정복한 뒤 그 모두를 헬레니즘으로 통합하려고 한 것이다. 정복왕 알렉산더 이후 전략 요충지 팔레스타인은 패권을 차지하려는 여러 통치자의 품을 거쳐 갔다. 알렉산더 이후에는 셀루시드 왕조가 들어섰고, 그 다음에는 하스모니안 왕조가 나라를 되찾았다. 그 다음은 로마였다. 이 로마의 율리우스 카이사르는 헤롯 대제의 아버지 안티파터에게 유대의 통치권을 넘겨주었다. 헤롯 가문은 '예루살렘 남쪽 유대 언덕들과 네게브 사막 사이에 살던 유대인과 아랍인의 혼혈'[19]인 이두메 사람들이었다.

결국 유대의 왕이라는 칭호를 얻은 헤롯 대제는 유대의 피가 반쯤 섞인 혼혈 왕이었으며, 노예 제도와 학살, 전쟁을 통해 온 땅을 피로 적셨다. 그래서 그는 국민들에게 인기가 없었으며 특히 유대인들의 미움을 샀다. 끊임없이 왕좌를 노리는 아들들 때문에 불안해하던 그는 결국 자기 손으로 자식들을 죽이고 만다. 심지어 한 아들은 왕궁 연못에 빠뜨려 죽이기까지 했다. 헤롯 대제는 예수님이 태어나신 직후인 주전 4년에 죽었다. 그의 사후 살아남은 세 아들(아켈라오, 안디바, 빌립)이 왕권 다툼을 벌이면서 유대 백성들은 또다시 혼란에 빠졌다. 세 아들이 로마에 판결을 부탁하자 유대인들도 로마에 대표단을 보내 헤롯 일족이 지긋지긋하니 셋 중 누구도 왕으로 삼고 싶지 않다는 뜻을 전달했다. (나중에 아켈라오는 이 유대인들을 추적하여 학살했다.)[20] 그러나 로마 황제는 유대인 대표단의 호소를 들어주지 않았다. 대신, 나라가 한꺼번에 망가지는 일이 없도록 헤롯 가문의 세 아들에게 나라를 잘게 쪼개 주었다. 그리하여 빌립은 동쪽, 아켈라오는 유대와 예루살렘, 안디바는 갈릴리를 얻었다.

4복음서에 헤롯 빌립에 관한 이야기는 별로 없다. 하지만 다스릴 땅도 별로 없는 분봉왕들인 다른 두 형제에 관한 내용은 많다. 그들은 그 작은 땅마저 제대로 다스리지 못했다. 아켈라오가 처음으로 한 일은 수만 명(혹자는 20만 명이었다고도 말한다)의 유대인들이 선조의 이집트 탈출을 축하하는 예루살렘 유월절 축제 현장에 병사들을 보낸 것이다. 그때 일부 저항자들이 병사들에게 돌을 집어던졌다. 이 소식을 들고 노한 아켈라오는 천 명의 군대를 보내 유태인 3천 명을 학살하고 말았다.[21] 이것이 아켈라오 치리의 시작이었다.[22]

안디바 왕은 아내를 버리고 동생의 아내 헤로디아와 결혼했다. 그러자 이를 못마땅하게 여긴 예수님의 사촌 세례 요한은 안디바를 신랄하게 비판했다.[23] 당시 많은 무리가 광야로 찾아와 세례 요한의 말에 귀를 기울였다. 많은 면에서 세례 요한은 이집트 탈출의 리더 모세와 비슷했다. 그는 사람들에게 문명의 중심지에서 광야라는 변방으로 나와 하나님을 찾으라고 촉구했다. 메뚜기를 먹고 낙타 가죽옷을 입는 그에게 로마의 꿈들은 하나같이 쓸모없는 것들이었다. 한편, 사람들은 단순히 세상에서 탈출하기 위해 광야로 가지 않았다. 그들은 세상을 구하기 위해 광야로 갔다.

요한의 조상들이 파라오의 땅 밖으로 나갔을 때와 마찬가지로 로마 제국의 변방은 그냥 외지가 아니라 하나님 나라의 중심지였다. 사람들은 자기 속에서 로마를 몰아내기 위해 광야로 갔다. 거기서 그들은 자기 안에 흩어진 제국의 찌꺼기를 씻어내고, 문명의 껍데기를 벗긴 세상을 보았다. 심지어 세금 징수원, 병사, 제국의 부유층과 권력층도 문명의 중심을 벗어난 변방에서 하나

님을 발견했다. 세례 요한의 "회
개하라!"라는 말은
단순히 무료급식
시설 밖에 걸린
네온사인 정도가
아니었다. 그것은 삶의 방식을
완전히 다시 생각하라는 초대의 메시지
였다.[24] 그것은 우리의 존재와 모든 소유물에 대한
생각을 바꾸라는 말이었다. 이 외에도 세례 요한은 겉옷이
두 벌 있으면 한 벌은 추위에 떠는 나그네에게 나눠주라고
말했다. (옷이 수없이 많고 회개할 거리도 그에 못지않게 많은 안디바
가 분명 싫어했을 메시지다.) 그는 "사람에게서 강탈하지 말며 거
짓으로 고발하지 말고 받는 급료를 족한 줄로 알라."(눅 3:14)라
고 가르쳤다. 그는 안디바 왕의 그릇된 결혼과 여성 편력을 과감
하게 지적했다가 큰 곤경에 빠졌다. 성경은 안디바가 요한을 죽이
고 싶었지만 "사람들이 그를 선지자로 여기므로"(마 14:5) 차마 죽
일 수 없었다고 말한다. 실제로 요한의 배후에는 광야에서 메뚜기
를 먹고 낙타 가죽옷을 입은 혁명가들의 지하 조직이 있었다. 이에
관한 요세푸스의 말을 들어보자. "요한이 엄청난 영향력을 업고 반
란을 일으킬까 두려웠던 헤롯은 그를 죽여 문제의 소지를 없애는 것
이 최선책이라고 생각했다."[25]

그러던 차에 안디바의 생일잔치에서 헤로디아의 딸이 춤을 추었
다. 흐뭇해진 안디바는 그녀에게 무슨 청이든 들어주겠다며 (왕들이

으레 그렇듯) 같잖은 권력과 부를 과시했다. 하지만 그녀는 부나 명예를 청하지 않는 대신 엄마가 시키는 대로 세례 요한의 머리를 접시에 담아서 달라고 말했다. 이에 안디바는 어쩔 수 없이 현상금 사냥꾼들을 보내 세례 요한의 목을 가져왔다. 그렇게 생일잔치는 피의 잔치로 변했다. 이 사건의 메시지는 분명했다. 헤롯에게 대들면 목이 날아가리라! 헤롯의 머릿속에는 힘과 부를 과시하고 체제의 적을 짓밟는 일밖에 없었다. 헤롯은 심지어 생일잔치 중에도 무시무시한 힘을 휘둘러 사람들에게 두려움을 심어주었다. 그의 왕국은 "고개를 숙이지 않으면 머리가 날아간다."는 원칙에 따라 운영되었다(마 14:1~12).

진정한 왕의 탄생

저런, 이야기가 너무 앞서갔다. 시곗바늘을 조금 뒤로 돌려, 예수님과 요한이 비슷한 시기에 태어난 사촌이라는 사실을 기억할 필요성이 있다. 요한은 예수님의 길을 닦기 위해 광야에서 외치던 목소리였으며 목숨을 잃기까지 권력에 맞서 싸웠다. 그리고 곧 이어 예수님이 모습을 드러내셨다. 헤롯 대제는 40년간 제국을 철권 통치했고, 그가 죽은 직후 예수님이 무대에 등장하셨다. 몇 가지 이유로 헤롯 왕은 유대의 왕(내가 왕인데 무슨 소리야?)이 될 아기의 탄생에 관한 소문이 달갑지 않았다. 심지어 새 왕을 알현하겠다고 지극히 먼 곳에서 고귀한 현자들까지 찾아왔다. 다급해진 헤롯은 이 현자들을 불러 예수님을 발견하거든 자신에게 꼭 알려달라고 당부했다. 그러면 자기도 가서 경배하겠다고 했다. 하지만 현자가 달리 현자인가? 그들은 헤롯의 꿍꿍이를 간파하고 그의 부탁을 외면했다. 성경은 그들이 예수님께 선물을 드린 후 꿈에서 헤롯에게 돌아가지 말라는 경고를 들었다고 말한다. 그래서 그들은 다른 길을 통해 고국으로 돌아갔다. 예수님의 탄생은 하나님의 모략이 빛을 발한 사건이었다.

동방박사들이 돌아간 후 예수님의 가족도 꿈을 통해 헤롯이 예수님을 죽이려고 한다는 사실을 알게 되었다. 당시 아기 메시아는 울고 보채는 것밖에 몰랐지만 벌써부터 카이사르에게 위협적인 존재였다. 그리하여 예수님의 가족은 이집트로 도망쳤고 헤롯은 베들레헴과 근방에서 태어난 두 살 미만의 모든 남자아이를 죽이라는 명령을 내렸다. 예수님은 헤롯의 대량 학살 와중에 태어나셨고 헤롯이 죽을 때까지 이집트에 머무셨다. 헤롯이 죽은 후 천사는 예수님의 부모에게 고향으로 돌아가라고 지시했다.

소년 예수님이 30년 후 무대 중앙에 등장하시기까지 어떤 일이 있었는지에 대해서는 알려진 바가 별로 없다. 예수님의 탄생은 로마의 왕과 권력자들을 벌벌 떨게 만들었다. 헤롯과 측근들은 예수님의 행방에 관한 조그만 단서라도 찾으려고 눈과 귀를 늘 열어두었을 게 분명하다. 예수님은 필시 이 사실을 아시고 잠시 레이더망을 피해 계셨을 것이다. 예수님은 가족과 함께 조용한 마을 나사렛에서 지친 사람들의 고역을 몸소 경험하셨다. 아마도 예수님은 회당에서 이스라엘 민족이 아주 오래 전에 하나님을 거부하고 인간 왕의 통치를 선택했다는 이야기를 들으셨을 것이다. 예수님은 가난에 허덕이는 민족을 보며 인간 왕과 대통령에 대한 하나님의 경고 메시지를 떠올리셨을 것이다. "너희가 그의 종이 될 것이라."

소년 예수님이 무슨 생각을 하며 가난한 노동자 시절을 보내셨을지 우리는

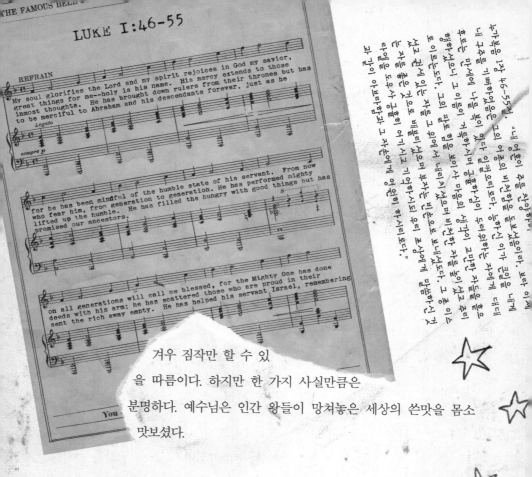

겨우 짐작만 할 수 있
을 따름이다. 하지만 한 가지 사실만큼은
분명하다. 예수님은 인간 왕들이 망쳐놓은 세상의 쓴맛을 몸소
맛보셨다.

광야에서의 정치적 유혹

지금은 고인이 된 음악가 리치 멀린스는 여느 그리스도인 음악가에게서는
찾아볼 수 없는 솔직함을 지닌 인물이었다. 그는 죄를 짓고 싶지는 않지만 세
상의 '정말 좋은 것들의 유혹'을 받고 싶다고 말했다. 유혹의 실체를 제대로
알고 싶다는 것이 그 이유였다.

예수님은 공생애를 시작하기에 앞서 먼저 광야로 가셨다. 거기서 그분은 정말 좋은 것들의 유혹을 받으셨다(눅 4:1~13). 예수님은 40일을 금식하신 후 이스라엘이 오랫동안 받아왔던 유혹을 직접적으로 경험하셨다.[26] 성경은 예수님이 모든 일에서 우리와 똑같이 시험을 받으셨다고 말한다(히 4:15). 예를 들어, 단순히 이 세상 왕국의 개선된 버전에 만족하고 싶은 유혹이 예수님을 공격했다. 그중에서 가장 뿌리치기 힘든 유혹은 이 세상이 제시하는 달콤한 열매들이다(에덴동산을 생각해보라). 마귀의 가장 그럴듯한 거짓말은 99퍼센트가 진실이다. 다시 말해, 그의 가장 강력한 전략은 우리에게 하나님의 꿈보다 조금 못한 꿈 혹은 약간 왜곡된 형태에 만족하라고 속삭이는 것이다.

광야에서 기도하고 금식하실 때 예수님은 '짐승들과 함께' 계셨다. 마귀는 제국의 황금 날개를 달고 나타났을지도 모른다. 어쩌면 월스트리트 황소의 모습으로 나타났을지도. 아니면 공화당의 코끼리나 민주당의 당나귀 형상으로 나타났을까? 양복을 쫙 빼입고 리무진을 타고 나타났을지도 모를 일이다. 어쩌면 굶주린 소년과 함께 나타났을지도 모른다.

유혹이 어떤 형태로 찾아왔는지는 알 수 없지만 유혹의 내용은 분명하다. 먼저, 돌을 떡으로 바꾸라는 유혹이 찾아왔다. 이 얼마나 아이러니인가. 생명의 빵이 광야에서 굶주리고 계시다니. 예수님은 기적으로 굶주림을 해소하고 싶은 유혹을 받으셨다. 사실, 예수님께는 물을 포도주로 바꾸고 하늘에서 만나가 내리게 할 능력이 충분히 있었다. 혹시 그때 예수님은 헤롯을 위해 농작물을 키우지만 정작 자신은 굶주렸던 고향 마을 소녀의 앳된 얼굴을 떠올리지 않으셨을까? 광야에서 굶주린 배를 움켜쥔 채 하나님이 자신들을 죽이려고 광야로 끌어내셨다고 불평하던 이집트 노예들, 그들의 꼬르륵 소리가 예수님의 귓가를 맴돌지 않았을까? 그때 예수님은 빵과 깨끗한 물이 없이 오늘도 굶어죽는 3만 5천 명 아이들의 얼굴을 미리 보지 않으셨을까?

하지만 예수님은 "사람이 떡으로만 살 것이 아니다."라는 말씀으로 유혹을 물리치셨다. 예수님은 광야의 이집트 노예들을 생각하며 '하늘에서 내려오는 빵'이 기적이 아닌 시험이었다는 사실을 떠올리셨다. 만나는 이스라엘이 이집트 제국의 경제 곧 축적의 경제를 거부할 수 있는지 확인하기 위한 시험이었다.[27] 파라오의 경제로 돌아가려는 유혹은 이스라엘의 역사적 정체성에 난 상처였다. 예수님은 이 상처를 치유하고자 하셨다. 부의 축적이라는 제국의 경제는 이집트 탈출 이후에도 여전히 이스라엘 백성들의 정신을 사로잡고 있었다. 진정한 자유인이라면 '일용할 양식을 위해' 기도할 줄 알아야 한다. 그리고 그 양식은 '우리의' 양식이어야 한다. 왜냐하면 하나님의 경제는 공동 경제이기 때문이다. 예수님은 생계와 안전을 위해 땅을 착취하라는 유혹을 받았지만 단호히 거부하셨다. '빵과 서커스'로 대중의 마음을 사로잡아 혁명을 시작할 수 있었으나 예수님은 그러지 않으셨다.[28]

예수님이 광야에서 받으신 두 번째 시험은 막달라 마리아가 아닌 정치권력과의 에로틱한 연애에 관한 것이었다. 마귀는 예수님께 세상의 모든 왕국을 보여주며 말했다. "모든 권위와 그 영광을 내

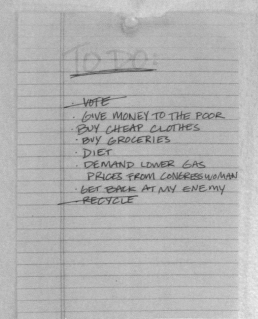

가 네게 주리라. 이것은 내게 넘겨준 것이므로 내가 원하는 자에게 주노라. 그러므로 네가 만일 내게 절하면 다 네 것이 되리라." 당시 유대의 상황으로 볼 때 이것은 로마로부터 주권을 찾게 해주겠다는 유혹이었다. 사무엘상 8장에서 이스라엘이 '모든 나라와 같이' 왕을 세우고 싶었던 것처럼 예수님도 보좌에 관한 유혹을 받으셨다. 마귀는 하나님의 아들이라는 호칭을 사용함으로써 예수님이 추구하는 왕의 개념에 의문을 제기했다.[29] 대신 마귀는 로마를 전복시키고 카이사르를 권좌에서 끌어낼 수 있는 왕권을 제시했다. 유대인의 모든 적을 혼내줄 수 있는 왕. 인류의 문제를 해결해줄 수 있는 왕. 헤롯의 대량 학살과 전쟁을 끝내고 더 나은 외교 정책과 사회 복지 사업으로 모든 혼란을 바로잡을 수 있는 왕. 사람들이 당장 원하는 것은 이런 왕이었다.

흥미롭게도 예수님은 세상의 모든 정치권력이 자신에게 있고 그 권력을 누구에게든 줄 수 있다는 마귀의 주장에 전혀 반박하지 않으셨다. 단지 그의 제안만 거부하셨을 뿐이다. 예수님은 이 세상 권력의 쓴 열매를 너무도 잘 아셨다. 그분께 정치권은 탐나는 자리가 아니라 악마의 놀이터에 불과했다. 실제로 그분의 조상들은 왕과 제국이 초래한 유혈극과 굶주림과 고통을 겪어야 했다. 선지자들이 권력자들의 손에 얼마나 죽어나갔던가. 그래서 예수님은 제국의 십자가에 자신의 생명을 내놓으셨다. 예수님은 권좌에 올라 하나님의 사회를 구축하기보다는 이 세상으로 내려와 노예가 되는 편을 택하셨다. 예수님은 마귀를 향해 이렇게 꾸짖으셨다. "기록된 바 주 너의 하나님께 경배하고 다만 그를 섬기라 하였느니라." 당연히 하나님만 섬기려면 세상 권력의 단맛을 뿌리쳐야 한다. 하나님만 섬긴다는 것은 곧 "(주님의) 나라가 임하시오며"라고 기도하는 것이다.[30] 예수님은 이스라엘 백성들의 이야기와 눈물, 땀, 굶주림 속으로 들어가 왕과 대통령, 내각의 경제력, 군사력, 정치권력이 필요 없는 새로운 길을 보여줄 참이셨다.

예수님이 추구하신 길이 상상이 가는가? 예수님은 나쁜 대통령의 길을 거부하셨다. "하나님이 로마를 축복하시리라."라는 문구가 새겨진 티셔츠를 입고 수많은 돈을 뿌려가며 선거 운동을 하는 예수님? 그런 예수님은 상상하기 어렵다. 예수님은 세계 최강 군대의 사령관 자리를 원하실 분이 아니다. 그럼에도 분명 예수님은 정치적이셨다. 예수님께 주어진 모든 칭호에는 정치적 권위가 서려 있었다. 예수님을 메시아나 주님으로 부르는 것은 의외로 그분을 대통령으로 인정하는 것과 다름없다. 예수님은 대통령이 되기를 원치 않는 대통령이셨다.[31] 예수님의 정치 노선은 국가 권력이 추구하는 길과 달랐다.

세 번째 시험 때는 마귀가 텔레비전 전도자나 선거 운동 조직자로 나타나지 않았을까? 이번에는 마귀는 예수님께 천사들이 밑에서 안전하게 받아줄게 분명하니 성전 꼭대기에서 아래로 몸을 던져보라고 말했다. 그러니까 사람들이 당장 믿도록 놀라운 쇼를, 그것도 유대 세상의 중심에서 펼치라는 말이었다. 이것은 외진 낭떠러지에서 묘기를 펼치라는 말이 아니라 성전에서 이스라엘 정치의 핵심 세력에 맞서라는 말이었다. 앞서 말했듯이 왕좌는 진정한 왕이신 하나님만으로 만족하지 못한 이스라엘 역사의 오점을 상징한다. 마찬가지로 당시의 성전 개념에 대해서도 재고할 필요성이 많다. 당시의 성전은 다른 국가들의 신전과 마찬가지로 하나의 쇼로 전락했다. 물론 예수님은 자연의 법칙을 거스를 능력이 충분하셨다. 물 위를 걷고, 변형되어 불처럼 빛나고, 구름을 타고 승천하신 분이 아니던가. 예수님이 성전(나중에 '강도의 굴혈'로 부르셨던 곳)에서 이 묘기를 펼치셨다면 권력자와 특권층의 혼을 빼놓고 단번에 종교 지도자로 부상하실 수 있었을 것이다. 하지만 이 왕에게 대중 플레이는 전혀 관심사가 아니었다. 예수님은 쇼를 단호히 거부하셨다.

그리하여 결국 마귀는 '적당한 기회가 올 때까지' 떠나갔다. 따라서 예수님은 평생 시험을 받으셨던 게 분명하다.

나중에 마귀는 예수님이 '천국의 열쇠'를 맡길 정도로 신뢰하셨던 제자 베드로를 통해 '적당한 기회'를 발견하게 된다. 예수님이 로마와 종교 엘리트들의 손에 돌아가실 거라고 말씀하시자 베드로는 절대 그럴 수 없다며 억지를 부렸다(마 16:21~23). 베드로는 '죽임 당하신 어린 양 작전'을 거부했다. 성경은 베드로가 예수님을 한쪽으로 모셔가 그분의 계획에 열렬히 반대했다고 말한다. "주여 그리 마옵소서. 이 일이 결코 주께 미치지 아니하리이다." 결국 베드로는 예수님께 호된 꾸중을 들어야 했다. "사탄아 내 뒤로 물러가라. 너는 나를 넘어지게 하는 자로다. 네가 하나님의 일을 생각하지 아니하고 도리어 사람의 일을 생각하는도다." 예수님이 가룟 유다나 종교 지도자들이 아닌 가장 믿고 아끼는 제자에게 이토록 심한 말씀을 하셨다니 의외이지 않은가? 그것이 그만큼 중요한 문제였기 때문이다. 베드로는 예수님의 뜻을 받아들일 수 없었다. 십자가 위에서 죽는 대통령은 상상할 수 없었다. 광이 번쩍번쩍 나는 리무진을 타고 예루살렘으로 유유히 입성하는 구세주라면 몰라도 초라한 당나귀를 탄 구세주는 말이 되질 않았다. 베드로의 머릿속에는 여전히 파라오나 헤롯 같은 왕이 있었다. 베드로는 희생적 사랑이나 은혜가 아닌 군사력과 경제력, 외교력으로 세상을 구원하고 싶었다.

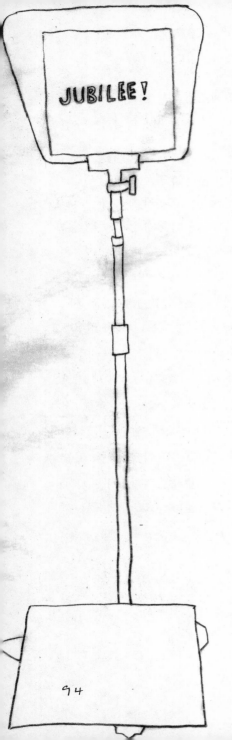

취임 연설

예수님은 광야를 나오자마자 고향 나사렛으로 돌아오셨다. 그리고 거기서 안디바의 왕국이 아니라 더없이 혁명적인 하나님 나라의 복음을 선포하셨다. 예수님이 말씀하신 왕좌에 앉은 자는 헤롯이 아니었다. 그것은 하나님 나라의 왕좌였다. 예수님이 '취임 연설'을 하시면서 이 정치무대에 공식적으로 등장하신 것은 고향 마을의 회당에서였다. 당시 예수님은 이사야서의 다음 구절을 읽으셨다. "주의 성령이 내게 임하셨으니 이는 가난한 자에게 복음을 전하게 하시려고 내게 기름을 부으시고 나를 보내사 포로 된 자에게 자유를, 눈 먼 자에게 다시 보게 함을 전파하며 눌린 자를 자유롭게 하고 주의 은혜의 해를 전파하게 하려 하심이라."(눅 4:18~19, 사 58:6, 61:1~2도 보시오.)

예수님을 대통령이라 부른다면 그분의 선거 운동 슬로건은 "희년(jubilee)!"이라 할 수 있다. 오래전 이사야처럼 예수님은 우리가 1부에서 살핀 반제국주의 삶의 방식인 토라의 위대한 경제적 전통을 설파하셨다. 포로와 억

94

압받는 자를 자유롭게 하는 것이 희년의 풍습이다. 희년은 빚을 탕감하고 불공평을 깨뜨리는 전통이다. 희년을 통해 이스라엘은 정체성 없이 분열된 사회가 아니라 독특한 경제를 펼치는 독특한 공동체, 아니 가족이 될 수 있다.[32] 예수님은 이스라엘 백성들에게 하나님의 백성이 되라고 촉구하셨다.

표면적으로 보면 희년 선포는 위대한 슬로건이요 매력적인 공약이었다. 실제로 이 선포를 듣고 많은 사람이 "다 주목하여 보았다." 하지만 좋은 분위기는 오래가지 않았다. 예수님은 이 문제를 더 깊이 파헤치기를 원하셨다. 그분은 희년 원칙을 실제로 실천하면 세상이 완전히 뒤집히고 국세청이 곤란에 빠질 줄 처음부터 알고 계셨다.

노예와 억압받는 자들이 자유를 얻는다니 얼마나 좋은 일인가. 하지만 신음하는 유대인들이 정작 알고 싶은 것은 '구체적인 방법'이었다. 당시 이스라엘 토지의 대부분은 로마가 소유하고 있었다. (당시나 지금이나 농부들에게는 농사지을 땅을 소유하는 것이 경제적 안정을 이루기 위한 유일한 길이다.) 그리고 세금과 십일조, 조공의 부담으로 인해 이스라엘 백성들은 가난과 빚의 늪에 깊이 빠져 있었다. (4복음서에 나병환자와 거지, 비참한 여인, 아픈 아이들이 그토록 많이 등장할 만도 하다.)

빚과 노예, 가난의 사슬을 끊기 위한 예수님의 해법은 그 옛날 약속의 땅을 향하던 조상들의 생활방식을 다시 도입하는 것이었다. 산상수훈에서 예수님은 사람들에게 나눔과 빚 탕감, 토지 재분배로 이루어진 새로운 경제 시스템과 안식일 법을 상기시키셨다. 예수님이 볼 때 로마의 손아귀로부터 벗어나는 길은 로마에 항소하거나 로마 제국을 전복시키는 것이 아니라 카이사르의 코앞에서 야훼의 새로운 경제 시스템을 부활시키는 것이었다. 이집트 탈출 후 이스라엘 백성들은 광야에서 하나님의 반제국주의 경제를 실천했다. 이제 그 경제를 파라오의 텃밭 한가운데서 펼치라는 것이 예수님의 해법이었다.

사람들이 공동체로 하나가 되어 서로의 필요를 채워주는 세상, 왕도 대규모 복지 시스템도 대통령도 전혀 필요 없는 세상, 이것이 예수님이 마음속에 그린 세상이었다. 예수님의 해법은 제국을 위한 건의사항이 아니라 하나님 백성들을 위한 이론이요 실천사항이다.

서로 돕고 나누며 빚을 탕감해주는 새로운 공동체. 하지만 예수님의 이 비전은 이스라엘 백성들에게만 국한되지 않았다. 예수님의 희년은 제국의 모든 가난한 자와 상한 자들이 해방되는 해였다. 이제 군중의 아멘들 속에서 분위기가 바뀌기 시작했다. 예수님은 회당에서 희년 설교를 하던 중 갑자기 탄식하셨다. "선지자가 고향에서는 환영을 받는 자가 없느니라." 이것은 "너희가 이것을 좋아하지 않을 것이다."라는 말씀이었다. 계속해서 예수님은 위대한 선지자 엘리야가 극심한 가뭄 중에 이스라엘이 아닌 '외부인'에게 보냄을 받은 사건을 이야기하셨다. 엘리야 시대에 무서운 질병이 이스라엘을 강타했을 때도 오직 시리아 사람 한 명만 치유를 받았다. 이스라엘의 역사를 모르면 이 말씀의 심각성을 이해할 수 없다. 이즈음 분위기는 험악한 방향으로 흘러갔다. "회당에 있는 자들이 이것을 듣고 다 크게 화가 나서 일어나 동네 밖으로 쫓아내어 그 동네가 건설된 산 낭떠러지까지 끌고 가서 밀쳐 떨어뜨리고자 하되."(눅 4:28~29)

예수님이 취임 연설을 시작하셨을 때는 분위기가 아주 좋았다. 그런데 분위기가 나중에는 왜 험악해졌을까? 그것은 예수님이 희년을 선포하셨기 때문이 아니라 이스라엘의 정체성을 완전히 다른 방향으로 정의하셨기 때문이다. 예수님은 이스라엘이 편애를 받거나 다른 민족보다 많은 복을 받는 것이 하나님의 뜻이 아니라고 일깨워주셨다. 이스라엘은 온 세상을 향한 복의 통로가 되는 복을 받았다. 예수님의 희년 개념에서 경제적 정의는 단순히 이스라엘의 오랜 꿈이 아니라 온 세상의 가난한 자와 상한 자들을 위한 꿈이었다. 새 왕 예수님의 가르침은 빚 탕감과 공동체의 사랑을 이방인들에게도 적용하라는 것이었다. 따라서 이스라엘 백성들은 자신들의 땅을 강탈한 못된 로마인들도 사랑해야 했다. 가난한 이방인들도 자신들의 공동체에 포함시켜야 했다.

선거 공약으로 내걸었다가는 백전백패할 국가 안보 전략

예수님은 나사렛에서 연설을 마친 후 가르치고 치유하는 순회 목회를 개시하셨다. 예수님의 공약을 알고 싶다면 팔복 설교와 산상수훈(마 5~7장)을 보면 된다. 물론 이 공약으로 선거에서 이기기는 불가능하다. 하지만 그게 중요한 게 아니었다. 훨씬 더 중요한 뭔가가 걸려 있었다.

"자기 목숨을 얻는 자는 잃을 것이요 나를 위하여 자기 목숨을 잃는 자는 얻으리라."(마 10:39) 어떤가? 대통령의 입에서 나올 법한 말인가?

예수님의 상상력은 얼마나 대단한지 모른다. 저자이자 교수인 월터 윙크는 산상수훈, 그중에서도 '왼편도 돌려대며'(마 5:38-42)라는 구절에 나타난 예수님의 창조적 상상력을 멋지게 간파해냈다. 윙크는 예수님의 말씀이 당하고만 있으라는 뜻이 아니라는 점을 지적했다. 예수님은 창조적 상상력을 발휘하여 원수를 사랑하라고 가르치신 것이다. 예수님은 적을 상대하는 세 가지 실질적인 방법을 가르쳐주셨다. 이것들은 상대방의 적의를 누그러뜨리기 위한 방법이다. 예수님은 악을 악으로 상대하지 말라고 가르치셨다. 그분은 수동성도 공격성도 아닌 제3의 길을 제시하셨다.

뺨을 맞거든 고개를 돌려 상대방의 눈을 보라(39절). 유대 문화에서는 오른손으로만 사람을 칠 수 있었다. (일부 문화권에서 '밑 닦는' 손과 '음식 먹는' 손을 나누는 것과 비슷하다.) 그래서 왼손으로 사람을 치면 열흘간 추방되는 유대 지역도 있었다. 따라서 뺨을 때릴 때도 오른손만 사용할 수 있었다. 예수님의 말씀에서 뺨을 때리는 사람이란 아내나 종에게 폭력적인 남편이나 주인을 의미했다. 뺨을 때리는 것은 모욕과 창피를 주는 행위다. 다시 말해, 상대방을 동등한 존재가 아닌 열등한 존재로 보고서 하는 행동이다. 하지만 뺨을 돌려

가해자의 눈을 보면 이제 가해자는 상대
방을 동등한 존재로서 때릴 수밖에 없다.
뺨을 돌려대는 것은 "나는 하나님의 형상
대로 지음을 받은 인간이에요. 이 형상은
파괴할 수 없을 거예요."라고 말하는 것이
다. 위축되지도 말고, 맞받아치지도 마라.
상대방이 당신의 눈을 보고 당신이 신성
한 인간임을 깨닫게 하라. 그러면 당신에
게 가해하기가 어려워질 것이다.

당신을 고발하여 속옷을 빼앗으려
하는 자에게는 겉옷도 벗어주어 그의
더러운 탐욕을 적나라하게 드러내라(40
절). 이런 능욕을 당할 사람은 가난한 사람뿐이다. 가진 게 아무것도 없는 사
람이라면 겉옷 때문에 법정에 끌려갈 수 있다(신 24:10~13). 당시에는 부유한
지주와 세리에게 모든 것을 빼앗긴 농부들이 더러 그런 꼴을 당하곤 했다. 따
라서 예수님의 말씀은 걸칠 옷밖에 없는 자들이 벌거벗어 부자의 탐욕을 드
러내라는 뜻이었다. 사실, 유대인들에게 나체로 돌아다니는 것은 금기사항이
었다. 하지만 그 상황은 벌거벗은 사람보다 오히려 그 사람을 구경하거나 벗긴
사람에게 더 수치스러운 상황이었다(창 9:20~27). 예수님의 처방대로 행동하는
것은 상대방에게 이렇게 말하는 것과 같았다. "내 옷이 갖고 싶으면 가져가라.
원한다면 겉옷도 주마. 하지만 내 영혼과 존엄은 절대 앗아갈 수 없다."

누군가 당신에게 억지로 오 리를 가게 만들면 십 리를 같이 가주라(41절).
얼핏 이상한 말처럼 보이지만 1세기 유대에서는 병사가 일반인에게 오 리의 동행을 요청하는 일이 흔했다. 지프나 탱크가 없던 시절이었기 때문에 병사들은 무거운 장비를 들고 걸어 다녀야 했다. 그래서 가끔 민간인들에게 짐을 부탁하곤 했다. 분명 예수님께 이 말씀을 듣던 열심당원들 중에는 병사들의 동행 부탁을 야멸치게 거절한 사람이 많았을 것이다. 로마법에 따르면 오 리를 동행하는 것이 민간인의 의무였지만 그 이상은 거부해도 상관없었다. (사실, 오 리를 더 가주는 것이 오히려 군대의 규정을 어기는 행동이었다. 게다가 유대인이 점령군의 병사에게 호의를 베풀어 오 리를 더 동행해준다는 것은 얼핏 부조리해 보인다.) 그러나 병사가 등짐을 들어달라고 부탁하자 상대방이 굳이 오 리를 더 가주겠다고 하는 모습을 상상해보라. 이 얼마나 아름다운 광경인가. 등짐을 져달라는 부탁을 받거든 그 얼굴에 침을 뱉지 말고 오히려 십 리까지 동행해주라. 그를 적이 아닌 하나의 인간으로서 알아가라. 그와 대화를 나누고 사랑을 베풀어 당신의 운동으로 끌어들이라.

이 세 가지 경우에 대해 예수님은 제3의 길을 제시하셨다. 여기서 우리는 수동성과 공격성을 모두 싫어하시는 예수님을 만날 수 있다. 예수님은 굴종도 공격도 아닌 제3의 길을 개척하셨다.[33] 하지만 이 가르침을 제대로 이해하려면 예수님이 악과 싸워 이기기 위한 최선책을 말씀하신 것이 아님을 알아야 한다. 예수님은 분명 "악한 자를 대적하지 말라."라고 말씀하셨다. 이것은 악에 대한 시각을 완전히 바꾸는 말씀이다. 이 제3의 길에 따르면 "악을 반영하

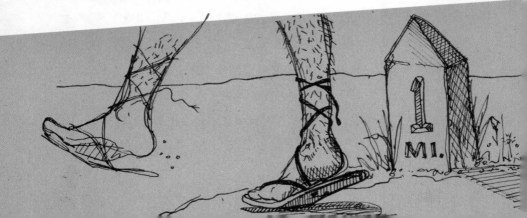

지 않으면서 반대하고…… 압제자와 싸우지 않으면서 저항하고…… 적을 파괴하는 대신 무력화할 수 있다."[34] 폭력과 억압의 흐름을 차단하려면 '예언자적 상상력'이 더 많이 필요하다.[35] 하나님의 백성들이 본보기를 보여 세상을 변화시키려면 세상 한가운데서 행동해야 한다. 백부장의 눈을 보며 그를 짐승이 아닌 하나님의 자녀로 여기고 그 자녀와 함께 십 리를 동행해야 한다. 당신을 법정으로 끌고 가는 세금 징수원의 눈을 보라. 그의 가난을 보고 그에게 당신의 옷을 내밀라. 도저히 좋아할 수 없는 자들의 눈을 보며 당신이 사랑하는 분을 떠올리라. 그분은 선인과 악인을 모두 사랑하신다. 하나님은 선인과 악인 모두의 밭에 비를 내려주시는 분이다. 그래서 예수님은 유일하게 원수 사랑에 대해서만은 하나님처럼 완벽하게 될 수 있는 길이라고 말씀하셨다.[36]

산상수훈과 팔복 설교는 제국이나 초강대국에 결코 어울리는 정책처럼 보이지 않는다. 예수님의 논리는 자기 목숨을 구하고자 하면 잃는다는 것이다. 이것은 까마득한 옛날부터 세상을 지배해온 성공 전략과 너무도 다르다. 목숨을 버리는 것은 그리 좋은 국가 안보 전략처럼 보이지 않는다. "예수님이 갈릴리에서 하신 설교를 뉴욕에서 하신다면 이번에도 우리는 그분을 죽이리라." (그분이 월스트리트에서 그 설교를 하신다면 더욱 그렇게 될 것이다.) 옛 포크가수 우디 거스리의 이 노랫말이 그리 틀린 말은 아닐 터이다. 하나님의 복과 영토 확장에 관한 말은 자주 들려도 십자가나 원수 사랑에 관한 말은 거의 들리지 않으니 말이다.

'테러와의 전쟁'에 대한 예수님의 정책

그렇다면 예수님의 제3의 길은 구체적으로 어떻게 펼쳐지는가? 하나님의 백성들이 세상의 열강과 독재 정부, 대량 학살을 어떻게 다뤄야 하는가? 아니, 예수님이 독재 정부와 대량 학살에 관해 아시기나 하는가? 다른 뺨을 돌려대는 전략이 통하지 않으면 어쩌는가? 솔직히 혁명을 일으키기 전에 뺨부터 돌려댈 사람이 얼마나 되는가?

그래서 예수님은 "천국은 ~와 같으니"로 시작되는 비유들을 통해 하나님 나라에서 사는 법뿐만 아니라 헤롯 제국 안에서 하나님 나라의 삶을 사는 법을 가르쳐주셨다.

"천국[37]은 좋은 씨를 제 밭에 뿌린 사람과 같으니 사람들이 잘 때에 그 원수가 와서 곡식 가운데 가라지를 덧뿌리고 갔더니 싹이 나고 결실할 때에 가라지도 보이거늘 집 주인의 종들이 와서 말하되 주여 밭에 좋은 씨를 뿌리지 아니하였나이까? 그런데 가라지가 어디서 생겼나이까? 주인이 이르되 원수가 이렇게 하였구나. 종들이 말하되 그러면 우리가 가서 이것을 뽑기를 원하시나이까? 주인이 이르되 **가만 두라 가라지를 뽑다가 곡식까지 뽑을까 염려하노라.** 둘 다 추수 때까지 함께 자라게 두라. 추수 때에 내가 추수꾼들에게 말하기를 가라지는 먼저 거두어 불사르게 단으로 묶고 곡식은 모아 내 곳간에 넣으라 하리라." (마 13:24~30)

이 비유는 '세상에서 악을 제거하기'에 관한 예수님의 생각을 말해준다. 이 비유는 우리가 자주 망각하는 다음 두 말씀과 일맥상통한다. "악한 자를 대적하지 말라." 그리고 바울의 "내 사랑하는 자들아 너희가 친히 원수를 갚지 말고 하나님의 진노하심에 맡기라."

이 비유는 모든 사람을 향한 말씀이긴 하지만 주된 타깃은 권력자들이 아니라 억압받는 유대인들이었다. 예수님 당시에는 로마인과 매국노들의 목줄을 따야 한다는 혁명가적 태도가 팽배해 있었다.[38] 이 비유를 들은 사람들은 로마가 곡식 사이에 뿌려진 가라지라는 것을 알았을 것이다.[39] 어떻게 해야 세상에서 이 악을 제거할 수 있을까? 그러나 예수님은 그 답을 주시는 대신 다음과 같이 말씀하셨다.

1 곡식과 가라지를 쉽게 구별할 수 없다.[40]

2 악을 파괴하다가 선까지 파괴될 수 있다.

예수님은 말씀만 하시지 않고 몸소 실천하셨다. 예수님은 소위 착한 사람하고만 어울리고 나쁜 사람은 내버려두는 분이 아니었다.[41] 그분은 점령자나 점령당한 자나 가리지 않고 손을 내미셨다. 그분은 약자들뿐 아니라 자국을 불법적으로 점령한 강자 로마의 백부장에게도 관심을 쏟으셨다.

이것은 보통 위험한 일이 아니었다. 이라크 인이 미군 병사를 집으로 데려와 대접한다고 상상해보라. 이웃 사람들이 의심스러운 눈초리로 쳐다보는 가운데 이라크 인이 점령군 병사를 섬긴다고 상상해보라.

예수님의 곡식과 가라지 비유는 내세의 천국이나 유토피아에 관한 비유가 아니다. 그것은 이 땅의 천국에 관한 비유다. 예수님은 악의 존재를 인정하되 그 악을 적극적 무저항과 인내와 소망으로 다루라고 가르치셨다.

왕국이 성장하는 방식
(혹은 예수님이 체게바라와 같으셨을까?)

비폭력적 왕국에 대한 예수님의 비전은 얼핏 순진하게만 보인다. 원수를 사랑하는 방법이 통한다고 믿을 사람은 어린아이밖에 없을 것이다. 폭력을 사용하지 않는 사회라니, 듣도 보도 못한 말이다. 그렇다면 예수님의 다른 비유를 들어보라. "씨를 뿌리는 자가 뿌리러 나가서 뿌릴새 더러는 길 가에 떨어지매 새들이 와서 먹어버렸고 더러는 흙이 얕은 돌밭에 떨어지매 흙이 깊지 아니하므로 곧 싹이 나오나 해가 돋은 후에 타서 뿌리가 없으므로 말랐고 더러는 가시떨기 위에 떨어지매 가시가 자라서 기운을 막았고 더러는 좋은 땅에 떨어지매 어떤 것은 백 배, 어떤 것은 육십 배, 어떤 것은 삼십 배의 결실을 하였느니라."(마 13:3~8)

독일 신학자 게르하르트 로핑크는 이 비유에 관해 다음과 같이 썼다. "예수님은 이 땅에서 하나님의 명분을 이루기가 '불가능함'을 잘 알고 계셨다. 예수님의 씨앗 비유를 보면 하나님 나라의 성장은 누구도 막을 수 없지만 그 시작은 눈에 띄지 않을 정도로 작다. 게다가 예수님은 처음부터 끝까지 하나님의 역사를 위협하는 적의 우월한 힘을 묘사하셨다."[42] 하나님이 그 백성들을 통해 세상에 주시는 복은 폭력적이고 신속한 혁명을 통한 체제 전복이 아니다. 하나님 나라는 작게 시작하여 소리 없이 자라며 온갖 장애물에도 불구하고 온 세상을 사랑으로 물들인다. 그에 반해 많은 사람은 성급한 공격과 무의미한 냉소주의를 오락가락할 뿐이다. 그러나 예수님은 이 미친 세상을 다루려면 인내가 관건이라고 말씀하신다. 인내가 빠지면, 세상에서 악을 제거하지 말라는 말씀은 공허한 메아리일 뿐이다.

씨앗 비유는 좋은 땅이 되어 하나님의 말씀을 받으라는 뜻이지만 거기서 끝이 아니다. 예수님은 스스로 하나님의 말씀을 뿌릴 뿐 아니라 하나님 나라의 씨앗을 뿌릴 사람들을 세상으로 보내셨다. 그런 의미에서 씨앗 비유는 계속해서 씨앗을 뿌리라는 뜻으로 해석할 수 있다. "혼란스럽고 폭력적이고 미혹적인 세상에서 끊임없이 사랑의 씨앗을 뿌려라. 헤롯이 싹을 잘라도, 세상의 부자들이 그 기운을 막아도, 어디에나 씨앗을 뿌려라. 씨앗이 반드시 자라서 어마어마한 열매를 맺으리니!"

씨를 뿌리는 자는 쉽게 낙심하지 말아야 한다. 제자들은 걸핏하면 예수님의 말씀에 고개를 가로저었다. "하나님 나라가 그런 식으로 올 리가 없어요!"

마르크스에서 체게바라까지 거의 모든 혁명가가 그러했듯 제자들은 하나님 나라가 속히 임해야 한다고 생각했다. 하지만 예수님은 전혀 다른 왕국의 임재를 생각하고 계셨다. 그것은 우리가 참여만 할 수 있을 뿐 스스로 건설할 수는 없는 왕국이다. 우리는 씨앗을 뿌리고 물을 줄 수 있을 뿐 자라게 만들 수는 없다. 우리 맘대로 이 땅에 하나님 나라를 세울 수는 없다. 그렇다고 씨앗 심는 일을 멈춰서도 안 된다. 어디에나 씨앗을 뿌려라! 주위에서 자주 들리는 '하나님 나라 건설'은 지극히 위험한 언어다. 그것은 정권을 탈취하기 위한 세속적인 '범세계적 운동 구축'과 비슷한 분위기를 풍긴다.

예수님이 마카비 혁명의 기억을 떠올리며 이 비유를 하셨는지도 모른다. 유대 백성들이 인내심을 잃고 압제자들을 죽인 것이 마카비 혁명이다. 하지만 정권을 되찾은 이들은 불과 몇 년이 지나지 않아 또 다른 독재 정권으로 전락했다. 그래서 예수님은 또 다른 씨앗 이야기를 꺼내셨다. "하나님의 나라가 무엇과 같을까? 내가 무엇으로 비교할까? 마치 사람이 자기 채소밭에 갖다 심은 겨자씨 한 알 같으니 자라 나무가 되어 공중의 새들이 그 가지에 깃들였느니라. 또 이르시되 내가 하나님의 나라를 무엇으로 비교할까? 마치 여자가 가루 서 말 속에 갖다 넣어 전부 부풀게 한 누룩과 같으니라."(눅 13:18~21)

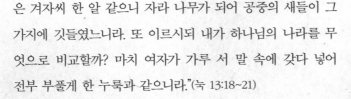

하나님 나라는 작게 시작하되 점점 퍼져 더 큰 세상을 온통 변화시킨다. 이것이 예수님의 정치적 상상의 핵심이다. 예수님의 이 비유들은 아브라함과 사라에서 시작된 민족의 비전과 맥을 같이한다. 아브라함과 사라는 세상의 한복판에 심겨진 하나님의 작은 씨앗이었다. 예수님의 정치가 이런 역사적 배경에서 비롯했다는 것을 알지 못하면 이 비유들을 이해하기 어렵다. 자칫 이 비유들을 미국 같은 대제국에나 적용할 수 있는 추상적인 진리처럼 생각하기 쉽다. 하지만 예수님의 세계관은 소수의 무리를 위한 것이다.

　　하나님 나라가 퍼지는 과정을 계속해서 살펴보자. 이 과정은 제국의 확장과 다르며, 대중 혁명의 확산과도 다르다. 그래서 확장되는 특성을 가진 누룩과 겨자씨는 하나님 나라의 비유로 어울리지 않게 보인다.

　　유대인들은 누룩을 그리 좋아하지 않았다. 그래서 예수님은 바리새인들의 전염성 강한 교만을 누룩에 빗대어 비판하셨다. 예수님은 누룩 비유를 싫어할 사람들을 위해 하나님 나라가 겨자씨와 같다고 말씀하셨다. 그런데 당시 유대인들은 겨자씨 비유도 그리 좋아하지 않았을 것 같다.

　　하나님이 작은 겨자씨로 커다란 나무를 만들어내신다는 설교를 누구나 들어봤을 것이다. 하지만 이 비유는 그리 간단하지 않다.

마태는 겨자씨 비유를 일부러 곡식 및 가라지 비유와 나란히 배치했다. 그는 하나님 나라가 겨자씨와 같다고 말했는데, 겨자는 가라지처럼 자라는 식물이다. 그래서 농부들은 겨자가 칡[43]과 같다고 말한다. 한 도시 설교자는 겨자를, 버려진 집에서 자라고 인도에 금이 가게 만드는 잡초에 비유했다. 예수님이 이 비유를 전하시던 곳 주변에도 이 식물이 자라고 있었을지 모른다.

유대인들은 질서를 중시했다. 그래서인지 정원 가꾸기와 관련해서도 매우 엄격한 법칙을 적용했다. 그 법칙 중 하나는 겨자씨를 심지 않는 것이었다. 겨자씨를 심으면 다른 식물들이 죽고 곧 정원 전체가 겨자 천지로 변하기 때문이었다. (누룩이 반죽을 부풀리는 양상과 비슷하다.) 심지어 유대 법에서도 정원에 겨자씨를 심는 것을 금지했다. 그래서 1세기의 농부들은 예수님의 비유를 듣고 필시 낄낄댔을 것이다. 어쩌면 계속해서 하나님 나라를 악명 높은 식물에 빗대어 말하면 죽이겠다고 협박했을지도 모를 일이다.

많은 유대인들이 눈부신 승리 속에서 임할 하나님 나라를 상상했다. 또한 그들은 하나님 나라를 나무 중에서도 으뜸인 백향목으로 묘사한 선지자들의 비유에 익숙했다. 하나님 나라를 레바논 백향목에 빗대어 설교했다면 여기저기서 아멘이 터져 나오고 심지어 춤추는 사람도 있었을 것이다. 하지만 예수님은 군중의 기대 심리를 무참히 깨뜨리셨다. 겨자나무는 다 자라봐야 1미터 정도밖에 되지 않는다.

예수님의 비전은 이 세상 제국에 대한 전면 공격이 아니었다. 그분의 혁명은 소리 없는 전염이었다. 한 번에 생명 하나, 한 번에 가정 하나씩. 길리기아 다소의 사울이 예수 전염 현상을 파괴하기 위해 집집마다 찾아다닌 것이 흥미롭지 않은가?(행 8:3) 사울은 예수 운동을 마치 가라지처럼 생각했다. 하지만 이 '가라지'는 뽑으려고 할수록 더 빨리 퍼져나갔다. 겨자씨는 부서져야 그 잠재력이 풀려난다. 그래서 순교자의 피에 교회의 씨앗이 있다는 말도 있다. 나중에는 사울도 이 운동에 전염되어 바울이 되었다. 우리가 사랑하는 또 다른 회심자 미누키우스 펠릭스는 초대 교회의 박해자였을 때 그 길의 추종자들에 관해 이렇게 말했다. 로마 제국을 감염시키는 "불경스러운 음모를 꾸미고…… 무성하게 자라는 잡초와 같다. ……무슨 수를 써서라도 뿌리와 가지를 제거해야 한다."[44]

겨자씨는 강력한 잠재력 덩어리이기도 하다. 로마 제국 이전에는 겨자씨가 힘의 상징이었다. 일례로, 페르시아의 다리우스 왕은 유럽을 침공했다가 알렉산더 대왕을 만났다. 이에 다리우스는 자신에게 엄청난 대군이 있다는 뜻으로 참깨 한 부대를 알렉산더에게 보냈다. 그러자 알렉산더는 다음과 같은 메시지와 함께 겨자씨 한 부대를 다리우스에게 보냈다. "너희는 숫자가 많지만 우리는 강력하다. 너희는 우리 손 안에 있다." 결과는 과연 이 메시지대로였다.

겨자씨 비유에서 예수님은 힘의 개념을 완전히 뒤엎으셨다. 예수님의 힘은 파괴하는 게 아니라 파괴당하는 데 있었다. 그분은 십자가로 제국의 검을 이기셨다. 겨자씨는 부서지고 짓밟혀야 제 힘을 낼 수 있다. 요한복음은 예수님의 죽음과 부활을 그렇게 부서진 씨앗으로 묘사했다. "한 알의 밀이 땅에 떨어져 죽지 아니하면 한 알 그대로 있고 죽으면 많은 열매를 맺느니라."(요 12:24) 우리에게 생명을 주시려 성찬식의 빵과 포도주처럼 몸이 찢기고 피를 쏟아내신 그리스도, 이것이 우리가 축하해야 할 불가사의다. 겨자씨는 약재로도 쓰였다. 빅스 베이퍼 럽(코가 막히거나 기침이 날 때 가슴에 바르는 약―옮긴이)처럼 겨자씨를 가슴에 문지르면 호흡에 도움이 됐다. 전염성 잡초이자 치료제이며 어마어마한 잠재력의 상징인 겨자, 이것이 예수 혁명의 공식 심벌이다.

예수님은 이것으로도 모자라셨는지 한 가지 말씀을 덧붙이셨다. "공중의 새들이 그 가지에 깃들였느니라." 유대인들이 좋아하던 백향목 비유가 또 하나 있었다. 그것은 열국이 백향목 가지 위에 둥지를 틀 수 있다는 것이다. 이번에도 예수님은 이 비유를 살짝 비틀어, '새들이' 겨자나무 가지 위에서 쉴 수 있다고 말씀하셨다. 이 새는 백향목 가지에 거할 만큼 강력한 독수리가 아니라 동물 사체나 뜯어먹는(창 15:11, 신 28:26) 혐오스러운 새를 말한다. 농부들은 새들이 자기 정원에 들어오지 못하도록 허수아비를 세웠다. 그런데 하나님 나라가 '새들을 위한 것'이라니, 이게 무슨 소린가? 미운털 박힌 자들이 이 작은 나무 위에서 보금자리를 찾는다.

111

천국 시민권과 거듭남에 관하여

예수님이 선포하신 하나님 나라를 '천국 시민권'으로만 생각하는 사람이 많다. 그들 중 많은 사람이 '나 날아가리'나 '오라, 주님의 병거' 같은 찬양을 들으며 자랐다. 이 찬양을 듣노라면 우리의 믿음이 이 땅과 별로 상관없다는 생각이 든다. "나는 죽은 뒤 천국의 시민이 될 것이다." 많은 사람이 그렇게 말하며 천국을 미래의 일로만 생각한다. 이것이 어느 정도는 맞는 말이다. 오늘날 대다수 사람들에게 이 세상은 전혀 천국의 모습이 아니다. 성경도 충분한 시간을 들여 땀을 흘리면 인간의 손으로 이 땅에 천국을 건설할 수 있다는 식의 유토피아적 시각을 제시하지 않는다. 분명 우리 안과 주변에는 악이 만연해 있다. 우리 손으로 이 악을 몰아내려고 애를 써봐야 오히려 더 많은 악만 발생할 뿐이다. 치료법이 질병 자체보다도 더 위험하다.

그래서 많은 그리스도인이 악이 무너지고 모든 눈물이 씻길 '종말'을 고대한다. 하지만 천국이나 종말, 천국 시민권 같은 말을 하려면 그 의미를 정확히 알고서 해야 한다.

"물론 내 시민권은 궁극적으로 천국에 있어. 하지만 지금은 '현실' 세상에서 살아야 해." "이 땅에서 천국 시민처럼 행동하는 것은 너무 위험해." "예수님은 분명 하나님의 아들이셨지만 현실적이지 못하셨어." "산상수훈은 이 땅에서 통하지 않아. 천국에서는 몰라도." 이런 말의 저변에는 우리의 천국 시민권이 현실 세상에서 아무런 의미가 없다는 논리가 깔려 있다. 이런 식이라면 성도들이 보통의 시민처럼 살아가야 한다. 다시 말해, 착취적인 경제와 폭력적인 군국주의를 비롯한 온갖 죄에 동참할 수밖에 없다.

그러나 예수님의 왕국(그리고 바울의 '천국 시민')은 지금 이 세상에서 이루어지는 왕국이다. 그리고 이 왕국은 충성의 문제다.[45] 예수님과 바울은 우리가 이 땅에서 나그네의 정체성을 갖고 살아야 한다고 말했다. 우리는 세상의 폭력적인 권력자들 사이에서 천국의 법칙에 따라 살아야 한다. 그리고 스스로 천국의 시민이라고 말하는 것은 세상 왕국이 아닌 예수님께 충성을 맹세하는 것이다. 우리는 예수님의 가르침대로 원수를 사랑하며 살아가는 천국 공동체를 이뤄야 한다. 그래서 베드로는 교회를 '거룩한 나라요 그의 소유가 된 백성들'이라고 불렀다. 교회는 이 땅에서 '거류민과 나그네' 처럼 살아야 할 사람들의 모임이다.

예수님의 다음 메시지도 똑같은 의미를 담고 있다. "사람이 거듭나지 아니하면 하나님의 나라를 볼 수 없느니라."(요 3:3) 이 것은 이스라엘의 기득권층인 유대 공회원이자 바리새인이었던 니고데모에게 하셨던 말씀이다. 니고데모는 예수님께 찬사를 보내 환심을 사려고 했다. 하지만 예수님은 니고데모의 찬사를 귀담아듣지 않고 곧바로 본론을 꺼내셨다. "사람이 거듭나지 아니하면 하나님의 나라를 볼 수 없느니라."

예수님은 하나님 나라가 인종이나 국적과 상관없다고 말씀하셨다. 육체적 태생(가족, 국가, 민족)은 성령으로 인한 태생에 비해 별로 중요하지 않다.[46] 태생은 시민권을 낳는다(당신의 출생 기록을 보라). 우리는 태어날 때 많은 사람이 목숨을 걸고 지키려고 하는 정체성과 국경을 얻는다.

하지만 예수님은 육체적으로 이스라엘 사람으로 태어나는 것이 별로 중요하지 않다고 말씀하신다. 하나님 나라는 섹스와 출산을 통해 자라지 않는다.[47] 하나님 나라는 우리의 존재 속으로 들어와 우리의 정체성을 새롭게 하고 우리의 심장을 사랑으로 뛰게 만드는 성령으로 인해 자란다. 아브라함과 사라의 자식과 마찬가지로, 하나님 나라는 하나님의 기적적인 축복을 통해 태어나는 자식이다. 이 자식 곧 이삭은 육체와 가문이라는 세상적 유산이 아닌 믿음의 정신을 통해 복을 후대에 물려줘야 한다. 이렇게 보면 예수님이 그분의 유전적 출신을 소중히 여기면서도 "누가 내 어머니이며 동생들이냐?"라고 물으신 까닭을 이해할 수 있다.

따라서 거듭남의 개념은 가문의 정의를 바꾼다. 이 개념은 우리의 세계관을 바꾼다. 우리는 스스로 만든 국경을 넘어 차원 높은 충성과 사랑을 품게 된다. 예수님은 이 세상 나라에 충성을 맹세한 사람들에게 복음을 선포하셨다. 회개하고 거듭나서 '하나님 나라를 보고' 새로운 정체성을 찾으라. 이것은 이 세상을 위한 정치적 제안이 아니다. 이것은 새로운 세상에 관한 말씀이다. 나아가 이것은 독특한 무리, 즉 하나님 외에 왕을 두지 않고 희년의 경제를 펼치는 무리에 합류하라는 초대의 말씀이다. 이것은 천국만 바라보는 구시대의 종교가 아니라 이 세상에서 이루어질 천국에 관한 것이다.

지극히 현실적인 정치

"내 나라는 이 세상에 속한 것이 아니니라." 이 유명한 구절을 이렇게 오해하는 사람이 많다. "내 나라는 이 세상에 있지 않느니라." 하지만 예수님의 이 말씀은 장소보다는 본질을 말씀하신 것이다. 따라서 이것은 어디까지나 '현실 세상'에 관한 말씀이었다.

예수님이 이 말씀을 하실 때는 반란죄로 심문을 당하시던 중이었다. 마침내 예수님의 왕국이 헤롯과 빌라도의 왕국과 충돌했다. 예수님은 탄생하시던

빌라도: 네가 유대인의 왕이냐?

예수님: 이는 네 스스로 하는 말이냐? 다른 사람들이 나에 대하여 네게 한 말이냐?

빌라도: 내가 유대인이냐? 네 나라 사람과 대제사장들이 너를 내게 넘겼으니 네가 무엇을 하였느냐?

예수님: 내 나라는 이 세상에 속한 것이 아니니라. 만일 내 나라가 이 세상에 속한 것이었더라면 내 종들이 싸워 내가 유대인들에게 넘겨지지 않게 하였으리라. 이제 내 나라는 여기에 속한 것이 아니니라.

빌라도: 그러면 네가 왕이 아니냐?

예수님: 네 말과 같이 내가 왕이니라. 내가 이를 위하여 태어났으며 이를 위하여 세상에 왔으니, 곧 진리에 대하여 증언하려 함이로라. 무릇 진리에 속한 자는 내 음성을 듣느니라.

빌라도: 진리가 무엇이냐⋯⋯?
(이러하므로 빌라도가 예수를 놓으려고 힘썼으나 유대인들이 이렇게 소리 질렀다.)

유대인들: 이 사람을 놓으면 가이사의 충신이 아니니이다. 무릇 자기를 왕이라 하는 자는 가이사를 반역하는 것이니이다.
(빌라도가 이 말을 듣고 예수를 끌고 나가서 유대인들에게 말했다.)

빌라도: 보라 너희 왕이로다.

대제사장들: 가이사 외에는 우리에게 왕이 없나이다.[48]

날부터 세상 권력과 마찰을 빚으셨다. 세상 권력자들은 다른 유대 왕에 관한 소문이 퍼지기 전에 예수님을 죽이고자 했다. 이런 이유로 예수님은 거의 평생을 공적 무대의 변방에서 지내셨다. 그분이 전하고 실천하신 왕국은 권력자들의 눈이 미치지 않는 곳에 있었다. 하지만 이제 예수님은 권력의 중심으로 들어와 탁자를 엎고 대중 토론 집회를 여시면서 체포의 빌미를 제공하셨다. 붙잡히신 예수님은 빌라도에게 심문을 받으셨다.

예수님의 말씀은 그분의 왕국이 이 세상과 아무런 연관이 없다는 뜻이 아니었다. 보다시피 예수님은 세상에 맞서 진리를 전파하기 위해 오셨다고 말씀하셨다. 예수님은 천국을 생각하며 이 땅에서의 삶을 포기하라고 가르치기 위해 오시지 않았다. 이 세상은 내세를 기다리는 사람들의 대기실 정도가 아니다. 유대 지도자들이 예수님의 처형을 위해 음모를 꾸민 것은 그분의 정체성이 단순히 추상적이고 신학적인 이단이나 정통 유대교에 대한 위협 정도가 아님을 알았기 때문이다. 왕, 메시아, 하나님의 아들이라는 칭호(모두 예수님의 심문에 관한 4복음서 구절에서 사용된 용어)는 로마 황제에 맞선다는 의미를 함축하고 있다. 그래서 유대 지도자들은 "가이사 외에는 우리에게 왕이 없나이다."라고 말했다. 하지만 예수님은 단순히 로마 황제에 맞서는 것이 아니라 왕이 없던 시절의 이스라엘 역사를 상기시키길 원하셨다. 이 세상 왕국과 다르지 않은 이스라엘은 의미가 없다. 정치권력을 휘두르고 왕좌를 추구한다면 세상을 파괴하는 여느 제국과 다를 바가 없다. 그것은 맛을 잃은 소금처럼 무의미하며 심지어 거름처럼 쓸 데가 없다.[49]

"내 나라는 이 세상에 속한 것이 아니니라." 이것은 예수님의 왕국이 정치와 상관없다는 뜻이 아니다. 오히려 예수님은 그 왕국의 정치에 관해 말씀하신 것이다. 예수님은 이 말씀을 하신 직후 바로 그 의미를 밝혀주셨다. 예수님의 왕국에서 우리는 왕국을 유지하기 위해 싸우지 않는다. 국방부를 설치하지 않는다고 해서 예수님의 왕국이 무의미하거나 부적절한 것은 아니다. 단지 여느 왕국과 다를 뿐이다. 토라에 나오는 왕 없는 지파 연합처럼 예수님이 말씀하신 왕국은 실질적인 정치적 왕국이되 독특하고 불가사의한 전대미문의 왕국이다. 예수님의 왕국이 이 세상에 속하지 않는 것은 권력을 거부하고 다른 충성을 맹세하며 사랑으로 살기 때문이다. 진리가 억압당하고 통치자들이 심지어 진리가 뭔지조차 모르는 세상에서 예수님은 우리, 심지어 빌라도까지 자유롭게 해줄 진리를 삶으로 보여주셨다. 볼 눈만 있으면 이 왕국을 볼 수 있다. 하지만 안타깝게도 예수님 당시의 군중에게는 그런 눈이 없었다. 돌아보면 예수님의 정치야말로 지극히 현실적이었고 빌라도의 왕좌는 오히려 비현실적이었다.

로마가 아닌 나의 멍에를 메라

여러 해 전 우리의 협력 예술 프로그램에 참여하는 아이들이 (무대를 꽉 채울 정도로) 거대한 왕관을 쓴 왕에 관한 연극을 했다. 왕관이 어찌나 큰지 백성들뿐 아니라 왕 자신조차 그 아래 깔릴 정도였다.[50] 이에 백성들(주로 14세 이하로 이루어진 작은 백성들)은 왕에게 권력의 무게에 눌려

'WE ARE GOING"
~ cairril Adair ~

We are going through the valley
we are going on the road

We are wandering & weary
We are searching for our home.

모두 죽기 전에 어서 왕관을 내려놓으라고 하소연을 했다. 고전 연극 〈헨리 4세〉에도 비슷한 대사가 나온다. "왕관을 쓴 머리는 불안하다." 로마의 왕관 때문에 신음하는 자들에게 예수님이 주신 위로의 말씀 중 하나는 이것이다. "수고하고 무거운 짐 진 자들아 다 내게로 오라. 내가 너희를 쉬게 하리라. ……나의 멍에를 메고 내게 배우라. 그리하면 너희 마음이 쉼을 얻으리니 이는 내 멍에는 쉽고(더 정확히는 '좋고') 내 짐은 가벼움이라."(마 11:28~30) 이 말씀을 직접 들은 농부들은 '멍에'라는 단어를 잘 알았다. 하지만 멍에에는 이 외에도 여러 가지 의미가 함축되어 있었다. 일단, 멍에는 농사를 위해 가축에게 얹는 도구였다. 나중에 바울은 갈라디아서에서 죄의 무거운 짐을 묘사할 때 이 용어를 사용했다. 멍에는 종살이와 억압의 무거운 짐에 대해서도 사용되었다. 선지자들은 이 멍에를 꺾으라고 촉구했다(특히 사 58:6, 9). 예수님이 말씀하신 수고한 자들은 제국의 멍에를 지고 고역을 해야 했던 사람들이다. 흑인 영가의 노랫말에서도 고역에 대한 지긋지긋함이 묻어나온다.

성경은 권력의 노예가 된 사람들에 대해 자주 '고역'과 '수고'라는 단어를 사용했다. 반면 예수님은 수고하지도 고생하지도 않는 백합에 대해서도 이야기하셨다. 백합은 자유롭다. 그런가 하면 예수님은 사람들에게 감당할 수 없을 만큼 '무거운 짐'을 지운다며 종교 지도자들을 나무라기도 하셨다. 짐 지우기는 종교 엘리트와 권력 투쟁가들의 장기다.

고대의 다른 저자들도 제국의 종살이를 멍에에 빗대어 이야기했다. 에녹서 103장 10~15절은 "죄인들과 압제자들이 자신들의 멍에를 우리에게 지웠다."라고 말하며, 시빌의 신탁(Sibylline Oracles)은 "시리아인과 그리스인, 외국인, 그 어느 국가도 네 노예의 멍에 밑에 고개를 두지 않으리라."라고 말한다. 요세푸스도 로마 제국의 권력을 '로마의 멍에'로 묘사했다.[51] '멍에'라는 단어는 히브리 성경에서 자주(63번) 사용되며 대개 누군가를 통제하는 상황을 지칭한다. 특히 가혹한 제국주의 권력의 정치적 통제(창 27장, 레 26장, 사 9장, 47장, 렘 27장, 애 3장)를 의미한다. 하나님은 이스라엘을 억압하는 열국과 왕들의 멍에를 끊임없이 꺾으셨다. 나아가 예수님은 로마의 멍에를 꺾기 위해서가 아니라 제자들을 전혀 새로운 멍에의 삶으로 초대하기 위해 오셨다. 이 멍에는 '좋은' 멍에다. ('쉬운'으로 오역된) '좋은'이라는 형용사는 70인역 성서[52]에 30번 가까이 나오는데 '쉬운'이란 의미를 전혀 내포하고 있지 않다. 오히려 '친절한'으로 번역하는 것이 더 적절하다.[53] 마찬가지로, 하나님의 평화는 로마의 평화와 다르고 하나님의 멍에는 로마의 종살이 멍에와 다르다. 하나님의 멍에는 좋고 친절하다. 또한 예수님은 제국의 종살이에 지친 자들에게 '쉼'을 제시하신다. 히브리 성경에서 '쉼'은 전쟁과 극심한 고생 끝에 찾아오는 평화를 말한다

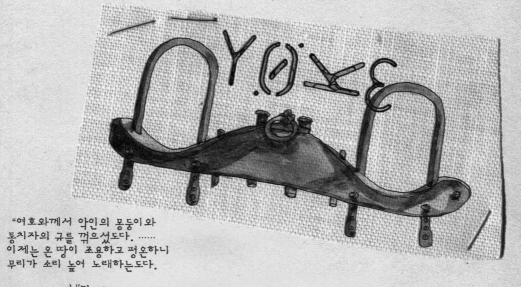

"여호와께서 악인의 몽둥이와
통치자의 규를 꺾으셨도다. ……
이제는 온 땅이 조용하고 평온하니
무리가 소리 높여 노래하는도다.

……내가 앗수르를 나의 땅에서 파하며 나의 산에서 그것
을 짓밟으리니 그때에 그의 멍에가 이스라엘에게서 떠나
고 그의 짐이 그들의 어깨에서 벗어질 것이라." (사 14:5,
7, 25)

(신 12:9~10, 25:19, 수 1장, 11장, 15장, 21장 등). 예수님은 안식일의 땅, 폭격이 멈춘 전장과 같은 쉼으로 우리를 초대하신다.

예수님은 우리에게서 압제적인 삶의 무거운 멍에를 벗겨주겠다고 말씀하신다. 지금 많은 부자 그리스도인들이 아메리칸 드림과 무분별한 소비의 멍에를 짊어지고 있다. 우리는 이 멍에에서 해방되어야 한다. 그리고 우리가 글로벌 자본주의의 멍에에서 벗어날 때 과테말라와 라이베리아, 이라크, 스리랑카에 사는 우리의 형제자매도 해방을 맛볼 것이다. 우리의 옷을 만들고 우리의 곡식을 키우고 우리의 석유를 뽑아내고 우리의 전자제품을 조립하는 우리의 타국 형제자매들, 그들도 제국의 종살이 멍에에서 해방되어야 한다. 그들의 해방은 우리의 해방과 하나로 연결되어 있다. 새로운 멍에는 쉽지 않다. (십자가의 멍에가 과연 쉬울까?) 하지만 우리는 이 멍에를 함께 져야 한다. 이 멍에는 좋은 멍에이다. 이 멍에가 우리, 특히 지친 여행자들을 쉼으로 인도하리라.

군단에 점령당하다

예수님은 할 말만 많고 보여줄 것은 하나도 없는 여느 정치인과 달랐다. 예수님의 정치는 치유와 기적, 악령 퇴치를 통해 현실감을 더했다. 이것들은 단순한 '영적' 행동이 아니라 많은 의미를 함축한 영적, 정치적, 물리적 행동이었다. 예수님의 선거 유세 여행 중에 일어난 다음 이야기를 보자.

'거라사 지방'은 로마의 점령 하에 있던 갈릴리 호수 동쪽 데가볼리의 10개 도시들로 이루어져 있었다. 거라사는 로마 군대의 중심지였으며 로마의 많은 퇴역 군인들이 그곳의 땅을 받아 여생을 보냈다. 일종의 재향군인 정착지라고 할 수 있었다. 예수님은 이 군사 지역을 지나다가 악한 영에게 사로잡혀(점령당해) 아무도 못 당하는 남자를 만나셨다(막 5:1~20). (이 남자와 마찬가지로 갈릴리 지방도 '아무도 못 당하는' 로마에 '점령'당했다.) 악한 영으로 인해 더러워진 남자는 전사자와 폭동 희생자의 무덤에서 살았는데, 이는 히브리 정결 율법에서 엄격히 금지한 일이었다.[54] 남자는 정신 혹은 몸에서 이 악령을 몰아낼 수 없었다. 귀신은 그로 하여금 자해하도록 만들었다.

예수님이 이름을 묻자 남자는 '군대(Legion)'라고 대답했는데, 이것은 로마의 한 군단에 해당하는 단어다. 학자들은 군단이 대략 2천 명의 병사로 이루어졌으며 데가볼리 주변에 여러 군단이 주둔해 있었다고 말한다. 흥미롭게도 귀신들은 예수님께 그 지방에 머물게 해달라고 간청했다. 근처에는 돼지 '떼(band)'가 있었는데, 이 '떼'도 군대에 해당하는 단어다. (그렇다고 병사들을 향해 돼지 떼라고 말해도 좋다는 뜻은 아니다.)[55] 귀신들은 역시 더러운 거처인 돼지 떼 속으로 보내달라고 간구했다. (유대인들은 돼지를 만지지 않았다.) 이에 예수님은 군대가 돼지 떼 속으

로 들어가는 것을 허락하셨다. 그러자 무려 2천 마리에 달하는 돼지들이 바다 속으로 돌진하여 떼죽음을 당했다. 이 이야기를 듣는 사람은 하나같이 옛 역사를 떠올렸을 것이다. 바다가 파라오의 군대를 삼켜 몰살시켰던 사건 말이다(출 14장). 결국 예수님은 제국의 시스템에 병든 자를 치유해주신 것이다. 제국의 힘은 건강에 나쁘다.

고전 중 자살 (백분율)
  2003년 – 60명(12.8%)
  2004년 – 67명(10.4%)
  2005년 – 83명(19.9%)
  2006년 – 99명(20.4%)

DOD MORE INFO@THERAWTRUTH.NET에서
얻은 데이터

비교전시 자살률: 사망자 4명 가운데 1명이 자살.

예수님과 세금

예수님의 영향력과 악령 퇴치 사건이 널리 알려지자 사람들이 그분을 마을에서 내보내기 시작했다. 뿐만 아니라 사람들은 틈만 나면 당시의 까다로운 질문들로 그분을 옭아매려고 했다. 예를 들어 이런 질문이다. "그도 세금을 냈을까?" 당시 로마 제국에는 카이사르의 형상이 찍히고 '신의 아들 만만세'라는 글귀가 새겨진 동전이 통용되었다. 이 동전은 제국의 경제 전체가 카이사르의 것이며 그가 없으면 모든 것이 무너져 내린다는 의미를 함축하고 있었다. 역사가

들은 당시 유대인들도 종려나무 잎(혁명의 깃발)이 새겨진 동전을 자체적으로 찍어내기 시작했다고 말한다. 요세푸스에 따르면 당시 납세를 거부하는 일단의 유대인들(요세푸스는 제4의 철학으로 부름)이 있었다. 이 집단은 오직 하나님께만 충성하고 '어떤 사람도 주인이라 부르기를 거부했기' 때문에 주인을 자처하는 카이사르에게 세금을 바칠 수 없었다.[56] 예수님의 가족을 비롯한 갈릴리의 소작농들은 수입의 50퍼센트라는 살인적인 세금을 카이사르에게 바쳐야 했다. 따라서 세금 문제는 예수님을 옭아매기에 아주 좋은 함정이었다(예수님이 돌아가실 때의 죄목 중 하나는 세금을 내지 않도록 사람들을 선동했다는 것이었다).[57]

한번은 전혀 어울릴 것 같지 않은 두 집단이 공모하여 예수님을 몰아붙였다. 한 집단은 로마 점령군과 사이가 좋지 않던 바리새인들이었고 다른 집단은 로마의 앞잡이 헤롯당이었다. 그들은 세금 문제야말로 예수님을 옭아맬 확실한 미끼라고 판단했다. 하지만

예수님은 절묘한 수수께끼로 상황을 모면하셨다. 그들이 제국에 세금을 내는 것이 옳으냐고 묻자 예수님은 먼저 동전 한 닢을 달라고 말씀하셨다. (예수님께 동전 한 닢도 없었다는 것이 웃기지 않은가?) 그리고 동전을 받자 이렇게 물으셨다. "이 형상과 이 글이 누구의 것이냐?"[58] 그들이 카이사르의 것이라고 말하자 예수님은 이렇게 말씀하셨다. "가이사의 것은 가이사에게, 하나님의 것은

하나님께 바치라."(마 22:15~22)

혹자는 이 구절에 주목하여 예수님이 카이사르에게 고개를 숙였다고 말한다. 그러나 우리는 오히려 그 반대라고 생각한다. 첫째, 하나님과 카이사르를 별개의 존재로 말씀하신 것 자체가 파격적이었다. 또 예수님이 하나님의 것과 카이사르의 것에 대한 판단을 남들에게 미루신 것 같지만 워낙에 답은 뻔했다. 카이사르는 자기 형상이 찍힌 동전과 왕관, 왕의 의복을 자기 것으로 내세웠지만 그것들은 결국 좀이 먹고 녹이 슬 수밖에 없는 것들이다. 반면, 생명과 피조 세계가 모두 하나님의 것이다. 카이사르는 동전을 가졌지만 하나님은 온 우주를 가지셨다. 카이사르는 하나님의 것을 취할 힘이 없다. 카이사르는 겨우 동전에 자기 형상을 찍었지만 하나님의 형상은 인류 전체에 찍혀 있다. 심지어 카이사르에게도 하나님의 형상이 찍혀 있었다. 카이사르는 신이 아니라 하나님의 피조물일 뿐이다. 그러나 듣는 이들은 이 점을 바로 깨닫지 못하고 카이사르의 것과 하나님의 것에 관한 수수께끼로 고민을 했다.[59] 그러니 예수님이 "들을 귀 있는 자는 들으라."라고 자주 말씀하실 만도 했다.

한번은 세리들이 예수님이 성전세를 바치느냐고 묻자 베드로가 그렇다고 대답했다(마 17:24~27). 그 후 예수님은 (그분이 세금을 내지 않아도 되는 이유를 베드로에게 설명하신 후) 이상한 일을 벌이셨다. 베드로에게 가서 물고기를 잡으면 주둥이 안에 동전이 있을 테니 그것으로 그분과 베드로의 세금을 내라고 명령하신 것이다. 이 장면에서도 예수님은 동전 한 닢 없는 모습이시다. (여기서 굳이 교훈을 찾자면 예수님께 과세할 만한 수입이 없었다는 것일까?) 베드로가 나가서 물고기를 잡자 그 주둥이 안에 세금에 해당하는 동전이 들어 있었다. 물고기 주둥이 안에 동전이 들어 있는 경우는 웬만해서는 없다. 결국 이 장면은 하나의 풍자요 일종의 거리 연극이다.[60] 세금이 뭐 그리 중요한가? 동전은

125

기껏해야 물고기의 냄새나는 주둥이 속에나 들어 있을 뿐이다! 예수님의 요지는 분명하다. "자, 돈을 가져가라. 하지만 이 물고기는 내 것이다!" 하나님은 카이사르를 창조하셨다. 하나님은 하늘과 땅을 창조하신 분이다. 그러나 카이사르는 그럴 수 없다. 카이사르의 것은 카이사르에게 주라. 하나님의 것을 하나님께 드리고 나면 카이사르에게 줄 것이 그리 많이 남지 않는다. 그리고 카이사르가 한 줌 흙으로 돌아간 뒤에도 하나님은 계속해서 살아 계셔 흙으로 생명을 빚으실 것이다.

가서 저 여우에게 이르되

권세가들은 계속해서 예수님을 옭아맬 방법을 모색했다. 세례 요한을 죽인 뒤에도 꼴 보기 싫은 인물이 또다시 나타나자 헤롯 안디바의 짜증은 극에 달했을 것이다. 발로 밟자마자 어디선가 바퀴벌레처럼 계속해서 나타나 새로운 왕국을 선포하는 이들. 예수님의 말씀을 들은 자들은 2라운드를 벌이려고 되살아난 세례 요한이 아닌가 하고 의심하기도 했다. 예수님은 스스로 새로운 왕국을 선포하실 뿐 아니라 사자들을 헤롯의 영토 곳곳으로 보내 이 왕국을 선포하게 하셨다. 누가복음을 보면 예수님의 제자들이 이 마을 저 마을을 다니며 사람들을 새로운 종류의 왕 아래로 끌어 모으자 분봉왕 헤롯은 어리둥절했다. "요한은 내가 목을 베었거늘 이제 이런 일이 들리니 이 사람이 누군가?"(눅 9:9) 이어지는 말씀에서 헤롯은 "그(예수님)를 보고자" 했다. 음, 왕이라면 어떤 식으로 예수님을 보았을까? 보나마나 부하들을 보내 예수님

의 주변을 감시했을 것이다. 어쩌면 왕실 공작원을 보내 전화를 도청하거나 이메일을 몰래 읽었을지도 모를 일이다. 학자들은 이것이 예수님이 한 군데 적을 두지 않고 끊임없이 이동하신 이유라고 말한다. 예수님의 여정을 유심히 보면 그분은 늘 한발 빠르셨으며 헤롯 안디바가 다스리는 갈릴리의 대도시 두 곳에 결코 가지 않으셨다. 그곳은 바로 세포리스[61]와 디베랴[62]였다. 예수님은 뱀처럼 지혜로우셨다. (그리고 물론 비둘기처럼 순결하셨다.)

4복음서의 한 부분에서 예수님과 몇몇 인정 많은 바리새인들의 놀라운 만남이 이루어졌다. 그들은 헤롯이 예수님을 찾아 죽이려고 하나 조심하라고 말했다. 그러자 예수님은 이렇게 말씀하셨다. "가서 저 여우에게 이르되 오늘과 내일은 내가 귀신을 쫓아내며 병을 고치다가 제삼 일에는 완전하여지리라 하라."(눅 13:32) 이것이 얼핏 황당한 말처럼 보이지만 이 바리새인들에게는 강력한 정치 풍자로 들렸을 것이다.

그런데 여우? 오늘날 독수리와 돼지, 당나

귀, 코끼리가 모두 정치적 의미를 품고 있는 것처럼 여우는 매우 상징적인 동물이다. 헤롯을 사자가 아닌 여우로 부르는 것은 미국의 국조(國鳥)가 독수리가 아닌 콘도르라고 말하는 것과 같았다. 랍비는 비유를 많이 사용했는데, 그중에서 사자는 힘과 명성을 상징하는 동물이었으며 주로 동물의 왕으로 불렸다. 여우는 사자의 반대 개념이었다. 여우는 사자로 오해되곤 했지만 왕의 이미지는 전혀 아니었다. 여우는 늘 숨어 다니고 조그만 소리나 움직임이 있어도 질겁하여 도망치는 동물이었다. 여우는 사자 흉내를 내는 사기꾼이었다.

여우 같은 놈. 독사 같은 놈. 남을 함부로 그렇게 불렀다가는 목숨을 잃을지도 모른다. 하지만 하나님의 문지기를 자처하면서 전혀 다른 복음과 주인을 선포한 왕과 종교 지도자들은 그런 욕을 먹어도 싸다. 그들은 사람들이 실족하여 하나님으로부터 멀어지게 만드는 못된 사기꾼들이었다. 사람들이 예수

"내가 유다 족속에게는 젊은 사자 같으니······" (호 5:14)

님의 말씀을 듣고 두려워한 이유는 빤하다. 필시 그들은 서로의 귀에 속삭였을 것이다. "그 말 들었어? 글쎄, 헤롯을 여우라고 불렀다지 뭐야! 곧 죽게 생겼군." 예수님은 세상에서 가장 강력한 통치자들에게 맞섰고, 그 통치자들은 그것을 가볍게 여기지 않았다. 그런 반역죄에 대한 그들의 대응 방식은 목을 베고 십자가에 매다는 것이었다.

반(反)개선의 예루살렘 입성

예수님은 나귀를 타고 유월절 행사장으로 들어가셨다. 알다시피 유월절은 유대인들이 조상의 이집트 탈출을 축하하는 반제국주의적 축제였다. 로마 병사들이 늘어선 거리에 유대인들이 모여 저항의 상징인 종려나무 가지를 흔들었다.[63] 유월절은 언제 폭동과 유혈극이 벌어질지 모르는 일촉즉발의 시기였다. (안디바가 축제 거리에서 유대인 수천 명을 학살한 사건이 기억나는가?) 예수님이 나귀를 타고 이 축제 현장으로 들어오신 것은 일종의 풍자였다. 마치 저항을 표현한 거리 연극 같았다. 학자들은 이것을 반개선의 예루살렘 입성이라 부른다.

미국 독립기념일 퍼레이드에 대통령이 외바퀴 자전거를 타고 나타난다고 상상해보라. 예수님 당시 왕들은 나귀를 타지 않았다. 왕들은 으레 병사들의 호위를 받으며 강한 군마를 타고 행진했다. 따라서 예수님이 나귀의 등에 타신 것은 폭력과 권력을 조롱하는 행위였다. (그나마도 빌린 나귀였다!)

"시온의 딸아 크게 기뻐할지어다.
예루살렘의 딸아 즐거이 부를지어다.
보라, 네 왕이 네게 임하시나니
그는 공의로우시며 구원을 베푸시며
겸손하여서 나귀를 타시나니
나귀의 작은 것 곧 나귀 새끼니라.
내가 에브라임의 병거와 예루살렘의 말을 끊겠고
전쟁하는 활도 끊으리니
그가 이방 사람에게 화평을 전할 것이요.
그의 통치는 바다에서 바다까지 이르고
유브라데 강에서 땅 끝까지 이르리라."

(슥 9:9~10. 예수님 탄생 수백 년 전의 예언)

수건으로 다스리는 왕국

제자들은 가장 높은 자가 되기 위해 가장 낮은 자가 되라는 예수님의 가르침을 잘 실천하지 못했다. 그들은 걸핏하면 누가 큰 자인지, 누가 예수님 옆자리를 차지할 지를 놓고 입씨름을 벌였다. 한번은 야고보와 요한의 어머니가 치맛바람을 일으켰다. (아마 야고보와 요한도 적잖이 난처했을 것이다.) 그녀는 예수님께 다짜고짜 물었다. "우리 애들이 선생님의 보좌 옆에 앉겠습니까?" 예수님이 어떻게 반응하셨을까? 예수님은 제자들을 모두 모아 놓고 큰 자가 되려면 왕이 아닌 종이 되어야 한다고 가르치셨다. 예수님의 왕국에서 다스리려면 발을 씻어주고 화장실을 청소할 각오를 해야 한다. 이 왕은 수건으로 다스리신다. 하나님 나라에서는 낮은 곳이 곧 높은 곳이다.

"또 그들 사이에 그 중 누가 크냐 하는 다툼이 난지라. 예수께서 이르시되 이방인의 임금들은 그들을 주관하며 그 집권자들은 은인이라 칭함을 받으나 너희는 그렇지 않을지니 너희 중에 큰 자는 젊은 자와 같고 다스리는 자는 섬기는 자와 같을지니라. 앉아서 먹는 자가 크냐? 섬기는 자가 크냐? 앉아서 먹는 자가 아니냐? 그러나 나는 섬기는 자로 너희 중에 있노라."(눅 22:24~27)

마지막 기도

예수님은 돌아가시기 직전, 기록된 기도 중에서 가장 긴 기도를 드렸다(요 17장). 그때 예수님은 누구를 위한 기도인지를 분명히 밝히셨다.

"내가 비옵는 것은 세상을 위함이 아니요 내게 주신 자들을 위함이니이다." (9절)

예수님은 단순히 세상이 바뀌고 로마가 개혁되기를 위해 기도하지 않으셨다. 그분은 제자들이 세상과 구별되기를 원하셨다. 그것은 그들 속에 세상의 희망이 있기 때문이었다.

"세상이 그들을 미워하였사오니 이는 내가 세상에 속하지 아니함같이 그들도 세상에 속하지 아니함으로 인함이니이다." (14절)

그러고 나서 예수님은 제자들이 계속해서 구별되고 그분의 도를 충성스럽게 따르게 해달라고 기도하셨다. 예수님이 전에도 말씀하셨듯이 그들은 세상과 충돌할 수밖에 없었다. 선하게 살면 세상의 거친 공격을 받을 수밖에 없다. 세상이 완벽한 사랑이신 예수님께 무슨 짓을 저질렀는지 보라.

예수님의 취임식

정치는 매우 종교적이다. 미국 대통령이 취임할 때는 스물한 발의 축포를 포함한 성대한 종교 행사가 열린다. 취임식은 의미가 있고 거룩하며 성대해야 한다. 미국 대통령 집무실에는 생각보다 큰 영적, 종교적 무게감이 실려 있다. 많은 사람이 미국 대통령을 '세상을 바꿀' 수 있을 만큼 강력한 사람으로 생각한다. 미국 대통령은 못할 일이 없어 보인다. 취임식에 쏠린 관심과 경외감을 보면 사람들이 대통령에게 얼마나 큰 희망을 두는지 알 수 있다. 역사의 흐름을 좌지우지할 정도니 미국 대통령은 그야말로 '하나님의 아들'이다.

예수님 시대에도 마찬가지였다. 권력에 굶주린 로마 황제 카이사르는 마치 신과 같은 숭배를 받았다. 실제로 카이사르는 신의 아들로 불렸고 카이사르의 즉위식은 세상에 다시없을 만큼 화려했다. 그리스에서 기원한 이 행사는 '트리암바스(thriambas)'로 불렸다. 나중에 로마는 이 행사를 차용했다[라틴어로는 트리움페(triumpe)]. 이 행사의 중심에는 신격화된 승리자(triumphator)가 있었다. 그리스와 로마의 즉위식은 모두 죽었다가 다시 살아난 신들인 디오니소스 및 주피터와 연관이 있다.

로마 제국의 그리스도인들은 황제 숭배의 위력을 잘 알고 있었다. 제국의 신인 황제와 예수님의 하나님을 동시에 섬길 수는 없었다. 그래서 당시 그리스도인들은 예수님에 관해 가벼운 언어를 사용하지 않았다. 이를테면 "그냥 개인적인 확신의 문제야. 정치적인 게 아니야."라는 식으로 말하지 않았다. 그들은 제국의 무게가 실린 언어와 이미지를 사용해서 말했다. 하지만 4복음서에서 예수님을 당시의 권세가들과 가장 극명하게 비교한 언어는 마가복음의 십자가 사건 이야기에 나타난다. 레이 밴더 란[64]은 로마 황제의 취임식이 여덟 단계로 이루어졌다고 말한다. 이 단계들을 읽고 난 뒤에는 마가가 고난과 사랑의 승리자, 아니 반승리자의 진정한 취임식을 얼마나 절묘하게 풍자했는지 보라.

로마 황제의 즉위식과 행진

1. 근위대(6천 명)가 관저에 모인다. 차기 황제가 근위대 중앙으로 안내된다.

2. 근위대가 유피테르 카피톨리누스 신전에서 자줏빛 예복을 가져와 차기 황제에게 입힌다.

3. 근위대가 크게 환호하며 차기 황제를 승리자로 맞는다.

4. 근위대가 거리에서 행진을 시작한다. 중앙에는 차기 황제가 있었다. 그의 뒤로는 그의 판테온 입성을 죽음으로 기념할 희생제물인 황소 한 마리가 따라온다. 황소 옆에는 도살용 도끼를 든 노예가 따라 걸어간다. 행렬 주위로 향기로운 냄새를 피우는 사람들이 따라다녔다는 기록도 있다.

5. 행렬은 로마에서 가장 높은 언덕인 카피톨리노 언덕('머리 언덕')까지 이른다. 이 언덕 위에는 유피테르 신전이 있다.

6. 차기 황제는 신전 제단 앞에 서서 노예에게 몰약이 섞인 포도주 잔을 받는다. 그는 수락한다는 의미로 그 잔을 받았다가 돌려준다. 그러면 노예도 그 잔을 마시지 않고 제단이나 황소 위에 뿌린다. 포도주를 뿌린 직후 황소는 도살된다.[65]

7. 차기 황제 오른쪽으로 제국의 2인자가, 왼쪽으로 3인자가 붙어 선다. 그들은 함께 유피테르 신전의 보좌로 올라간다.

8. 군중이 즉위한 황제에게 환호를 보낸다. 그때 신들이 승인의 징표로 비둘기 떼나 일식 같은 신호를 보낸다.

예수님의 즉위식과 행진

1. 예수님이 예루살렘의 총독 관저로 끌려가신다. 전체 병력(최소한 2백 명)이 그곳에 결집해 있다.

2. 병사들이 (가시) 면류관과 홀(낡은 막대기)과 자 줏빛 옷을 준다.

3. 병사들이 예수님께 빈정거리는 투로 환호하고 조롱하고 경의를 표한다.

4. 행진이 시작된다. 하지만 황소 대신 차기 왕이요 신께서 희생제물이 되신다. 예수님은 사형 도구 를 짊어지실 수 없다. 그래서 병사들은 시몬(나중 에 로마 교회의 젊은 성도가 된 알렉산더와 루포의 아 버지)을 멈춰 세워 십자가를 대신 짊어지게 한다.

5. 예수님이 골고다에 이르신다. (아람어 '골고다'는 정확히 '해골 언덕'은 아니다. 해골 언덕은 '갈보리'다. 골고다는 로마의 카피톨리노 언덕과 같은 '머리 언덕' 을 의미한다.)

6. 예수님은 군인들이 권한 포도주를 거부하신다. 그 직후 "그들이 예수를 십자가에 못 박은" 것으로 기록되어 있다.

7. 그 다음으로 예수님의 오른편과 왼편에 못 박힌 자들에 관한 기록이 나온다. [그들을 지칭하는 '레스테스(lestes)'는 '테러리스트'나 '반도'를 뜻한다.]

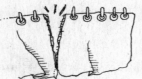

8. 예수님은 다시 환호(조롱)를 받으시고 불가사의한 사건(성전 휘장이 둘로 찢어짐)이 하나님의 임재를 증명한다. (다른 기록들을 보면 하늘 전체가 어두워졌으며 무덤 문이 열리고 죽은 자들이 걸어 나왔다.) 마지막으로, 다른 '하나님의 아들'인 황제에게 절대 충성했던 로마 장교가 회심하여 '이' 사람을 하나님의 아들로 인정한다.

예수님이 '왕관'을 쓰고 즉위식장(처형장)으로 가신 것이 무엇을 상징하는가? 1세기 사람들의 눈에는 그 의미가 분명히 보였다. (하지만 수백 년에 걸친 수난극과 나쁜 영화들로 인해 지금 우리의 눈은 지독히 어두워졌다.) 가시 면류관. 자

줏빛 옷. 왕홀. 마가의 요점은 간단하다. 십자가 사건의 클라이맥스에 이르러 이런 기록이 등장한다. "이 사람은 진실로 하나님의 아들이었도다."(막 15:39) 최초의 전도자는 로마 백부장이었다. 그런데 시대적 배경으로 볼 때 이 선포에는 더 깊은 정치적 의미가 담겨 있었다. 알다시피 '하나님의 아들'은 단순히 종교적 인물에게 주어진 칭호가 아니다. 이 칭호를 통해 예수님은 정치와 사회에서 종교와 경제에 이르기까지 삼라만상의 중심에 놓인다.

십자가는 세상에 생명을 주기 위한 파격적이고 아이러니한 방법이다. 씨앗이 죽지 않으면 생명을 낳을 수 없다. 십자가는 단순히 구원이라는 종교적 계획을 이루기 위한 필수 단계 정도가 아니다. 정치적 의미가 전혀 없는 추상적 계획의 일부가 아니다. 십자가는 세상과 성공, 역사의 의미에 대한 완전히 새로운 시각이다. "십자가 위에 원수를 사랑하는 분이 계신다. 바리새인들보다 의로우신 분. 부요하면서도 가난하게 되신 분. 겉옷을 벗겨간 자들에게 예복까지 주시는 분. 그분을 사악하게 이용한 자들을 위해 기도하시는 분.

십자가는 왕국으로 가는 길에 놓인 우회로나 장애물이 아니다. 심지어 왕국으로 가는 길도 아니다. 그것은 왕국의 임재다." [66]

십자가 사건은 제국의 악이 극에 달한 사건이다. 세상이 하나님께 모든 분노를 쏟아낸 사건이다. 십자가를 통해 우리는 악의 면전에서 사랑이 어떤 모습으로 나타나는지를 깨닫게 된다. 나사렛에서 온 사랑이 악인들과 고문자들에 관해 뭐라고 말씀하셨던가? "아버지 저들을 사하여 주옵소서. 자기들이 하는 것을 알지 못함이니이다."(눅 23:34)

인간 성전

예수님이 돌아가신 금요일, 온 세상이 휘청거렸다. 태양이 멈추고 피조 세계가 침묵했다. 예수님이 사랑하신 모든 사람은 망연자실해 있었다. "십자가에 못 박혔다면 실패한 메시아가 아닌가?" 심지어 예수님도 잠시나마 하나님이 자신을 버렸다고 생각하셨다. 사랑이 제국의 십자가 위에서 돌아가셨다. 그러나 그때 우리가 절대 놓치지 말아야 할 기적이 일어났다. 성전 휘장이 반으로 갈라진 것이다(눅 23:45). 학자들에 따르면 이 휘장은 상상을 초월할 정도로 거대했다. 크기는 농구 코트 이상이었고 두께는 사람의 손만큼이나 두꺼웠다. 무게는 제사장 3명이 제대로 옮기지 못할 정도였다. 그런데 예수님이 돌아가시자 이 거대한 휘장이 둘로 갈라졌다. 이 사건의 의미는 더없이 분명하다. 하나님이 성전을 허물어 모든 신성한 것들을 자유롭게 풀어놓으신 것이다. 그리고 그것은 예수님이 평생 해오신 일이기도 했다. 다시 말해, 예수님은 치유와 용서로 사람들을 자유롭게 하셨다. 지성소는 하나님을 제한할 수 없었다. '지극히 자유로운 존재'[67]는 길들여지지 않는 법이다. 십자가를 기점으로 하나님은 성전과 종교를 떠나 거리로 나오셨다. 하나님은 예루살렘 성을 떠나 예수님이 처형되신 언덕으로 나오셨다.

앞서 말했듯이 성전은 하나님이 기뻐하시는 곳이 아니었다.

성전은 하나님과의 만남을 제한한 시스템이었으며, 이스라엘을 '다른 국가들과 똑같게' 만든 권력의 상징물이었다. 사무엘하 7장은 이 성전을 하나님의 백성이라는 정체성의 훼손으로 해석한다.

불과 몇 년 후 성전은 파괴되었다. 분명 예수님은 이 일을 미리 아셨을 것이다. 이제 하나님의 백성들은 단순한 건물이 아닌 진정한 정체성을 찾아야 한다. 성전 휘장이 찢어진 사건은 예수님으로 인해 일어난 일들의 상징이었다. 다시 말해, 새 성전은 믿음과 소망과 사랑으로 사는 사람들의 공동체 자체다. 솔로몬이 성전을 짓자 하나님이 분위기를 바꿔 사실상 "너를 살아 있는 성전으로 만들겠노라."라고 말씀하셨던 것이 이제 비로소 이루어진 것이다.

사람들은 제국 황제의 즉위식을 흉내 내어 예수님을 조롱하고 죽도록 매질했다. 그리고 이 일을 위해 빌라도와 헤롯은 손을 잡았다. 옛 원수들이 공동의 적 앞에서 힘을 합치는 모습이 놀랍다. "헤롯과 빌라도가 전에는 원수였으나 당일에 서로 친구가 되니라."(눅 23:12) 두 사람은 예수님이 사람들을 선동한다고 판단했다. 그래서 만왕의 왕으로 칭송받는 그분을 제국의 궁극적인 적으로 여기고 힘을 합쳐 그분을 죽이기로 했다. 그러나 예수님은 제국의 검 앞에서 눈 하나 깜짝하지 않으셨다. 곧 죽음을 이기실 것이기 때문이었다.

예수님의 비웃음이 들리는 것 같지 않은가? "뭐하는 거냐? 나를 죽이려는 거냐? 나는 죽음보다 크다."

"그가 곤욕을 당하여 괴로울 때에도 그의 입을 열지 아니하였음이여 마치 도수장으로 끌려가는 어린 양과 털 깎는 자 앞에서 잠잠한 양같이 그의 입을 열지 아니하였도다."(사 53:7)

Saturday,

nothing.

토요일, 아무 일도 없었다.

제자들은 하나같이 예수님을 버리고 도망쳤다. 일부는 옛 직업으로 돌아가 다시 고기를 잡기 시작했다. 일부는 예수님을 전혀 알지 못한다고 잡아뗐다. 여인들은 희망의 끈을 놓지 않은 채 하염없이 울었다.

하지만 이야기는 여기서 끝나지 않는다.

주일이 오자 역사상 가장 놀라운 사건이 벌어졌다. 무덤이 비었다. 죽임당한 어린 양이 무덤에서 일어났다. 예수님이 죽음을 정복하셨다. 그분이 사탄과 이 세상의 모든 권세가를 이기셨다. 그분이 그들 모두를 조롱거리로 만드셨다. 죽음이 죽음을 맞았다. 그 어떤 왕도 세상을 이만큼 사랑하지 못했다. 죽임당한 어린 양, 만만세! 세상에 사랑을 보이려 원수의 손에 죽임을 당하신 왕, 만만세! 예수님이 인자의 보좌에 오르시자 세상 권력을 열망하던 '하나님의 아들들'의 교만과 허식으로 가득 찬 즉위식이 뒤엎어졌다. 겸손[68]과 원수에 대한 사랑으로 십자가에 못 박히고 무용한 노예이자 반도 취급을 받으신 예수님, 그분은 진정한 위대함이 무엇인지를 우리에게 보여주셨다.

그 후에는 초대가 이루어졌다. 그러니까 예수님은 제자들에게 나타나 위대한 사명을 주셨다. 나를 따르라. 내 잔을 마시라. 그리스도의 몸이 되어 세상에 사랑하는 법을 가르치라.

그리고 나서 예수님은 그들에게 제자를 삼으라고 명령하셨다. 그것이 예수님의 마지막 명령이었다. "모든 민족을 제자로 삼아."(마 28:19) 모든 민족에게 새로운 삶의 방식을 가르치라. 날마다 세상을 은혜로 전염시키라. 이것은 검이나 권력으로 세상을 굴복시키라는 명령이 아니었다. 제자들의 사명은 하나님의 전염성 강한 사랑을 실천함으로써 모든 민족을 새로운 미래로 끌어들이는 것이었다. 여기서 '모든 민족'은 국가나 정부를 의미하지 않는다. 그것은 종교나 부족, 당파에 상관없이 세상의 모든 사람을 지칭한다. 하나님의 언약은 유대인만이 아니라 모든 이방 세계를 향해 열려 있다. 제자를 삼기 위해 최신 소그룹 커리큘럼을 사용해야만 하는 것이 아니다. 먼저 스스로를 훈련시켜야 한다. 자기 훈련을 통해 카이사르의 세상과 구별된 하나님 백성들이 되면 알 아서 제자들이 따르기 마련이다.

새 가족을 이룬 아브라함과 사라처럼 첫 제자들은 곧 새로운 인류를 이루 게 된다. 이 인류는 수많은 국가에 흩어져 있지만 한 가지 공통점으로 뭉쳤 다. 그들 모두는 타락한 세상에서 다시 태어난 하나님의 자녀였다. 그들은 세 상을 변화시키기 위해 먼저 자신부터 변화시켰다. 그들은 육체가 아닌 성령으 로 태어난 새로운 가족이 되었다. 민족적, 생물학적 피보다 더 진한 믿음의 피 로 연결된 글로벌 형제자매 공동체를 이루었다. 그들은 거듭났다.

제자를 삼는다는 것은 세상 사람들에게 예수님처럼 사는 법을 가르치는 것이었다. 발을 씻기고, 희년을 선포하고, 원수를 사랑하고, 낯선 자를 환영하 고. 그리하여 그들은 '도(the Way)'로 알려지게 되었다. 그들의 공동체는 단순 히 종교적 믿음을 공유하는 사람들의 집단이 아니었다. 그들은 종살이와 가 난, 전쟁, 억압으로 얼룩진 제국의 삶과 완전히 다른 삶의 방식을 구현했다. 그 들은 세상의 소금과 빛이 되었다. 그들의 복음을 믿을 수 있는 것은 그들의 삶이 그 복음과 한 치의 오차도 없었기 때문이다. 그들은 실로 그리스도의 몸 이었다. 예수님이 그들 안에서 살아 계셨다.

하지만 모든 민족을 제자로 삼기는 결코 쉽지 않았다. 국가들 역시 그들을 제자로 삼으려 했기 때문이다.

3부
제국이 세례를 받을 때

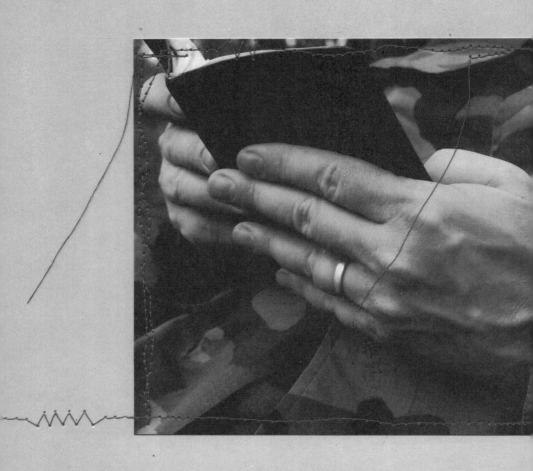

148

　　예수님은 제자들에게 이 세상에서 하
나님 나라를 실천해야 하며 그로 인해
세상의 미움을 받을 것이라 경고하셨다.
권세가들이 제자들을 총독 앞으로 끌고
가 매질하고 모욕하고 짐승의 밥으로 주
고 십자가에 못 박을 게 분명했다. 예수
님이 당하신 일을 제자들도 그대로 당할
것이었다. 실제로 제자들은 최소한 2백
년 동안 세상의 미움을 받았다. 초대 교
회 성도들이 메시아의 삶과 가르침을 실
천할수록 제국과 더 강하게 충돌할 수밖
에 없었다. 복음의 길은 제국의 희망과
꿈, 군대, 경제에 상반되는 길이다. 처음
몇백 년 동안 그리스도인들은 로마의 복
음을 믿지 않아 무신론자로 불렸다.[1] 그
들은 더 이상 국가를 세상의 구주로 믿
지 않았다. 그래서 그들은 '배반자 유대

인', '반도 시민' 심지어 '인류의 적'까지 온갖 명칭으로 불렸다. 생물학적으로 아무런 관계도 없는데 형제자매로 부른다고 하여 근친상간이라는 누명을 쓰기도 했다. 또한 주의 몸과 피라는 것을 먹는 이상한 의식 때문에 식인종 취급도 받았다.

제국에 맞섰던 제자들과 그 동시대 인물들이 직접 한 말을 통해 당시 상황을 가늠해볼 수 있다.[2]

> 그리스도인들은 법망 밖에서 자기들끼리 비밀스러운 사회를 형성하고 있다.
> …… 반역과 거기서 생기는 이익의 토대 위에 세워진, 눈에 띄지 않는 신비로운 공동체.
>
> _오리게네스에게 보낸 편지

> 우리 그리스도인들은 특히 황제에 대해 신앙심이 없는 사람들이란 비난
> 을 받고 있다. 그것은 우리가 황제의 권위와 천재성에 종교적 경의를 표하지
> 않고 그의 이름으로 맹세하지 않기 때문이다. 대역죄는 로마 종교에 대한 범죄다.
> 그것은 공개적인 무신앙의 죄요 신을 해하려고 손을 드는 행위다. …… 우리는 국
> 가의 적 취급을 받고 있다. …… 우리는 카이사르의 축제에 동참하지 않는다. 근위
> 대와 밀정들은 우리를…… 신성모독과 반역죄로…… 고소하고 있다. …… 우리는
> 신성모독과 대역죄를 뒤집어쓰고 있다. …… 우리는 진리를 증언한다.
>
> _테르툴리아누스

그분은 아브라함에게 살고 있는 나라를 떠나라고 명령하셨다. (하나님은) 이 부름으로 우리 모두를 깨우셨다. 이제 우리는 국가를 떠났다. 세상이 우리에게 주는 모든 것을 포기했다.

_유스티누스

국가의 신들은 악마들이다.

_유스티누스

(오리게네스가 켈수스의 말을 인용한다) "모든 사람이 너희 그리스도인들처럼 행동했다면 국가 정부가 곧 완전히 황폐해지고 무력해지며 세상만사가 곧 최악의 미개인과 사악한 야만인들의 손에 넘어갔을 것이다." (오리게네스의 말) 켈수스는 황제를 도와 그의 병사가 되라고 권고한다. 이 말에 우리는 이렇게 대답할 것이다. "사제들과 마찬가지로 그리스도인들에게도 군복무를 요구하지 말아야 한다." 아무리 황제가 요청해도 우리는 그의 병사가 되지 않을 것이다. (계속해서 오리게네스는 로마인들이 예수님의 가르침을 따랐다면 야만인들이 생기지 않았을 거라고 말한다.)

_오리게네스

나는 이 시대의 어떤 제국도 인정할 수 없다.

_스페라투스, 『순교자들의 행적(Acts of the Martyrs)』

그들은 두 가지 면에서 우리를 비난한다. 첫째, 우리가 산 제물을 바치지 않는다고 비난한다. 둘째, 우리가 국가와 같은 신들을 믿지 않는다고 비난한다.

_아테나고라스

당신 안에 있는 더러운 체제를 씻어내라

초대 교회 교인들에게 세례는 새로운 왕국의 삶으로 들어가기 위한 통과 의례였다. 알다시피 예수님이 공생애를 시작하면서 처음으로 하신 일 중 하나는 요단강에서 사촌 요한에게 세례를 받으신 것이었다. 세례는 새로운 이집트들에서 빠져나오는 것을 상징했다. 세례는 옛 삶이 씻겨 내려가고 물에서 새로운 인간이 나오는 의식이었다. 새로운 신자들은 믿음을 고백하고 공동체 안으로 들어가면서 자신에 관한 모든 것을 다시 생각하고 새롭게 정의했다. 새로운 신자가 회개하고 새로운 삶으로 완전히 돌아설 때 세례 과정이 온전히 이루어졌다고 할 수 있었다. 새 삶은 옛 삶과 충돌하기 마련이다. 로마에 대한 충성이 하나님 나라에 대한 충성과 양립할 수는 없다. 그래서 예수 운동 초기에 어떤 이들은 과감히 직업을 버리기도 했다. 세금 징수원이나 사업가라면 자기 직업에 대해 철저히 재고해야 했다. 매음굴에서 일하다가 그리스도께 삶을 바친 사람들도 마찬가지였다. 물론 우상을 만들고 군대에서 복무하고 제국의 법정과 감옥, 시장에서 일하는 등, 제국을 섬기는 자들도 인생의 방향을 틀어야 했다.[3] 기존 교인들에게는 이런 새 신자들이 제국 밖에서 삶을 다시 사고할 수 있도록 잘 지도하고 지원할 의무가 있었다. 심지어 교회에 들어가기 전에 귀신이 아닌 내면의 제국을 몰아내기 위한 '축사(逐邪)'를 치러야 하는 새 신자도 많았다.

초대 교회 성도들은 자신들의 재물을 떠나 상호의존과 풍요의 경제 속으로 들어갔다. 어떤 이들은 생물학적 가족을 떠나, 거듭남으로 맺어져 제국 전역에서 사는 하나님의 가족 속으로 들어갔다. 이 초대 교회 성도들이 삶의 방향을 얼마나 철저히 바꿨는지 보라.

공동체에 들어올 사람들의 직업을 조사해야
한다. 각 직업의 본질과 유형을 확인해야 한
다. …… 매춘부, 우상 조각가, 전차 모는 전
사, 운동선수, 검투사는…… 직업을 포기하
지 않으면 공동체에 들어올 수 없다. 군 장교
는 사람을 죽이지도 맹세하지도 말아야 한
다. 이 규정을 어길 생각이면 공동체에 들어
올 수 없다. 지방 총독이나 정무관은 더는 자
줏빛 옷을 입고 검으로 다스리지 말아야 한
다. 그렇지 않으면 공동체에 들어올 수 없다.
세례를 받고 있거나 이미 받은 사람이 군인
이 되기를 원한다면 하나님을 경멸하는 것이
니 돌려보내야 한다.

_히폴리투스(주후 218년)

나는 통치자가 되고 싶지 않다.
부를 좇지 않으리라. 군의 명령
을 받는 공직을 거부하리라. 죽
음 따위는 아무것도 아니다.

_타티아누스

우리는 전쟁과 살인을 비롯한 온갖 악에 깊이 관련되어 있
었다. 하지만 이제 우리 모두는 전쟁의 도구를 버렸다. 우
리는 검을 보습으로, 창을 농기구로 바꾸었다. …… 이제
우리는 하나님에 대한 경외, 정의, 자비, 믿음, 그리고 십자
가에 못 박힌 분을 통해 우리에게 주어진 미래에 대한 기
대감을 품고 있다. …… 우리가 박해를 받고 순교할수록
더 많은 사람이 성도가 된다.

_유스티누스(주후 165년에 순교)

너희 하나님의 종들은 타지에서 살고 있다. 너희의 도시국가는 이 도시국가에서 멀리 떨어져 있다. 무엇이 너희 땅인지 알면서 왜 여기서 밭과 값비싼 가구, 건물, 덧없는 거처를 손에 넣는가? 이 도시에서 이런 것들을 취하는 자마다 자신의 도성으로 가는 길을 찾지 못하리라. 이 모든 것들이 너희에게 속하지 않았다는 사실을 모르는가? 그것들은 너희의 본질과 맞지 않는 힘 아래 놓인 것들이다. 통치자는 너희가 자기 법을 지키지 않는다고 말할 것이다. 그리고 자기 법을 지키지 않으려면 자기 땅에서 나가라고 말할 것이다. 너희 자신의 법을 거부하면 치명적이니 조심하라. 여기에 있는 것들은 전혀 불필요한 것이니 더는 취하지 마라. 밭을 취하기보다는 네 재물로 가난한 사람들에게 필요한 것을 사주라.
_헤르마스(주후 140년)

전우의 처형자로 선택된 병사가 마음을 바꿔 검을 던지는 일이 비일비재했다. (락탄티우스와 테르툴리아누스가 그 예다.) 검을 버린 탓에 반역자로 고발되어 박해를 받고 심지어 죽임까지 당한 '군인 성자들'에 관한 기록도 있다. 313년 엘비라 교회 회의에서는 국가의 폭력과 관련된 정부 부서에서 일하는 그리스도인은 그 일을 그만두어야 한다는 결정이 내려졌다. 그런데 불과 1년 후 황제가 직접 소집한 아를 교회 회의에서 이 결정이 번복되었다. 황제는 군복무를 의무로 규정했으며, 명령을 어긴 병사뿐 아니라 공직을 거부하는 그리스도인들을 황제 숭배를 거부하는 자로 간주하여 추방했다. (지금과 마찬가지로 당시에는 '황제 숭배'의 정의가 다소 불분명했다.)

우리가 가장 좋아하는 회심의 주인공 중 한 명은 제국의 '정의'에 정통한 로마의 법률가 미누키우스 펠릭스다. 원래 펠릭스는 로마의 검에 익숙했으며 그리스도인들을 지독히 싫어했다. 그래서 그리스도인들에 관해 이렇게 썼다. "그들은 불경스러운 음모를 꾸미고…… 신전을 마치 무덤처럼 혐오한다. …… 옷을 살 여력도 없으면서 명예로운 칭호와 고위 관직의 자줏빛 관복을 싫어한다. …… 이 사악한 무리가 모이는 혐오스러운 소굴은 무성하게 자라는 잡초와 같이 전 세계에서 증식하고 있다. 무슨 수를 써서라도 그 뿌리와 가지를 제거해야 한다. 그들은 친해지기도 전에 서로를 사랑한다. 서로를 무차별적으로 형제와 자매로 부르면서 육욕의 사교 의식을 행한다. 이 신성화된 이름들의 표면 아래서 간음은 근친상간으로 발전한다."

그러나 회심 후 펠릭스의 귀에는 로마의 처형 도구에서 나는 무시무시한 소리가 더 이상 무시무시하게 들리지 않았다. "그리스도인이…… 죽음의 도구가 달그락거리는 소리와 망나니의 위협을 오히려 조롱하는 모습이 하나님께 얼마나 아름다운 광경인가. 그가 자신이 속한 하나님께만 순종하며 왕들과 통치자들의 면전에서 자신의 자유를 옹호하고 주장할 때…… 우리 집단의 소년과 연약한 여인들도 고문과 교수용 십자가를 비롯한 모든 처형의 공포에 코웃음을 치며 비웃는다."[4]

벌거벗은 제국

기독교나 기독교국, 심지어 교회조차 생기지 않았을 때 예수님을 따르는 무리의 운동은 '그 도(the Way)'로 알려지기 시작했다. 그것은 그 삶의 방식이

우리가 전에는 돈과 재물을 그 무엇보다도 소중히 여겼으나 지금은 모든 것을 공동의 재물로 여기며 필요한 모든 이와 함께 나눠 쓴다. 우리가 전에는 서로를 미워하고 죽였으나 지금은 함께 살며 같은 식탁에서 먹는다. 우리는 원수를 위해 기도하며, 우리를 미워하는 자들을 전도하려고 애쓴다.
_순교자 유스티누스

제국의 도와 철저히 달랐기 때문이다. 제자들은 예수님을 통해 새로운 삶이 시작되었다고 믿었다. 생전에 예수님은 이 땅에서 이루어지는 하나님 나라에 관해 수없이 말씀하셨는데, 그 말씀이 제자들의 귓가에 여전히 맴돌았다. 제자들은 왕국의 도래가 임박했다고 믿었다. 그래서 당장 왕국의 삶을 살지 않고는 배길 수 없었다. 어떤 의미에서 제자들은 이미 죽어 천국에 간 것처럼 이 땅에서 천국의 삶을 살았다. 문제는 세상이 그들을 가만두지 않았다는 것이다. 1세기 로마 제국의 글로벌 경제는 착취적이고 무자비했다. 초대 교회 교인들은 제국에 반대하고 하나님 나라를 지지하는 이미지를 많이 사용했는데, 그중에서도 가장 탁월한 이미지들이 요한의 계시록에 나타난다. 이 책의 목적은 제국에 관한 진실을 드러내는 것이었다.[5] 요한은 결국 밧모 섬에 유배를 당할 정도로 제국의 진실을 적나라하게 들추어냈다. 밧모 섬에서 제국의 철저한 감시를 받았기 때문에 요한은 당국이 본뜻을 알아채지 못하도록 시와 상징과 이미지를 사용해 계속해서 진실을 폭로했다. 요한계시록의 상당 부분이 다니엘서에도 나오는 기괴한 짐승들로 가득하다. 하지만 요한은 카이사르의 글로벌 시장과 왕국에 대해서는 독특한 이미지를 사용했다. '큰 음녀.'[6]

"무너졌도다! 무너졌도다! 큰 성 바벨론이여!

…… 그 음행의 진노의 포도주로 말미암아 만국이 무너졌으며 또 땅의 왕들이 그와 더불어 음행하였으며

땅의 상인들도 그 사치의 세력으로 치부하였도다.

…… 내 백성아, 거기서 나와 그의 죄에 참여하지 말고 그가 받을 재앙들을 받지 말라.

그의 죄는 하늘에 사무쳤으며 하나님은 그의 불의한 일을 기억하신지라.

…… 땅의 상인들이 그를 위하여 울고 애통하는 것은 다시 그들의 상품을 사는 자가 없음이라.

그 상품은 금과 은과 보석과 진주와 세마포와 자주 옷감과 비단과 붉은 옷감이요

각종 향목과 각종 상아 그릇이요 값진 나무와 구리와 철과 대리석으로 만든 각종 그릇이요

계피와 향료와 향과 향유와 유향과 포도주와 감람유와 고운 밀가루와 밀이요

소와 양과 말과 수레와 종들과 사람의 영혼들이라."

(계 18:2~5, 11~13)⁷⁾

이 구절에서 몇 가지 점이 눈에 띈다. '상인들'이 바벨론을 위해 울었다. 여기서 상인들은 로마의 꿈이라는 기계의 중심에 있는 톱니바퀴들이다. 그리고 세상의 모든 왕이 지저분한 음행에 빠졌다. 한 명도 빠짐없이 모두 다. 모든 국가는 음녀의 포도주에 취했다. 이 음녀가 사고파는 상품 자체는 나쁜 것이 아니지만 그 상품을 둘러싼 탐욕은 지독히 나쁜 것이었다. 이 구절은 음녀가 인간의 몸과 영혼을 팔았다고 말하면서 끝을 맺는다. 어디서 많이 들어본 소리가 아닌가?

음녀는 취해 있다. 요한은 음녀가 성도들의 피에 취했다고 말한다. 음녀의 포도주 잔에는 그녀가 이 땅 전역에서 흘리게 만든 "선지자들과 성도들과 및 땅 위에서 죽임을 당한 모든 자의 피"가 흘러넘친다. 음녀의 잔은 제국과 대량 학살, 노동 착취 공장의 잔이다. 모든 사람이 피에 취해 감탄한다. "바벨론과 같은 이가 또 어디 있는가?" 바벨론은 실로 아름답다. 그러나 음녀의 잔을 마시지 않은 사람들이 있다. 세상 문화의 칵테일에 취하지 않은 사람들이 있다.[8] 그들의 잔은 어린 양의 피로 흘러넘친다. 그들의 잔은 새 언약의 잔이다. 이제 질문은 분명하다. 우리는 어떤 잔으로 건배할 것인가?

바벨론은 위대한 국가로 칭송을 받았다. 따라서 요한의 목적은 모두가 당연하게 여기는 것이 사기라는 사실을 밝히는 것이었다. 당연한 것이 무조건 좋은 것은 아니다. 오히려 "사람 중에 높임을 받는 그것은 하나님 앞에 미움을 받는 것이다."(눅 16:15) 로마(로마 역시 칭송을 받았다)의 기준이 아니라 예수님으로부터 시작하여 다니엘, 엘리야, 모세로 거슬러 올라가는 위대한 선지자적 전통의 기준에서 볼 때 요한의 주위 세상은 혐오스러웠다. 이 전통에 따르면 로마의 경제는 하나님이 보시기에 좋지 못했다. 우리는 로마의 경제가 아

158

닌 모세의 반제국주의 정책을 추구해야 한다. 다시 말해, 빚 탕감과 토지 재분배, 이민자 수용, 가난한 자들을 위한 이삭 흘리기, 노인 돌보기, 정직한 저울 사용, 이자 놀음이나 편취 금지, 원수까지도 돕는 자세를 실천해야 한다. 이 모두는 로마 제국과 구별된 삶이다. 초대 교회 성도들에게는 이것이 논쟁의 중심 주제였다. 로마의 고기와 포도주를 먹어야 할까? 제국의 사교에 오염된 음식을 먹어야 할까?

요한의 언어는 더없이 분명하다. 우리는 음녀에게서 '나와야' 한다. 말 그대로 몸을 빼내야 한다. 솔직히, 이 글은 성인용이다. 아이들은 어서 책을 덮고 가서 동화책이나 봐라. 학자들은 이 글이 선정적이며 요한이 '질외사정'과 같은 단어를 사용하고 있다고 지적한다. 알다시피 질외사정은 절정에 이르기 전에 성교를 멈추는 것이다. 요한은 제국과의 더러운 정사에 관해 말하면서 교회를 향해 "그녀에게서 빠져나오라!"라고 외치고 있다. 세상과의 정사를 그만두고 하나님께로 돌아가라. 첫 사랑을 기억하라. 하나님 외에 모든 애인을 차버리라. 요한의 글을 읽는 사람마다 얼굴을 붉혔을 게 분명하다. 풍요롭고 매혹적인 연애의 관계에서 몸을 빼기는 쉽지 않다. 특히나 로마나 미국처럼 아름다운 신부를 버리기란 정말 어렵다.

그러나 우리는 탐욕과 착취의 시스템 속에 살고 있지 않은가? 상점에도 가지 말란 말인가? 더럽혀지지 않은 음식이 하나도 없는데 뭘 먹고 살아야 하는가? 이것은 요한 시대 사람들이 던졌던 질문이다. 당시의 슈퍼마켓은 '아고라'라 불렸다. 홈디포(건축자재와 가정

성인용!
미성년자 독서시
부모 지도요망

아무리 세상에서 가장 좋은 바벨론에서 살아도 바벨론은 어디까지나 바벨론일 뿐이다. 어서 그녀에게서 몸을 빼야 한다.
_ 토니 캄폴로

용품을 주로 취급하는 미국의 대형 유통업체—옮긴이)와 월마트의 입구에 미국 국기가 펄럭이는 것처럼 아고라에도 권력의 신화가 흐르고 있었다. 미국 화폐에 '우리는 하나님을 신뢰합니다'라고 씌어 있는 것처럼 로마가 파는 식품은 단순히 입으로 먹는 것이 아니라 영혼으로 먹는 음식이었다. 아고라 안에 들어가서 물건을 사고팔려면 카이사르가 보호하는 경제에 충성을 맹세해야 했다. 물론 이것을 의식하고 하는 사람은 아무도 없었다. 상점에 들어가기 전에 카이사르의 형상 앞에 향 한 줌을 떨어뜨리는 행동 등이 맹세의 몸짓이었다. 사실 통화 경제는 (카이사르 같은) 중앙 당국에 대한 믿음 위에서 이루어진다. 당국을 믿지 못한다면 통화는 휴지 조각이나 금속 덩어리에 불과하다. 제국 경제의 근원을 인정한 후에는 오른손에 표를 받아야 안에 들어가 물건을 사거나 팔 수 있었다. 요한은 계시록에서 이 관행을 다음과 같이 묘사했다. "그(짐승)가 모든 자, 곧 작은 자나 큰 자나 부자나 가난한 자나 자유인이나 종들에게 그 오른손에나 이마에 표를 받게 하고 누구든지 이 표를 가진 자 외에는 매매를 못하게 하니 이 표는 곧 짐승의 이름이나 그 이름의 수라."(계 13:16~17)

학자 웨스 하워드 브룩과 앤서니 귀더는 위 구절에서 기술한 상황을 다음과 같이 풀어냈다. "고대 로마에서 표(charagma)는 비밀스러운 표식이 아니라 판매 행위를 인증하기 위해 사용된 도장이었다. 화폐에 찍힌 황제의 두상은…… 요한은 오른손으로 로마 동전을 들고 있는 동안 그 마음에 제국이 각인된다는 것을 알았다."[9] 표는 로마 제국이 사람들에게 낙인을 찍기 위해 사용한 방식이었다.

제국의 시장에 참여해야 할지, 참여한다면 어떻게 참여해야 할지가 초대 교회 성도들에게 큰 고민거리였다. 시장은 지구를 멋대로 사용하고 우상으로 세계를 지배하기 위한 제국의 수단 중 하나였다. 제자들은 그리스도께서 정말로 부활하셨고 하나님 나라가 진짜라고 믿었기 때문에 삶의 모든 부분에서 이 진리에 따라 살고 싶었다. 그러나 광야에서 이집트의 죽을 그리워한 이스라엘 백성들처럼 제국의 유혹을 떨치기는 정말이지 쉽지 않았다. "먹고 살아야 하잖아. 그냥 카이사르를 인정해버리자." 그렇게 말하고 싶었을 것이다. 요한은 '전체 그림' 안에서 시장을 비판했다. 그러니까 그는 시장의 이런저런 측면이 착취적이라고 일일이 지적하는

최악의 정치적 상상은 지독하게 썩어빠진 현재의 시스템 외에 다른 길이 없다고 생각하는 것이다.

대신, 선과 악의 우주적 대결의 관점에서 이야기를 풀어갔다. 요한의 말은 우리가 슈퍼마켓 입구에서 표를 받지 말아야 한다는 말일까? 표를 받지 않으면 슈퍼마켓 안으로 들어갈 수 없다. 그러면 어떻게 먹고살지? 우리는 제국의 슈퍼마켓 없이 살 수 없다! 그래서 요한은 최악의 정치적 상상을 지적하고 있는 듯하다. 그것은 바로 지독하게 썩어빠진 현재의 시스템 외에 다른 길이 없다고 생각하는 것이다. 현재의 경제가 나쁜 걸 몰라서 그런다면 모르되 알면서도 어쩔 수 없다며 묵인하는 것이 과연 옳은 일인가?

요한이 교회들에 보낸 편지는 공격적이고 거친 언어를 사용하면서도 세부적인 부분(황제나 도시, 이름 등)은 대개 베일에 가려져 있다. 예수님이 얼핏 애매해 보이는 비유를 사용하신 것처럼 요한도 독자들이 스스로 결론을 내리기를 바랐는지도 모른다. 아니면 단순히 목숨을 잃기 싫어서 그랬는지도 모른다. 간수가 그의 편지를 일일이 확인했으니 말이다. 어쨌든 요한은 이렇게 말한다. "지혜가 여기 있으니 총명한 자는 그 짐승의 수를 세어 보라. 그것은 사

람의 수니 그의 수는 육백육십육이니라." (우리가 1부에서 살폈듯이) 수백 년 전 선지자 다니엘은 제국을 '짐승'으로 표현했다. 이 계시에 이어 요한은 이 짐승의 숫자를 666으로 규정했다. 이것은 하나님 백성들의 학살이라는 오랜 드라마를 시작한 짐승의 숫자다. 뜻밖의 말일지 모르겠지만, 적그리스도는 우리가 어릴 적부터 듣고 자라온 종말론적 인물이 아니다. 로마 글자의 X가 10을, V가 5를 지칭하는 것처럼 히브리어의 글자들에도 각각의 숫자가 있다. 그래서 네로 카이사르에 해당하는 히브리어 nrwnqsr의 숫자를 더하면 666이 된다.[10] 물론 요한이 미리 경고했듯이 약간의 계산을 필요로 하지만 그리 복잡한 계산은 아니다. 전쟁의 상처에서 회복된 베스파시아누스 황제에 관한 비유(13:12) 등을 보면 요한이 권력과 제국에 관해 잘 알고 또 혐오했다는 사실을 알 수 있다. 요한이 오늘날에 활동했다면 '임무 완료(mission accomplished, 2003년 부시 대통령이 이라크 전쟁 승리를 선언하면서 썼던 표현―옮긴이)' 같은 문구를 사용하거나 검은 연기가 자욱한 하늘 아래서 불타는 유전(油田)의 이미지를 사용했을지도 모른다. 이것은 이름을 분명하게 거론하지 않으면서 독자들이 정치적 기억을 되살려 자기 나름대로 역사를 재구성하도록 돕는 기법이다. 그런 의미에서 요한은 하나님의 어린 양의 관점에서 역사를 재구성했다고 할 수 있다. 이 관점에서 로마는 부와 자유의 상징(요한 당시 역사가들의 시각)이 아니라 하나님의 사랑을 학살하기 위해 음모를 꾸미는 권력이다. 다시 말해, 요한의 정치적 상상력은 대중적이지만 거짓된 표면을 꿰뚫어보았다. 결국 요한의 외침은 이것이다. "무너졌도다! 큰 성 로마여."

따라서 요한계시록의 많은 메시지 중에서 한 가지 메시지가 단연 돋보인다. 세상을 착취하는 경제라는 지독한 음녀에게서 빠져나오라! 앞서 살폈듯이 초대 교회 교인들에게 '나오라'라는 말은 모든 재물을 함께 나누고 가난한 사람에게 나눠준다는 뜻이었다(행 2장, 4장). 고대 이스라엘이 이집트와 가나안의 착취적 경제와 다른 길을 걸었던 것처럼 초대 교회 교인들도 경제를 포함한 삶의 모든 영역에서 구별된 모습을 보였다. 새로운 사회를 세우기 위해 카이사르의 힘은 필요하지 않았다. 초대 교회 교인들은 희년의 정신에 따라 살았다. 적극적인 경제적 나눔을 실천하니 적은 재산으로도 가난의 뿌리가 뽑혔다. 오순절에 교회가 탄생한 후 달라진 점 중 하나는 가난이 사라졌다는 것이다. "그중에 가난한 사람이 없으니." 그리하여 공동체 자체가 가난한 사람들에게 하나의 복음이 되었다. 그들은 서로 가까이에 살며 공동의 삶을 추구하고 함께 예배하며 교제했다. 하나님의 사랑에 마음이 녹아내린 그들은 먼저 자기 집안 내에서 억압의 구조를 서서히 허물어 '포로 된 자에게 자유를' 주었다. 그들이 원수도 사랑하라는 예수님의 가르침을 실천하자 '눈에는 눈'에 눈이 먼 세상이 서서히 눈을 뜨기 시작했다.

예수 운동의 초기 제자들은 아브라함과 사라를 향한 하나님의 소망대로 살았다. 다시 말해, 그들은 세상을 향한 복의 통로가 되는 복을 받았다. 그들은 왕 없는 사회를 이루어 겨자씨처럼 세상을 감염시켰다. 이 공동체는 세상이라는 반죽에 혼합된 하나님의 누룩이었다. 하지만 이 공동체는 단순히 새로워진 이스라엘이 아니었다. 많은 이스라엘 사람들이 예수님께 충성을 맹세하지 않은 상황에서 '하나님 백성들'의 정의는 새로워지고 더욱 확장되었다. 이스라엘의 이야기에서 자란 유대인과 이방인의 혼혈 공동체는 '교회'라 불리게 되었다. 교회는 예수님과 사랑에 빠져 그분의 선민 이야기에 접붙여진 사람들이다. 요한계시록이 마지막으로 묘사한 이미지는 이 땅에 임한 하나님의 도성 곧 새 예루살렘이다. 그곳에서 애곡이 춤으로 변하고 더 이상 죽음이 없으며 문이 만인에게 열리고 동산들이 게토(유대인 강제 거주 구역)를 뒤덮으리라.

제국의 정치적 변방에서

로마가 왜 다른 목소리를 내는 사람을 잠재우거나 아무도 들어줄 사람이 없는 섬으로 추방했는지는 빤하다. '순교자(Martyr)'는 '증인'을 뜻한다. 그리스도인들은 그리스도처럼 살기만 원한 게 아니다. 그들은 그리스도처럼 죽기를 원했다. 그들에게 그리스도를 닮은 죽음이란 원수가 그들을 짐승의 밥으로 내주어도 그를 사랑하는 것을 의미했다. 그들에게 지독한 악의 면전에서 사랑을 실천하는 것보다 더한 영광은 없었다.

"천하를 어지럽게 하던 이 사람들" (행 17:6)에 관한 소문이 삽시간에 퍼진 것도 무리는 아니다. 이 운동의 초기에는 제국의 변방에 사는 사람들, 즉 일용근로자, 노동력을 착취당하는 아동, 노인, 공격적인 혁명가, 일하는 싱글맘, 장애인, 이민자 같은 (로마의 무거운 멍에 외에) 잃을 것이 없는 사람들이 주를 이루었다. 특히 박해가

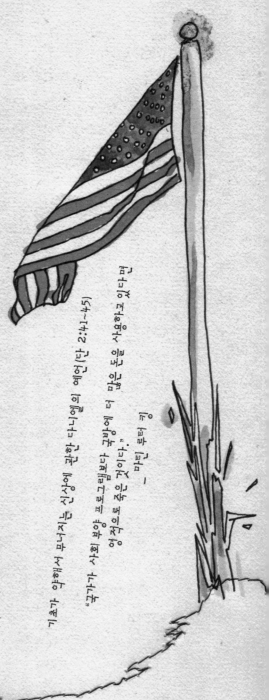

—결단의 날에
"많은 사람이 깨달아 정결케 하며 희게 할 것이요 악한 사람은 악을 행하리니 악한 자는 깨닫지 못하되 오직 지혜 있는 자는 깨달으리라"(단 2:14~45)

기승을 부릴 때는 부나 힘과 상관없는 하위 계층에서 순교자들이 나왔다. (물론 로마에 환멸을 느낀 젊은이들 중에서도 많은 순교자가 나왔다.) 하지만 기독교는 요원의 불길처럼 거칠 것 없이 퍼져나갔다. 은혜와 공동체는 자석과도 같다. 4복음서를 보면 심지어 백부장과 병사들, 돈 많은 관리와 최고경영자, 세금 징수원과 정치인까지도 하나님의 사랑에 물들었다.

카이사르의 형상에 향을 뿌리기를 거부하는 사람이 점점 늘어났다. 어떤 식으로도 카이사르에게 절하지 않겠다는 그리스도인이 많았다. 그런가 하면 카이사르에게 과중한 세금을 낼 필요는 없지만 (죽임을 당하지 않기 위해) 국세조사 문서를 위조하는 것은 괜찮다는 온건주의자들도 있었다. 특히 상대적으로 편한 삶을 사는 그리스도인들이 그랬다. 향 좀 뿌리는 게 무슨 대수인가? 그리스도인들은 주로 '강경파'와 '온건파'로 나뉘어 이런 문제로 끊임없이 논쟁을 벌였다. 심지어 주교들을 추방하고 유혈극을 벌이기까지 했다. (한번은 한 주교가 강경파 그리스도인들에 대한 로마 군대의 공격을 묵과한 일도 있었다.)

초기의 모든 순교자들이 너무도 철저한 믿음 때문에 로마의 노여움을 샀다는 것은 오해다. 근본주의자들처럼 이교도 로마 앞에서 십자가를 들이댔다가 무참하게 끌려가는 초대 교회 교인들의 캐리커처를 본 적이 있는가? 하지만 사실 로마 제국은 타종교에 매우 관대했다. 로마는 대개 합법적인 절차를 준수했고 꽤 훌륭했다.

순교자의 죽음을 바라라. 지독한 수치 가운데 대중 앞으로 끌려가라. 그것이 오히려 유익이다. 대중 앞에서 공개적으로 드러나지 않은 사람은 하나님 앞에서 적나라하게 드러날 테니. 사람들 앞에 드러날 때 힘이 분출된다.
_막시밀라

훌륭하고 매혹적인 로마

로마는 단순히 '악한 제국'이 아니었다. 로마는 눈부시게 매력적인 제국이었다. 온 세상이 그 앞에서 경탄을 쏟아냈다. 도로, 진보, 문화, 예술, 건축, 치안에서 로마를 따라올 제국은 없었다. 로마야말로 역사상 최고의 제국이 아닌가 싶다. 그리스도인들은 천국 다음으로 좋은 곳이 로마라고 생각하기 시작했다. 로마는 어느 모로 봐도 훌륭한 제국이었다. 문제는 그런 제국을 이루기 위한 대가다.

로마는 온 세상의 시선을 사로잡았다. 심지어 적들도 내심 로마를 우러러보고 있었다. 유대 역사학자 요세푸스는 갈릴리에서 활동하던 유대 반란군의 사령관이었다. 그런데 로마에 패배한 후 요세푸스는 오히려 로마의 팬으로 돌아섰다(이길 수 없으면 같은 편이 되라). 그는 로마의 군사력을 '불가항력'이라 칭송하면서 로마의 대변인이자 황제 숭배자가 되었다. 로마의 힘에 철저히 매료된 그는 하나님의 은혜가 아니면 그런 제국이 탄생할 수 없다며 유대 반란군이 "로마뿐 아니라 하나님을 상대로 전쟁을 벌이고 있는 것"이라고 말했다.

딕 체니의 크리스마스카드에서[1]

"참새 한 마리도 하나님의 허락 없이 떨어질 수 없거늘
로마가 하나님의 도우심 없이 일어날 수 있었겠는가?"
_벤저민 프랭클린

모든 제국에는 선지자가 있다. 그리고 모든 제국에는 음유 시인도 있다.

"이제 도시들이 화려하고도 아름답게 빛나고 온 세상이 낙원처럼 배열되어 있다."(벵스트의 책, 8쪽에서)

이 '낙원' 곧 새로운 세계 질서의 창조자는 로마였다.

소아시아 할리카르나수스에 있는 한 비문은 아우구스투스를 '온 인류의 구원자'로 칭송하고 있다. "땅과 바다는 평화롭고 도시들은 좋은 법률 시스템 아래서 조화롭게 번성하고 있다. 음식과 모든 좋은 것이 풍성하다. 사람들은 미래에 대한 행복한 희망과 현재의 기쁨으로 충만하다." 예수님은 로마의 '황금기'에 사셨다.

"세상의 아름다움을 보고 싶다면 세상을 여행하거나 그냥 로마에 가면 된다. 사람들이 키우고 생산한 모든 것이 그곳에 산더미처럼 쌓여 있다. …… 그곳에서 볼 수 없다면 세상 어디에도 존재하지 않는 것이다."

_아리스티데스

"로마의 세계 정복은 주로 구체(球體)로 형상화되었으며 심지어 동전의 이미지로도 나타나기 시작했다. 알렉산더 대왕이 몇 년 먼저 군사 정복의 행진을 시작한 데 이어 로마가 세계 정복을 시작했다. 신성한 아우구스투스는 온 세상을 로마인들의 발아래 두었다. 그는 제국의 국경을 세상 끝까지 확장했고 로마인들의 수입을 안전하게 보호했다."

_디오도로루스 시쿨루스(40:4/22)

혁명적인 복종

이 상황에서 특이한 형태의 정치가 나타났다. 그러니까 초대 교회 교인들은 로마 제국을 전복시키기는커녕 개혁할 생각도 없었지만 그렇다고 제국과 손을 잡을 생각도 없었다. 그들은 세상에 로마보다 나은 제국을 제시하려는 개혁자들이 아니었다. 그들이 삶에 지친 대중에게 제시한 것은 더 나은 정부가 아니라 완전히 새로운 세상이었다.[12] 미쳐 돌아가는 세상 속에서 그리스도인들은 하나님 나라의 삶을 살며 혁명적 복종을 실천했다. 예수님이 벌거벗은 채로 십자가에 달리심으로 세상의 탐욕과 폭력을 적나라하게 드러낸 것이 그러한 혁명적 복종의 좋은 예다.

초대 교회가 국가와 상호작용할 때 기준점으로 삼은 것은 "사람보다 하나님께 순종하는 것이 마땅하니라."(행 5:29)라는 말씀이었다. "불법은 법이 아니다."라는 성 아우구스티누스의 말도 같은 의미를 담고 있다. 그러나 예수님과 초대 교회의 태도는 그런 통상적인 기독교 정치(국가가 좋은 정치를 펼치면 따르고 나쁜 정치를 펼치면 따르지 않는다)에서 한 걸음 더 나아갔다. 초대 교회는 언제나 (십 리를 함께 가주는 행동과 같은) 복종을 통해 혁명을 일으켰다.

성경에 왕과 대통령이 정도에서 아무리 벗어났어도 무조건 따라야 한다는 뉘앙스를 풍기는 구절은 거의 없다. 하지만 로마서 13장과 같은 성경은 얼핏 그런 절대 복종을 정당화하는 듯하다. 그러나 나치 독일의 풍파를 거치면서 그리스도인들은 국가에 대한 맹목적 복종에 관해 다시 생각하게 되었다. "복종하라는 성경 말씀은 섣부른(그래서 잘못된) 판단에서 나온 말씀일 거야. 그렇지 않다면 정말로 나치를 하나님의 뜻으로 여겨 받들어야 하잖아. 아니면 뭔가 깊은 뜻이 있는 걸까?"

당시의 배경과 문화에 비추어 보면(부록 3을 보시오) 사실상 바울은 권력을 신랄하게 비판하고 혁명적 사랑이라는 창조적인 길을 제시하고 있는 것이다. 바울이 친구 빌레몬에게 도망쳤던 노예 오네시모를 죽이지 말고 형제로 받아들이라고 부탁했다는 사실을 아는가? 다시 말해, 바울은 빌레몬에게 로마의 법을 어겨달라고 부탁했다. 정말 바울은 예수님만큼이나 급진적이었다. "권세들에게 복종하라." 이 구절을 쓴 바울은 권세들에게 복종하지 않은 죄로 돌을 맞고 유배당하고 콩밥을 먹고 매를 맞았던 그 바울이다.[13] 이런 이유로 바울은 에베소서에서 다시 '권세들'이란 단어를 사용했다. "우리의 씨름은 혈과 육을 상대하는 것이 아니요 통치자들과 권세들(exousia)과 이 어둠의 세상 주관자들과 하늘에 있는 악의 영들을 상대함이라."

복종하는 동시에 대항하는 것이 가능한가? 바울의 삶과 예수님의 십자가 사건을 보면 분명히 가능하다. 바울은 악을 만천하에 드러냄으로써 권력을 무장 해제시키는 것이 복종이라고 말한다.

내가 생각하건대 하나님이 사도인 우리를 죽이기로 작정된 자같이 끄트머리에 두셨으매 우리는 세계 곧 천사와 사람에게 구경거리가 되었노라. 우리는 그리스도 때문에 어리석으나 너희는 그리스도 안에서 지혜롭고 우리는 약하나 너희는 강하고 너희는 존귀하나 우리는 비천하여 바로 이 시각까지 우리가 주리고 목마르며 헐벗고 매 맞으며 정처가 없고 또 수고하여 친히 손으로 일을 하며 모욕을 당한즉 축복하고 박해를 받은즉 참고 비방을 받은즉 권면하니 우리가 지금까지 세상의 더러운 것과 만물의 찌꺼기같이 되었도다.

_ 고전 4:9~13

만물의 찌꺼기. 바울은 초기 예수 운동을 그렇게 묘사했다. 어떤가? 따를 수 있겠는가?

콘스탄티누스와 교회의 '타락'[14]

로마 제국에도 어려운 시절은 있었다. 황제 한 명이 모든 것을 다스리다 보니 제국이 엉망이 되었고 그때부터 권력층이 사방으로 분열되었다. 또한 외부 세력들이 여러 지역을 침범했고 경제가 흔들리기 시작했으며 곳곳에서 내전이 벌어졌다. 그 혼란의 와중에 플라비우스 발레리우스 아우렐리우스 콘스탄티누스(혹은 그냥 콘스탄티누스)가 등장했다. 그는 몇 번의 군사 정복으로 제국의 혼란을 잠재웠는데, 그중에서 가장 유명한 전투는 312년에 벌어진 밀비안 다리 전투였다. 전설에 따르면 그는 밀비안 다리 전투를 벌이기 전 십자가의 형상을 보고 "네가 이기리라."라는 음성을 들었다고 한다. 예수님의 십자가가 세상적인 정복을 거부하는 길임을 생각하면 신빙성이 없는 전설이다. 그럼에도 콘스탄티누스의 군대는 십자가가 그려진 방패를 들고 나가 이 전투를 승리로 이끌었다. 그리하여 콘스탄티누스는 일약 서로마의 황제로 등극하게 되었다. 나중에 그는 예수님이 전쟁을 도우셨다는 판단에 따라 모든 종교, 특히 기독교를 허용하는 밀라노 칙령을 발표했다.

"세상 끝 무렵에 왕이 되느니 예수 그리스도를 위해 죽는 편이 낫다."

_이그나티우스

"나는 통치자가 되고 싶지 않다. 부를 좇지 않으리라. 군의 명령을 받는 공직을 거부하리라. 죽음 따위는 아무것도 아니다."

_타티아누스

"통치자가 되려는 마음은 이단의 어머니다."

_요한 크리소스토무스

"황제가 그리스도를 믿으려면 황제이기를 포기해야 한다. 황제는 그리스도인이 될 수 없다."

_테르툴리아누스

그때부터 교회와 제국의 사이는 급속도로 가까워지기 시작했다. 그리고 몇 년 후 테오도시우스 황제는 기독교를 로마의 국교로 선포했다. 그리하여 기독교인이 되지 않는 사람은 범죄자 취급을 받게 되었다. 그때가 교회 타락의 출발점이었다. 역사에 처음으로 기록된 기독교인들의 이방인 학살은 그 직후에 일어났으며, 오래지 않아 호전적인 교회는 유럽 전역의 땅과 사람들을 정복하여 세례를 강요했고 거부하는 자는 모조리 죽였다. 테오도시우스의 칙령에 따라 교회는 타종교의 신전들을 파괴한 뒤 나중에 성전으로 개조하여 사용했다. 그리고 이전에 검을 버렸던 기독교인들이 이제는 로마 군대의 주축을 이루었다. 로마 병사가 되려면 기독교인이 되어야 했기 때문이다.

오랜 세월이 흐른 뒤, 권력에 취해 있던 샤를마뉴는 색슨 정복에 나선 기독교인 병사들에게 이렇게 지시했다. "세례를 받지 않고 숨어 있거나 세례를 비웃고…… 이교도로 남아 있는 색슨족이 있거든 무조건 죽여라."[15]

박대당하는 처지에서 박해자로 돌아선 교회는 호전적이고 의기양양했다. 수건과 나귀, 십자가로 다스리는 왕이 시작하신 하나님 나라는 기독교 제국으로 변질되었다. 교회는 원수를 사랑하라고 가르치신 분의 이름으로 원수들을 산 채로 불태우기 시작했다.

세상이여, 이것은 나의 예수님이 아니라오.

자비로운 제국주의

기독교인 황제로 바뀐 것이 기독교에 좋은 일인가, 나쁜 일인가? 그것이 하나님의 음성인가, 사탄의 속삭임인가? 4세기에 일어난 이 사건의 밑바닥에는 교회 역사 내내 존재했던 이상한 긴장이 흐르고 있다. 그 긴장이란 교회가 독특한 집단으로서 변방에서 고난을 받을 때 진정으로 교회다웠고 인기와 권력의 한복판에 있을 때는 전혀 교회답지 않았다는 것이다.

제국의 기독교인은 5백만 명에서 2천5백만 명으로 급격히 증가했다. 콘스탄티누스는 교회의 문을 부자와 권세가들에게 활짝 열어젖혔다. 하지만 그 대가가 실로 만만치 않았다. 회개와 거듭남, 회심 대신 싸구려 은혜가 성행했고, 예수님의 진정한 제자다운 모습은 사라져만 갔다. 교인 숫자는 어마어마하게 늘어났지만 예수님의 제자는 보기 드물었다. 한마디로 기독교의 정체성 위기가 찾아왔다.

왠지 금단의 열매 이야기가 떠오르지 않는가? 우리를 유혹하는 아름다운 열매. 좋게 보이지만 하나님이 기뻐하시지 않는 열매. 우리를 거룩한 길에서 파괴적인 길로 끌고 가는 열매. 교회 주교와 장로들의 의도는 좋았다. 오랜 문화적 편견과 감옥살이, 국가적 탄압과 학살에 지친 도의 리더들은 국가의 새로운 노선에서 비주류의 설움을 씻고 예수님의 복음을 세상 끝까지 전할 가능성을 보았다. 그들이 정치인들에게 영향을 미치면, 아니 그들 스스로 영향력 있는 자리에 오르면 더 이상 탄압을 받지 않을뿐더러 그들의 도를 제국의 도로 만들 수 있었다. 이제 교회는 합법적인 집단이 되었다. 교회 리더들은 모든 민족을 제자로 삼고 제국의 모든 사람에게 세례를 베풀고자 했다. 그런데 그러다 보니 그만 제국 자체에 세례를 주고 말았다. 결국 오늘날 많은 보수주의 기독교인과 자유주의 기독교인들이 원하는 것이 탄생했다. 예수 그리스도의 피로 운영되는 제국. 거룩한 기독교 국가.

　교회는 세상의 모든 왕국을 취함으로써 예수님이 대적하셨던 짐승으로 변하고 말았다. 교회 역사는 십자가에 달리신 나사렛 예수를 믿지 않는 '신자들'의 역사로 변질되었다. 교회는 권력과 인기와 화려함의 유혹에 넘어갔다.

　당시 교회의 논리를 오늘날에 맞게 풀이하자면 이렇다. "통치자를 '하나님의 아들'로 부르는 것은 구식이야. 요즘은 아무도 안 그래. 대통령을 지지하면서도 얼마든지 예수님을 하나님의 아들로 믿을 수 있어." 하지만 과연 그것이 가능할까? 한쪽은 원수를 사랑해야 한다고 말하고, 다른 쪽은 적을 죽여야 한다고 말한다. 한쪽은 경쟁의 경제를 지지하고, 다른 쪽은 빚 탕감을 권고한다. 어느 쪽에 충성해야 할까? 당연히 둘 중 한쪽의 시각은 틀렸다. 그러므로 한쪽만을 골라야 한다. 좋은 두 주인을 섬길 수 없는 법이다. 적을 죽이고 세상에서 악을 제거해야 한다는 주장은 예수님을 비현실적 인물로 취급하는 것이다. 그런데 오늘날 많은 사람이 그런 주장 쪽으로 기울어 있다. 예수님의 길은 오늘날의 상식과 일치하지 않는다. 그렇다면 예수님이 하나님의 아들이시지만 오늘날 세상은 잘 모르시는 걸까?[16] "예수님이 해답이시다."라고 쓰인 범퍼스티커 옆에 이라크 전쟁을 지지하는 범퍼스티커가 나란히 붙은 것을 보면 씁쓸하기 짝이 없다. 그것은 예수님이 해답이시지만 현실 세상에서는 그렇지 않다고 말하는 것이나 다름없다. 알다시피 예수님의 제자들은 산 채로 불에 타 죽고 목이 베이고 사자의 밥이 되었다. 그러니 그들이 어찌 악과 '현실 세상'을 모른다고 말할 수 있겠는가? 그들은 악한 현실을 누구보다도 직접적으로 경험했다. 1세기 그리스도인들은 누구보다도 악인과 테러리스트를 다루려고 했던 사람들이다.

교회가 예수님보다도 국가의 일에 더 관심을 쏟을 때 팍스 로마나가 복음이 되고 대통령은 하나님의 아들이 된다. 말로만 하나님을 부르면서 삶의 모든 영역, 특히 자신의 정치에 하나님의 뜻을 반영하지 않는다면 무슨 소용인가!

어떻게 해야 하나님께 충성할까? 예수님과 그 제자들에게 가장 중요한 질문은 그것이었다. 그런데 교회는 엉뚱한 왕국을 물려받고 말았다. 그것은 예수님이 상상하시고 실천하신 종의 왕국이 아니었다. 죽임당한 어린 양의 왕국이 아니었다. 아무리 '모두를 위한 정의'를 외쳐봤자 그것은 세상을 강압적으로 지배하는 왕국이었다. 이 교회의 주된 관심사는 하나님께 충성하는 것이 아니라 세상을 자기 뜻대로 운영하는 것이었다. 이런 태도는 수세기 동안 여러 가지 질문의 형태로 나타났다. 그리스도인으로서 수익 중심의 이 기업을 어떻게 운영할까? 어떻게 하면 문화를 기독교식으로 바꿀 수 있을까? 책임감 있는 그리스도인이라면 이 전쟁을 어떻게 운영해야 할까? 하지만 예수님은 제자들에게 세상을 운영하려 하지 말라고 가르치셨다. 이 가르침은 심지어 '하나님의 아들'에게도 똑같이 적용된다!

또 다른 출애굽

제국이 기독교를 따뜻하게 품어준 후로 계속해서 교회는 권력의 단맛에 빠지는 것을 자제하기 위한 노력을 해왔다. 콘스탄티누스의 요청에 따라 쓰인 니케아 신경에는 여전히 혁명적 정신이 깊이 스며들어 있다. 이 신경에는 "유일하신 주 예수 그리스도 하나님의 독생자를 믿습니다."라는 구절이 있다. 아타나시우스는 신경에 이 구절을 넣으려고 무던히도 애를 썼지만 국가의 후원을 받는 기독교인들의 극심한 반대에 부딪쳤다. 문제는 예수님을 하나님의 아들이라 부르는 것이 단순히 신학적 주장을 넘어 정치적 주장이었기 때문이다. 콘스탄티누스가 여느 황제들처럼 신의 아들이라는 정치적 칭호를 물려받았기 때문에 보통 문제가 아니었다. 예수님과 콘스탄티누스 모두에게 이 칭호를 붙일 수 있을까? 교회가 둘 모두에게 충성할 수 있을까? 그렇다면 두 대통령, 두 황제가 있을 수 있다는 말이다. 결국 황제의 지위를 이를테면 부통령 정도로 약간 강등시키기로 결론이 났다. 그렇게 약자인 아타나시우스가 이겼다. 니케아 신경은 하나님의 아들이 오직 한 분밖에 없다고 선포했다.

교회가 이런 확신을 끝까지 유지했더라면 얼마나 좋았을까. 오래지 않아 교회는 입장을 뒤집어 예수님과 카이사르의 두 황제가 존재한다고 주장하기 시작했다. 그로 인한 혼란은 오늘날 그리스도인들의 마음속까지 헤집어놓고 있다. 요즘 교회에서 들리는 메시지를 듣노라면 예수님의 팔복과는 달라도 너무도 다르다. "돈이 많은 자는 복이 있나니." "군대에게 복이 있나니." "악인에게는 일말의 자비도 아깝다."

콘스탄티누스의 치리 당시, 기독교 내에서 또 다른 운동이 파생되어 나왔다. 일종의 지하 운동이다. 사람들이 부와 권력의 중심지를 떠나 사막으로 떠났다. 이 수도사들은 자신들의 사회를 난파선으로 묘사했으며 사막으로 들어가 하나님을 찾고 그리스도인의 의미를 다시 생각했다. 곧 사막은 믿음과 문화를 쇄신하려는 사람들로 북적였다. 제국의 부적합자들이 제국을 나와 사막으로 몰려드니 어느새 사막은 범죄자와 성자들로 가득 찼다. 제국은 성자들이 있을 만한 곳이 못되었다. 그들은 사회로부터 도망친 게 아니었다. 그들은 사회를 구하기 위해, 최소한 자기 자신을 구하기 위해 사막으로 갔다.

약 5백 년마다 이집트 탈출이 이루어졌다. 예를 들어, 로마 제국의 위기 때 사막 교부와 베네딕트회 수사들이 있었다. 십자군 전쟁 때와 교회의 동서 분열 때 프란체스코회[17], 빈자(貧者) 클라라회, 도미니크회 같은 수도회가 탄생했다. 교회가 정체성 위기를 겪던 계몽운동 당시, 종교 개혁가들은 교리 연구만이 아니라 모라비아 교회와 재세례파 같은 공동체 운동을 통해 개혁을 추구했다. 이 모든 역사의 흐름은 권력이라는 신에서 벗어나려는 사람들이 있다는 증거다. 어느 시대에나 땅에 바짝 엎드려 기도하며 온전한 하나님의 백성들이 되기를 원하는 사람들이 있기 마련이다.

지금이 다시 사막으로 가야 할 때가 아닐까? 바로 지금이 제국의 버려진 땅으로 가서 우리 자신을 되찾아야 할 때다.

"그리스도의 은혜로 너희를 부르신 이를 이같이 속히 떠나 다른 복음을 따르는 것을 내가 이상하게 여기노라. 다른 복음은 없나니 다만 어떤 사람들이 너희를 교란하여 그리스도의 복음을 변하게 하려 함이라."(갈 1:6~7)

우리가 산을 조각할 수 있는데
　　　창조주가 왜 필요한가?

우리 스스로 치료할 수 있는데 치료자 하나님이 왜 필요한가?

　　식용으로 동물을 복제할 수 있는데 섭리가 왜 필요한가?

　　4천억 달러짜리 방패가 있는데 구세주가 왜 필요한가?

　　제국이 민주주의로 바뀌었는데 탈출이 왜 필요한가?

　　우리 스스로 경배를 받아 마땅한데 하나님이 왜 필요한가?

"하나님을 알되 하나님을 영화롭게도 아니하며 감사하지도 아니하고 오히려 그 생각이 허망하여지며 미련한 마음이 어두워졌나니 스스로 지혜 있다 하나 어리석게 되어 썩어지지 아니하는 하나님의 영광을 썩어질 사람과 새와 짐승과 기어 다니는 동물 모양의 우상으로 바꾸었느니라."(롬 1:21~23)

계속되는 제국의 세례

  300년대의 콘스탄티누스 시대에서 시계를 빨리 돌려 대충 1600년대 정복자들(Conquistadors)의 북미 침공(혹은 보는 이의 시각에 따라, 북미 정착) 시기로 가보자. 그들은 유럽의 종교와 정치 시스템에 진저리가 날 대로 난 상태였다. 그래서 그들은 새롭게 발견된 외국 땅으로 눈길을 돌리기 시작했다. 그리고 얼마 후 그들은 미국 땅에서 원주민들을 폭력적으로 몰아냈다. 그런데 이 정복자들의 배후에는 기독교가 있었다. 당시 기독교는 정복자들의 '성공'을 이스라엘이 가나안을 정복한 사건에 비유했다. 지금도 일부 목회자들은 조지 워싱턴을 미국의 여호수아로 본다. 정복자들에게는 유럽에서 미국으로 건너간 것이 일종의 이집트 탈출이었다. (하지만 많은 성경학자들에 따르면 여호수아의 가나안 정복 이야기는 호전적인 식민주의를 선전하는 이야기가 아니다. 예수님도 선조들에게 들어서 이 이야기를 알고 계셨지만 여전히 원수 사랑을 이야기하셨다. 그러면서 이것이 율법과 선지자를 부정하는 것이 아니라 오히려 완성하는 것이라고 말씀하셨다.)[18]

  존 윈스럽 같은 종교적 개척자들은 정복자들을 신학적으로 지원 사격했다. 저서에서 그는 미국의 새로운 교회 국가를 새로운 이스라엘이자 언덕 위의 도시로 명명했다. 훗날 윈스럽의 팬이었던 로널드 레이건은 그의 언어를 차용하여 호전적이고 제멋대로인 독불장군 미국을 옹호했다. 이것은 '미국 예외주의(American exceptionalism)'으로 알려져 있다. '미국'[19]이 특별하고 거룩한 세력이며 미국에 대한 비판은 불가하다는 식의 이 논리는 수백 년 전 콘스탄티누스의 기독교국에 뿌리를 두고 있다.

예수님이 추구하신 사회는 혁명적인 동시에 복종적이었지만 종교의 이름을 내건 이 정착민들은 오로지 혁명적인 측면에만 초점을 맞춰 권력과 폭력이라는 세속적 기초 위에 경쟁적인 국가를 세웠다. 그들은 겨자씨의 역설적 정치는 거부한 채 종교의 언어만을 차용해왔다. (최소한 원주민들에게라도) 겸손한

"미국인들의 선함과 이상주의와 믿음에는 힘, 기적을 일구는 힘이 있습니다."(부시 대통령의 2003년 국정연설) 옛 찬송가 가사에서 '어린 양의 피' 자리에 '미국'을 넣는 것은 우상 숭배일 뿐 아니라 어울리지도 않는다. 어디 그런 찬송가를 주일 아침에 한번 불러보라.

"미국의 이상은 온 인류의 희망입니다. ……그 희망이 여전히 우리의 길을 비추고 있습니다. 그리고 이 빛은 어둠을 밝혀줍니다.

어둠은 이 빛을 이기지 못했습니다."
_조지 W. 부시(2002년 엘리스 섬에서)

이번에는 최근 버락 오바마가 〈데이비드 레터맨 쇼〉(2007년 4월 9일)에 출연해서 한 발언이다.
"이 국가는 여전히 지구상에서 마지막으로 남은 최상의 희망입니다."

민족어 되라는 예수님의 가르침은 외면한 채[20] 땅을 식민지화했다. 물론 잘 찾아보면 선한 청교도도 있었을 것이다(어느 집단이나 마찬가지). 하지만 본질적으로 그들의 정체성은 교회라기보다는 교회의 언어와 관행으로 포장한 국가였다.

일부 청교도들은 이런 역사적 실수를 인식하고서 바로잡기 위한 노력을 했다. 하지만 대개 권력의 뿌리까지 다루지는 못했다. '하나님을 위해 미국을 되찾기' 프로젝트를 예로 들어보자. 이 프로젝트의 이면에는 애초에 미국이 '하나님 위에(on God)' 세워졌다는 생각이 흐르고 있다. 물론 이것은 철저히 잘못된 생각이다.[21] 무엇보다도 이 프로젝트는 겉으로만 하나님을 운운할 뿐 세상의 방식으로 권력을 움켜쥐려는 시도에 지나지 않는다. 이 프로젝트는 나쁜 사람들 못지않게 나쁜 신학의 결과물이다. 다시 말해, 옳은 것을 원하지만 그것을 잘못된 수단으로 추구하려는 시도다.

그레그 보이드는 '미국의 민주주의라는 종교'에 관해 이렇게 말한다. "모든 종교가 그렇듯 이 종교도 독특하고 신학화된 수정주의의 역사[예를 들어 유럽인들이 아메리카 대륙을 정복한 것이 하나님이 정해주신 운명이었다는 '명백한 운명(manifest destiny)' 교리]가 있다. 이 종교는 독특한 구원의 메시지(정치적 자유), 나름의 '구별된' 집단(미국과 그 우방들), 나름의 신조('우리는…… 자명한 진실로 믿는다……'), 명확한 적들(자유를 거부하고 미국에 대항하는 모든 자들), 독특한 상징(깃발), 나름의 신(우리의 명분에 찬성하고 우리가 전투에서 이기도록 돕는 국가 신)을 갖고 있다." _그레그 보이드, 『십자가와 칼』 150쪽.

그래서 미합중국이 기독교 국가가 아니라는 말인가?

미국은 그리스도처럼 보인다는 점에서 크리스천 국가다. '크리스천'이란 단어는 스스로를 '작은 그리스도'로 보는 사람들, 그러니까 스스로를 그리스도의 몸이요 수족으로 여기는 사람들을 의미하게 되었다. 우리 형제 롭 벨에 따르면 크리스천은 나쁜 형용사이지만 좋은 명사다.

다음은 셰인이 폭격 당시 이라크 바그다드에서 쓴 일기의 일부다.

오늘 아침 CBS와 라이브 인터뷰를 했다. 그들은 내게 미국을 어떻게 생각하느냐고 묻더니 1분도 채 되지 않아 전화를 끊어버렸다. 음, 그들은 우리가 반역죄로 유죄 판결을 받으면 12년 형을 받을 수 있다는 사실에 꽤 관심을 보였다. …… 그래서 그들은 우리가 '역적'이냐고 물었던 것이다. 나는 그 대답으로 이런 동요를 써서 보냈다.

"역적?

이 피비린내 나는 가짜 해방이 미국적인 것이라면 나는 미국인이 아니라고 말할 거야.

우라늄 소모가 미국적인 것이라면 나는 미국인이 아니라고 말할 거야.

경제적 군사적 제재가 미국적인 것이라면 나는 미국인이 아니라고 말할 거야.

팍스 아메리카라는 강요된 '평화'가 미국적인 것이라면 나는 미국인이 아니라고 말할 거야.

하지만 은혜와 겸손, 비폭력이 미국적인 것이라면 내가 미국인이라고 자랑스럽게 말할게.

안전하고 지속 가능한 세상을 일구기 위한 나눔이 미국적인 것이라면 내가 미국인이라고 자랑스럽게 말할게.

원수를 사랑하는 것이 미국적인 것이라면 내가 미국인이라고 자랑스럽게 말할게."

그에 상관없이 나는 뉴욕 사람들을 위해 죽을 것이다. 하지만 그들을 위해 누군가를 죽이지는 않을 것이다…… 내 나라는 이 세상에 속하지 않았다.

나는 바그다드 사람들을 위해 죽을 것이다. 하지만 그들을 위해 누군가를 죽이지는 않을 것이다…… 내 나라는 이 세상에 속하지 않았다. 나는 테러와 전쟁에 맞설 것이다…… 내 나라는 이 세상에 속하지 않았다.

국적을 넘어 나의 하나님께 충성하고 나의 가족에게 충실할 것이다…… 내 나라는 이 세상에 속하지 않았다. 내 목숨을 걸고 "또 다른 세상이 가능하다."라고 외치리라…… 내 나라는 여기에 속하지 않았으니. "내 나라는 이 세상에 속한 것이 아니니라. 만일 내 나라가 이 세상에 속한 것이었더라면 내 종들이 싸워…… 이제 내 나라는 여기에 속한 것이 아니니라."(예수님의 말씀, 요 18:36)

미국이 어떤 '기독교 국가'였는가? 노예였다가 자유인이 된 프레더릭 더글
러스의 말을 들어보자.

> "이 땅의 기독교와 그리스도의 기독교는 달라도 완전히 다르다. 그래서 한 기
> 독교를 좋고 순결하고 거룩한 기독교로 인정하면 다른 기독교를 나쁘고 타
> 락하고 사악한 기독교로 여겨 거부할 수밖에 없다. …… 나는 그리스도의 순
> 결하고 평화롭고 공평한 기독교를 사랑한다. 따라서 부패와 노예 제도, 여성
> 구타, 약탈, 불공평, 위선으로 얼룩진 이 땅의 기독교를 미워한다. 이 땅의 종
> 교를 기독교라고 부르는 것은 말이 되지 않는다. 지독한 거짓말이다."[22]

'아름다운 미국(America the Beautiful)'은 미국의 애국가—옮긴이

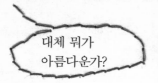

대체 뭐가
아름다운가?

기독교인들의 검으로 다스렸던 기독교국들의 잔해만 봐도 기독교가 얼마나 호전적으로 흘렀는지 알 수 있다. 유럽(영국, 스웨덴, 덴마크)을 보라. 필시 몇 년 후의 미국도 같은 모습일 것이다. 제대로 된 기독교와 살아 있는 교회를 보려면 기독교가 권력의 변방에서 박해받는 지역들로 가야 한다. 하나님 나라가 시드는 지름길은 검으로 세상을 다스릴 권한을 교회에 주는 것이다. 그럴 때 교회는 짐승을 파괴하기는커녕 스스로 짐승이 된다.

온 천하를 얻고도 제 영혼을 잃으면 무슨 소용인가?

카이사르는 세상에 못할 일이 없어 보였다. 하지만 딱 하나, 남들의 발을 씻어주는 일만큼은 할 수 없었다.

> "휴고 차베스(베네수엘라 대통령—옮긴이)를 제거할 능력이 있다. 이제 그 능력을 사용할 때가 왔다."
>
> _팻 로버트슨, 2005년 8월 22일 〈The 700 Club〉(팻 로버트슨이 운영하는 기독교 방송국 CBN의 뉴스 토크쇼—옮긴이)에서

> "그들의 국토를 침공해서 지도자들을 죽이고 그들을 기독교로 개종시켜야 했다. 히틀러와 최고위 관리들만 찾아서 벌하기는 귀찮았다. 그냥 독일의 도시들을 융단 폭격하여 민간인들까지 죽였다.
>
> 전쟁은 원래 그런 거다. 이건 전쟁이다."
>
> _앤 콜터

> "테러리스트들을 죽여야 살육이 끝난다. 나는 그들을 남김없이 색출해야 한다는 대통령의 말에 절대 찬성이다. 십 년이 걸리는 한이 있더라도 주님의 이름으로 그들의 씨를 말려야 한다."
>
> _제리 폴웰

우리 중에 매트릭스에서 나와 자신이 살고 있는 군수 산업 시설을 관찰하는 사람은 별로 없다. 한편, 통계는 무미건조해서(게다가 통계학자들은 통계의 80퍼센트가 틀렸다고 말한다) 별로 사용할 만하지 않다. 그래도 다음 통계에 관해 생각해보라…….

미국의 병기고에는 핵무기가 세상에서 가장 많이 쌓여 있다. 히로시마 폭탄 15만 개에 버금갈 정도다 (www.warresisters.org). 미국의 군비 예산은 연간 4천5백억 달러가 넘는다. 이것은 군비 지출 2위 국가에서 16위 국가까지의 예산을 모두 합친 액수보다도 많다(군비 지출 2위 국가인 러시아는 약 7백억 달러를, 중국은 5백억 달러를 소비한다. '악의 축' 전체의 군비 예산을 합쳐도 1백억 달러 미만이다) (truemajority.com).

모순된 상황에 관한 분명한 예를 하나만 들어보면…… 미니트맨(Minuteman) III 하나가 170~300킬로톤의 폭발력(1킬로 톤은 TNT 1천 톤의 위력이며 오클라호마시티에서 터진 폭탄의 위력에 맞먹는다)을 지니는데, 미국에 이런 폭탄이 거의 500개나 있다(그중 450개는 배치될 준비가 되어 있다). 이런 종류 중 가장 위력이 작은 폭탄(170킬로 톤)이 하나 터지는 것은 오클라호마시티에서 있었던 폭발이 170번 일어나는 것과 마찬가지며, 히로시마 원폭보다 약 10배의 위력을 지닌다. …… 콜로라도 주에만 이런 폭탄이 49개나 있다.

_제로 투 식스티 프로덕션(Zero to Sixty Production, www.ztsp.org)의 영화 〈유죄(Conviction)〉에서

미국이라 불리는 이 땅을 가히 '제국'이라 할 만하지 않은가?

미국의 복음

로마 이후로 한 국가가 다른 국가들에 비해 이토록 커 보인 적은 없었다.
실로 '제국'이란 단어가 벽장에서 다시 나왔다.

_하버드 조셉 나이, 「워싱턴 포스트」

대단해져만 가는 미국을 보면 '제국'이라는 말밖에 나오질 않는다. …… (이 국가의)
꿈과 소망이 온 지구의 마음과 정신 속에 가득 차 있다.

_「뉴욕 타임스」 2003년 1월 5일자(22~23쪽)

20세기의 세계 대전들과 국경 분쟁, 무시무시한 경기 붐을 돌아보면 미국
이 세계를 장악하기 위해 노력해온 과정이 눈에 들어온다. 이런 세계 지배
프로젝트를 비판한 수많은 사람 중에 마틴 루터 킹이 있었다. 마틴 루터 킹
은 처음에는 인종과 계급 문제에 초점을 맞추었으나 나중에는 미국을 제국
주의적인 '온 세상의 경찰'로 부르며 비판의 목소리를 높였다.[23] 그가 암살을
당한 데는 다 이유가 있다. 심지어 고등학교 역사책을 살짝 훑어만 봐도 미국
의 제국주의적 야심을 분명히 알 수 있다. 미국 국기는 전 세계 1백 개국 이상
의 7백 개가 넘는 군사 기지에서 펄럭이고 있다. 미국은 본래의 땅 외에도 많
은 땅, 즉 알래스카, 푸에르토리코, 하와이, 괌, (미국이 제재를 가하는 국가 내에
있는) 관타나모만, 버진 제도, 미국령 사모아 등을 차지했다. 또한 미국은 인류

역사상 가장 호전적이고 무분별한 무기 경쟁에 참여하고 있다. 미국 내에 그 야말로 수만 톤의 핵무기를 쌓아두고 있다.[24) 1백50개국 이상이 록히드 마틴 (Lockheed Martin) 같은 미국 기업과 군수품 계약을 맺었다. 미국은 75개국 이상에 무기를 공급하면서 다른 국가들의 무장 해제를 촉구하고 있다. 마치 이웃 꼬마아이들에게 총을 쥐놓고 서로에게 쏘지 말라고 말하는 꼴이다.[25) 이 역사는 외국 정부들(일부는 민주 선거로 세워진 정부)을 전복시키기 위한 CIA의 비밀공작들과 마찬가지로 '만천하가 다 아는' 사실이다.[26)

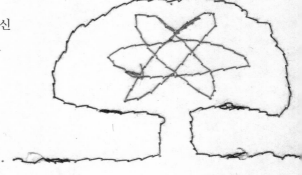

미국의 세계 지배를 위해 혼신의 힘을 다했던 집단 중 하나는 PNAC(Project for the New American Century, 새로운 미국의 세기를 위한 프로젝트)이다.[27) 그런데 이 집단의 수뇌와 지원 세력에는 자칭 그리스도인들이 다수 포함되어 있었다. 이렇듯 미국의 배후에는 위험한 신학이 도사리고 있다. PNAC라는 싱크탱크가 유명해진 것은 2000년에 제작된 76쪽 분량의 한 문서 때문이다. 이 문서의 제목은 「미국 국방 재건: 새로운 세기를 위한 전략과 군대와 자원」이었다.

이 문서의 서두를 읽노라면 등골이 오싹해진다.

"미국은 세계 초강대국으로 우뚝 솟아 있다. 서방을 이끌고 냉전을 승리로 이끈 미국은 기회와 도전을 맞고 있다. 지난 몇십 년의 성과를 이어갈 비전이 있는가? 미국의 원칙과 이권에 유리한 새로운 세기를 구성할 결단력이 있는가?

    (우리에게 필요한 것은) 현재와 미래의 도전을 다룰 만큼 강하고 준비되어 있는 군대, 미국의 원칙을 해외에서 과감하고도 적극적으로 선전하기 위한 외교 정책, 미국의 국제적 책임을 받아들이는 국가 리더십…… 지난 세기의 역사로 볼 때 우리는 미국의 리더십이라는 대의를 받아들여야 한다."

PNAC와 관련된 인물 중에는 조지 W. 부시, 딕 체니, 칼 로브, 도널드 럼스펠드, 폴 월포위츠, 루이스 리비 등이 있다. 물론 민주당도 꼬집을 점이 많다. 하지만 민주당원들은 아직 자신만의 신학을 정립하지 못했다. (그러나 조심하라. 그들도 열심히 신학을 정립하고 있다.) 미국의 세계 지배 야욕을 모르는 사람은 없다. 이 집단 역시 그 목적을 전혀 숨기지 않는다. 인터넷을 뒤져보면 이 집단의 문서가 수없이 돌아다니고 있다. 이 집단이 로마 제국의 팍스 로마나를 차용한 것을 보면 모골이 송연해진다.

"여태껏 미국의 평화는 평화롭고 안정적인 모습을 유지해왔다. 미국의 평화는 지난 십 년간 광범위한 경제 성장이 이루어지고 자유와 민주주의라는 미국의 원칙이 퍼질 수 있도록 지정학적 틀을 마련했다. 그러나 국제 정치에서 영원이란 없다. 심지어 전지구적 팍스 아메리카나(Pax Americana)도 영원할 수는 없다."(1, 11, 13쪽)[28]

189

하지만 팍스 아메리카나를 추구하는 세력은 PNAC만이 아니다. 교회를 유혹하고 끌어들인 지배망은 훨씬 더 광범위하고 복잡하다. 제국주의가 단순하면 좋으련만. 그 옛날 '제국'은 대개 약한 나라들을 침공해서 속국으로 삼은 하나의 강력한 국가를 지칭했다. 하지만 이제 상황은 변했다. 이제는 파라오를 꼬집어내기가 옛날처럼 쉽지 않다.

저서 『바울을 찾아서(In Search of Paul: How Jesus' Apostle Opposed Rome's Empire with God's Kingdom)』에서 존 도미니크 크로산은 중대한 질문을 던진다. "지금은 누가 카이사르이며 그리스도는 어디에 계신가?" 우리는 목사와 정치인이 설교단에서(요즘에는 누가 목사이고 누가 정치인인지 분간하기 어렵다) 설파하는 신학에 대해 이 질문을 던져야 한다. 다행히 성경을 읽을 줄 아는 그리스도인들이 제국의 왜곡된 신학에 점차 환멸을 느껴가고 있다. 팍스 아메리카나는 십자가에 달리신 예수님의 은혜의 복음으로 세상을 물들이는 데 아무런 도움이 되지 않는다. 이 사실을 점점 더 많은 사람이 깨달아가고 있으니 불행 중 다행이다.[29]

세네카는 평화와 자유가 그럴듯하게 보이지만 '만지기 어려운' 것이라고 말한다. 그는 평화와 자유가 '무엇인지 제대로 아는 사람이 아무도 없기' 때문에 평화와 자유가 모두의 것이라는 말은 슬로건에 지나지 않는다고 말했다.
게르마니 약탈 후 케리알리스가 트리어에서 한 연설. "하지만 자유 같은 허울뿐인 이름은 그들의 평계일 뿐이다. 남을 노예로 삼거나 지배하려는 사람치고 그런 단어를 사용하지 않은 사람은 없었다."

_벵스트

분명 전쟁이나 유혈극을 좋아하는 사람은 없다. 그러나 아리스티데스에 따르면 사람들은 전쟁을 싫어한다고 말하면서도 '전쟁은 인간의 전통'이라고 말했다. 로마인들에게 전쟁은 너무도 흔해서 거의 일상의 일부였다.

타키투스는 아그리콜라와의 결전을 앞두고서 브리타니아 사람 칼가쿠스가 다음과 같은 연설을 했다고 기록한다. "그들은 부유한 적을 보고 탐욕을 품는다. 그리고 가난한 적에 대해서는 야욕을 품는다. ····· 그들은 똑같은 정욕으로 낭비하고 탐욕을 부린다. 그들은 약탈하고 도살하고 훔쳐놓고서 어이없게도 제국의 방식을 운운한다. 그들은 폐허를 만들어놓고 평화를 운운한다."

타키투스에 따르면 사람들은 "로마의 평화를 두려워했다."(벵스트, 13쪽) 그것은 그 '평화' 속에 피와 눈물이 온 천지에 흘렀기 때문이다. 로마의 장군이자 저자인 플리니우스는 자신이 "로마인들을 칭찬하기 위해서가 아니라 로마에 정복당한 사람들(로마의 평화에 직접적으로 당한 사람들)을 위로하기 위해서" 글을 쓴다고 말했다. 이것이 바로 예수님이 "내가 너희에게 주는 것은 세상이 주는 것과 같지 아니하니라."라고 말씀하신 이유이다.

그들은 필시 우리를 이상한 해방자로 볼 것이다.
― 마틴 루터 킹

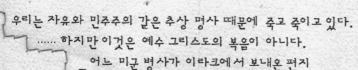

우리는 자유와 민주주의 같은 추상 명사 때문에 죽고 죽이고 있다. ····· 하지만 이것은 예수 그리스도의 복음이 아니다.
― 어느 미군 병사가 이라크에서 보내온 편지

191

우상과 형상

출애굽기 20장 4절: "너를 위하여 새긴 우상을 만들지 말고 또 위로 하늘에 있는 것이나 아래로 땅에 있는 것이나 땅 아래 물속에 있는 것의 어떤 형상도 만들지 말며."

레위기 26장 1절: "너희는 자기를 위하여 우상을 만들지 말지니 조각한 것이나 주상을 세우지 말며 너희 땅에 조각한 석상을 세우고 그에게 경배하지 말라. 나는 너희의 하나님 여호와임이니라."

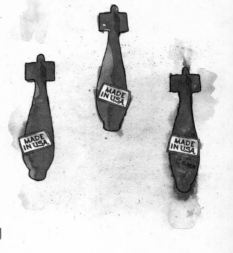

에스라 제4서 4장 11절: "그러므로 너는 반드시 사라지리라. 너 독수리는…… 온 세상이 너의 폭력에서 해방되리라."

독수리는 영원히 살지 못할 것이다. 복되도다, 어린 양!

도미니크 크로산 : 로마 예산의 50퍼센트 이상이 군대 유지에 들어갔다.

미국의 세금 1달러당 36센트가 군대 유지에 들어간다.
오직 하나님만이 하나님 자신의 형상을 만드실 수 있다. …… 그리고 하나님은 실제로 그렇게 하셨다.
거울 혹은 빈민가를 들여다보라. 오직 신성한 것만이 신성함을 잃을 수 있다.

If you cannot win them ...

you must buy them ...

or at least entertain them

이길 수 없거든…… 매수하라…… 아니면 최소한 즐겁게 해주라……

하우어 외스에게서 인용(9.11 사태 후 부시가 한 말) :
"우리는 계속해서 쇼핑해야 한다."

유베날리스 : "한때 명령을 내리고 집정관을 임명하고 군단을 다스리던 자들이 이제는 더 이상 간섭하지 않고 흐리멍덩한 눈으로 오직 두 가지, 곧 빵과 게임만을 원한다."

검투사와 운동선수들이 올림픽 같은 제국의 게임에서 경쟁하고 로마를 찬양했다. 타키투스에 따르면 키빌리스 치하에서 반란을 일으킨 어떤 이는 동료에게 이렇게 촉구했다. "속국들에 대한 로마인들의 지배력을 군대보다도 더 효과적으로 강화시켜주는 이 오락들을 없애라."

Superbowl? Imperial Games?

자신의 우상을 알려면 자신이 무엇을 위해 목숨을 내놓을 수 있는지를 생각하라는 옛말이 있다.
우리의 우상은 무엇인가?

이봐, 미국 정부가 네 이름을 리스트의
맨 위에 올릴 거야.

자유의 여신이 주먹을 부르르 떨기 시작했어.

독수리가 날면 지옥이 될 거야.

자유의 여신이 종을 울리기 시작하면!

_'Courtesy of the Red, White, and Blue'
(미국 컨트리 음악─옮긴이)

미국은 분명 매력적이고 아름다운 국
가다.

모든 것에 카이사르의 낙인이 찍혀 있
었던 것처럼 미국에게도 낙인이 있다. 세상
이 미국으로 낙인찍혀 있다.

어떤 이들에게는 로마에 정복당하는 것이
수치였다. 하지만 어떤 이들에게는 그것이 행
운이었다. 이제 로마의 시민이 될 수 있었기 때문이다. (일전에 어느 이라크 민간
인에게 들은 말이 아직도 우리의 귓가에 맴돈다. "이제 사담 후세인이 사라졌으니 당신
네 나라가 어떻게 될 것 같나요?" 우리가 물었더니 그가 이렇게 대답했다. "우리 국가라
뇨? 이제 당신네 나라죠.")

"전리품이 얼마나 많이 유입되었는지, 시리아의 금값이 절반으로
떨어졌다."

_요세푸스

"이제 온 땅과 그 안의 모든 거주민이 안전해졌다. 만인이 이 사실을 알고 안심하
고 있다. 모든 전쟁은 두려움에서 시작된다."

_아우렐리우스 아리스티데스

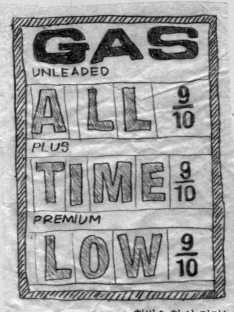
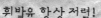

휘발유 항상 저렴!

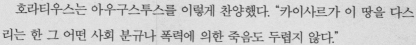

호라티우스는 아우구스투스를 이렇게 찬양했다. "카이사르가 이 땅을 다스리는 한 그 어떤 사회 분규나 폭력에 의한 죽음도 두렵지 않다."

수에토니우스에 따르면 아우구스투스는 "벽돌로 이루어졌던 도시를 대리석으로 아름답게 단장했다." 북미자유무역협정(NAFTA)이나 중국 아세안 자유무역협정(CAFTA), 개발도상국이라는 단어가 머릿속에 떠오르지 않는가?

소돔이 얼마나 악했는가? "네 아우 소돔의 죄악은 이러하니 그와 그의 딸들에게 교만함과 음식물의 풍족함과 태평함이 있으며 또 그가 가난하고 궁핍한 자를 도와주지 아니하며."(겔 16:49) 미국의 주일학교에서는 이것을 가르치지 않는다.

우리는 시장을 신뢰한다

기억나는가? 이스라엘은 왕을 간절히 원한 탓에 파멸의 길로 들어섰다. '다른 국가들처럼' 되었더니 폭력과 속임수와 해악으로 사회가 혼란에 휩싸였다 (삼상 8장). 세상의 길을 따르자 사회가 타락할 뿐 아니라 하나님의 피조물을 파괴하게 되었다. 그로 인해 선지자들은 피조물의 남용에 반대하는 목소리를 높였다.[30]

교회를 현혹시켜 세례를 받은 제국이라 함은 단순히 로마나 미국, 이란, 북한의 폭력적인 군국주의를 말하는 게 아니다. 훨씬 더 광범위하고 강력하면서도 미묘한 제국이 있다. 이 제국은 모든 집의 안방으로 스며들어왔다. 이 제국은 글로벌화된 우리의 일상 속으로 깊이 파고들어왔다.[31]

지난 몇백 년 사이에 개인의 삶은 엄청나게 복잡해졌다. 심지어 커피 한 잔을 마시는 간단한 행위도 커피콩 수확부터 (세상 어딘가에서 생산된 석유로 움직이는) 국제 운송, (세상 어딘가에서 생산된 에너지로 이루어지는) 로스팅, (세상 어딘가에서 생산된 포장지를 사용하는) 포장, (외국에서 생산한 자동차 부품으로 조립되고 가솔린으로 움직이는) 자동차를 이용한 국내 배송까지 복잡한 글로벌 시스템을 필요로 한다.[32] 말하자면 커피 잔이 지구를 반 바퀴쯤 돌아야 그 안에 커피가 채워지는 셈이다.

우리 경제의 더러운 측면은 이뿐만이 아니다. 우리 경제는 인간 착취의 엔진으로 돌아가고 있다고 해도 과언이 아니다. 우리 경제는 값싼 오일 못지않게 값싼 노동력에 의존한다. 왜 중국 제품이 그토록 많이 수입되는 걸까? 값싼 오일로 인해 운송비가 저렴하기 때문이라고 하지만 본질적인 이유는 값싼 노동력 착취에 있다. 미국에서 수십만 개의 일자리가 사라진 것은 해외 국가들의 '일자리 창출'을 반증한다. 덕분에 우리 주변에는 버려진 공장과 집이 셀 수 없을 정도다. 풍요로운 그리스도인들은 가난한 사람들을 잘도 돕는다. 하지만 근본적인 질문이 필요하다. 우리의 '복'은 가난한 사람들의 등골이 휜 결과물이 아닐까? "가난을 역사의 유물로 만들자." 이 구호에는 짝이 필요하다. "풍요를 역사의 유물로 만들자."[33]

몇 해 전 우리 공동체의 일원들이 해외 노동 착취 공장을 규탄하는 집회에 참석했다. 그런데 이번 집회의 연사는 보통 때와 달랐다. 법률가나 운동가, 학자가 아닌 실제 노동 착취 공장에서 일하는 아이들을 연사로 초빙한 것이다. 그때 인도네시아에서 온 아이가 자기 얼굴에 크게 난 상처를 가리키며 말했다. "열심히 일하지 않는다고 주인이 채찍질을 해서 난 상처예요. 내가 피를 흘려도 계속 일을 시켜야 하고 내 앞의 옷을 더럽힐 수도 없으니까 라이터를 꺼내 상처를 지졌어요. 그래서 이렇게 됐죠." 문득 그리스도의 몸이 고통 받는 모습이 뇌리를 스치고 지나갔다. 이제 못과 가시관이 아니라 라이터로 예수님의 얼굴을 지진 셈이다. '지극히 작은 자'에게 한 것이 곧 그분에게 한 것이 아니던가. 이런 주인에게서 물건을 사면서 어찌 예수님을 따른다고 말할 수 있는가? 우리가 보았던 통계가 순간 머릿속에서 나와 눈앞에 펼쳐졌다. 세상의 가난이 이제 남 일처럼 생각되지 않았다.

야고보는 세상의 경제를 향해 이렇게 호통을 친다. "보라 너희 밭에서 추수한 품꾼에게 주지 아니한 삯이 소리 지르며 그 추수한 자의 우는 소리가 만군의 주의 귀에 들렸느니라."(약 5:4) 그렇다면 우리의 잔디를 깎아준 이민자에게 정당한 품삯을 주기만 하면 끝일까? 그리 간단하지 않다. 본질적인 문제는 가난한 사람들에게서 부를 빨아 부자들에게 공급하는 세상의 경제 시스템이다.

맘몬 신은 자꾸만 타협하라고 속삭인다. "온두라스의 노동 착취 공장이 없으면 우리가 어떻게 저렴한 셔츠를 살 수 있겠는가? 플로리다 주에서 토마토를 기르는 이민자 농부가 없으면 우리가 어떻게 저렴한 패스트푸드를 먹을 수 있겠는가?" 하지만 하나님은 노동자들의 신음 소리를 들으신다.

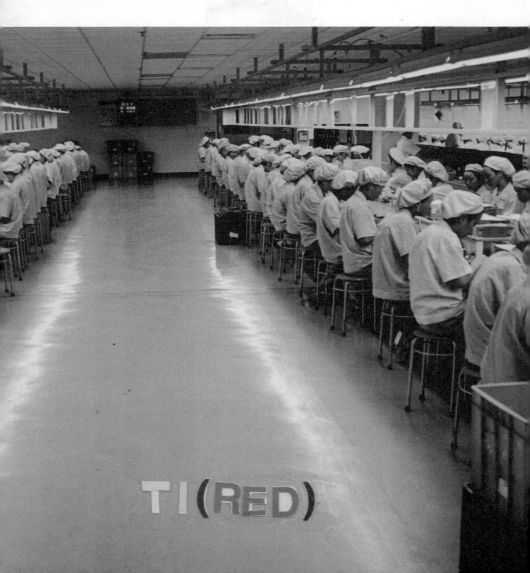

하나님의 왕국이 악한 제국과 충돌하고 있는 지금, 삶과 죽음 이상의 것이 걸려 있다. 지구라는 하나님의 선물이 위기에 처해 있다. 웬델 베리의 말을 들어보자.

'거룩한 삶'은 착취적인 경제와 양립할 수 없다. 생명을 파괴하고 그 가능성을 약화시키는 경제를 통해 살면서 생명이 신성하다고 말하는 것은 어불성설이다. 다는 아니지만 많은 기독교 단체가 군수 산업 경제의 '과학적' 생명 파괴를 대수롭지 않게 생각한다. 물론 우리가 계속해서 자유롭게 살려면, 우리의 종교적 유산에 충실하려면, 정교 분리를 유지해야 한다. 하지만 종교와 경제를 지금처럼 완전히 분리된 채로 놔둔다면 어찌 우리 삶이 일관되거나 의미가 있다고 주장할 수 있겠는가? 여기서 '경제'는 수익을 연구하는 '경제학'을 말하지 않는다. 여기서 경제는 인간의 살림 방식을 말한다. 인간 가족이 자연이라는 가족 안에서 자리를 잡고 유지되는 방식을 말한다. 경제에 무관심한 것은 종교적 실천에 무관심한 것이다. 그것은 문화와 인격에 무관심한 것이다.

성경에 충실하려는 사람들에게 현재 가장 시급한 질문은 이것일 테다. 어떤 종류의 경제가 거룩한 삶과 어울리는가? 그리스도인에게 '올바른 살림'의 경제와 실천과 제약은 무엇인가? 내가 볼 때 현재 조직화된 기독교에는 아무런 답이 없다. 조직화된 기독교에서 생각하는 기독교 경제는 산업 경제나 다름없다. 그런데 산업 경제는 7대 죄악 위에 세워졌으며 십계명을 모조리 어기는 경제다. 기독교가 불법적인 수익 창출을 방관하고 조장한다면 그리스도인들이 개인적으로라도 경제, 즉 자연과 일에 관심을 가져야 한다. 그리고 자신과 세상을 파괴하는 이러한 경제 없이 살 수 없다고 말하는 사람들, 피조물의 파괴를 유일한 삶의 방식으로 보는 사람들에게 실질적인 답을 제공해야 한다.[34]

왜곡과 혼란

우리가 좋아하는 로마의 두 이단아는 프로페르티우스와 티불루스다. 그들은 로마의 전리품을 '혐오스러운 금'으로, 제국의 전쟁에 쓰인 금속을 '잔인한 철'로 불렀다. "하지만 나는 수수하고 조용한 삶을 살리라. (제 손으로 만든) 나무로 만든 컵에 음식을 넣어 먹으면 전쟁이 일어날 이유가 없을 것이다." 티불루스는 그렇게 말했다.

이 이단아들은 제국의 변방으로 나가 농사를 지었다. 그리고 시인이었던 그들은 흙냄새 나는 땅에서 새로운 영감을 얻었다.

우리는 오늘날 어떤 일이 벌어지고 있는지를 알아야 한다. 심상치 않은 일이 벌어지고 있다. 기술은 첨단을 달리고 있지만 사람들의 마음은 예나 지금이나 변함이 없다. 여전히 사람들의 마음속에는 사랑과 미움, 창의성과 파괴성이 혼란스럽게 뒤섞여 있다. 문명의 도구들은 '진보했지만' 사람들은 영적으로나 도덕적으로 진보하지 못했다. 사람들은 엄청난 파괴력을 지닌 힘을 감당할 능력이 없다. 그래서 산업혁명 이후로 인간의 파괴적 도구들은 지구를 유린해왔다. 과연 이것이 '진보'인가? 문명이 최첨단을 달리고 있다고 말하지만 그 이면에서 20세기의 세계 역사는 그 어느 때보다도 피와 독소로 얼룩져 있었다. 우리 친구이자 사제인 마이클 도일에 따르면 세상은 믿음, 충성, 자유, 공평 같은 교회의 신성한 단어들을 멋대로 가져가 왜곡시켜 사용하면서 오히려 이런 혼란을 찬양해왔다. 은행 문서와 광고 게시판을 보면 이런 단어들로 도배가 되어 있다.

교회는 세상의 흐름을 바꾸기 위한 입법 조치를 촉구하고 있지만 정작 기독교 공동체의 사고방식과 삶의 방식은 전혀 변하지 않고 있다. 탐심을 억제

하고 사치를 지양하는 것은 정부가 대신해줄 수 있는 게 아니다. 이것이 예수님이 더러운 영을 몰아내고 눈을 뜨게 해주신 이유 중 하나다. 이것은 국가가 해줄 수 있는 일이 아니다. 우리가 매일 하는 작은 행동(우리 눈 속의 들보)[35]이 가장 중요하다. (설상가상으로 9·11 사태 이후 세상이 긴장의 도가니에 빠졌는데도 정부는 국민들에게 자중하기는커녕 쇼핑하러 나가라고 권했다.[36]) 그러면서 정부는 두 번의 값비싼 전쟁을 벌였다.) 거창한 프로그램으로 지구 온난화를 막고 세상을 변화시킬 수 있을까? 그렇지 않다. 사람들이 탐욕과 과소비 습관을 버리고, 무엇이 진정으로 지구촌의 이웃을 사랑하는 것인가에 대해 깊이 고민하기 전까지는 지구 온난화는 계속될 것이다.

우리는 폭력과 국가주의의 제국이 교회 안으로 스며든 탓에 하나님의 피조 세계가 경제적으로, 생태적으로 파괴되고 있다는 사실을 인식해야 한다.

이 문제의 해법은 다각적이어야 한다. 4부에서 이 문제와 관련된 교회의 실천 사항들을 살펴보겠지만 쉬운 답은 없다. 사실, 성경은 문명을 생각보다 훨씬 더 강력하게 비판하며(부록 1을 보시오) 우리 삶의 근본적인 변화를 요구한다.[37] (고민 끝에 일단 우리는 책 수익의 10퍼센트를 '탄소 고정, 식목, 자연 보호에 사용하기로 결정했다.) 경제 측면에서 교회가 공정 무역 유기농 커피보다는 아미시파(Amish, 재세례파의 한 분파로서, 현대 기술 문명을 거부하고 소박한 농경 생활을 한다—옮긴이)의 생활 방식에 초점을 맞추어야 한다는 것이 우리의 짧은 소견이다.

호라티우스는 세상에 뛰어난 예술 감각과 상상력, 화법을 지닌 젊은이들이 많은데 로마 젊은이들은 기껏해야 작은 동전을 수많은 조각으로 나누는 법만 배우고 있다며 한탄했다.

자칫 우리는 성경의 눈으로 미국을 보는 것이 아니라 미국의 눈으로 성경을 볼 수 있다. 예수님이 좋은 미국인이 되기를 바랄 수 있다.

"일부 새로운 부류들은 예수님을, 모발 관리에 공을 들이고 디카페인 커피를 마시며 짤막한 선문답을 즐기고 맘에 꼭 드는 신발을 찾기 위해 쇼핑하는 연약한 히피로 변질시키려 한다. 그러나 계시록의 예수님은 다리에 문신을 하고 칼을 들고 유혈극도 마다하지 않는 프로 권투 선수다. 이 정도는 돼야 예배할 만하지 않은가? 히피와 무늬 넣은 천 조각, 후광의 그리스도는 예배할 수 없다. 내가 이길 수 있는 대상을 어떻게 예배하겠는가?"

_마크 드리스콜, 「렐러번트(Relevant)」지 2001년 1·2월호

? 우리는 십자가에 못 박힌 그리스도를 전하니. _사도 바울

강대상 위의 국기

2007년 7월, 유명한 캘리포니아 주 수정교회의 로버트 슐러 목사가 미국 국기의 1인칭시점에서 쓴 설교를 전했다. 1만 개의 창문과 27미터 높이의 문들, 50미터 높이의 18캐럿 금 십자가를 갖춘 수정교회의 강대상 위에는 국기가 휘날리는 가운데 완벽한 제복 차림의 군악대가 위용을 갖추고 있었다.

설교는 "지금은 우리 국기의 메시지를 들어야 할 때입니다."라는 말로 시작되었고, 미국 국기의 시점에서 쓰인 대국민 메시지는 다음과 같이 이어졌다.

저는 미국 국기입니다. 오랜 세월의 지혜를 담아 여러분에게 말하고자 합니다. 약 200년 전 제가 13개의 별을 펼쳤을 때 여러 색깔로 이루어진 제 얼굴에 강한 바람이 부딪쳐오는 것을 처음 느꼈습니다. 그 후로 저는 43명의 대통령을 보았습니다. 그리고 여러 대륙과 대양과 사막을 여행했습니다. 우주로 날아가 달 위에 자랑스럽게 서기도 했습니다. 저는 억압받는 사람들에게 평화와 자유를 선사하기 위해 오래 살면서 저 멀리까지 갔습니다……

마지막으로 국기는 거대한 교회 건물의 천장에서 바닥까지 펼쳐지면서 화려한 피날레를 장식했다. 그때 한 사람이 국기가 강대상과 십자가 전체를 가린 상황에 대해 보기 괴롭다는 표현을 썼다.

미국 국기가 십자가의 영광을 가려버렸다. 미국 국기의 의미에 가려져 십자가의 의미가 읽히질 않았다. 예전에 우리는 자칭 '친(親)구도자' 교회에 다녔다. 이 교회는 종교적, 도덕적 오해를 일으켜온 십자가를 교회 안에 달지 않기로 했다. 십자가를 미화하지 말고 고문과 처형의 도구라는 역사적 사실을 봐야 한다는 것이 이 교회의 논리였다. 사실, 십자가 자체는 종교가 아니라 예수님을 처형시킨 도구일 뿐이다.

여기까지는 좋다. 그런데 9·11 사태 후 전국적으로 국기 게양 열풍이 일기 시작했다. 심지어 반전 운동가들도 국기를 휘날리며 아메리카니즘(Americanism)과 결합된 평화를 선전했다. 그들이 행진하며 흔든 깃발에는 "평화가 애국이다."라는 문구가 새겨져 있었다. 이런 상황을 딱히 뭐라고 단정하기는 어렵다. 하지만 우리가 볼 때 국기를 흔드는 사람들은 테러 희생자들의 죽음을 애도하기보다는(미국 국기와 애도가 무슨 상관인가?) 국가주의로 흐르고 있는 듯했다. 실로 혼란스러운 상황이었다.

이 흐름에 교회도 편승했다. 국가주의에서 '테러와의 전쟁'으로 초점이 옮겨간 직후, 방금 전에 말한 교회는 입구에 미국 국기를 달기 시작했다. 대중을 혼란케 한다는 이유로 교회의 중요한 상징물(십자가)을 떼어놓고 나서 이제 더욱 혼란스러운 상징물을 설치하는 것이 말이 되는가? 십자가 없이 국기만 단 교회는 위험하기 짝이 없다. 우리는 이 교회의 리더에게 어찌된 일인지 물었다. 대답은 우리가 예상한 대로였다. 그 사람은 상황을 정확히 파악하지 못하고 있었다. 단지 미군에 대한 지지를 표현하고 싶고 성도 중에 군 관계자가 많기도 하다는 것이 국기를 단 이유였다. 하지만 이것은 예수님의 도와 달라도 너무 다르다. 거듭난 사람은 국가 개념을 초월해야 마땅하다. 혹시 이 교회가 하나님의 가족이라는 개념에 따라 미국 국기 옆에 아프가니스탄 국기와 이라크 국기를 함께 단다면 그나마 나을 것이다. 이왕이면 교회는 땅에 그어진 선들과 상관없이 모든 사람이 하나님의 형상대로 지음을 받았다는 사실을 가르쳐야 한다.

이제 그리스도인들이 미국 국기를 내려놓고 하나님의 깃발을 흔들어야 할 때다. 기독교의 아이콘은 별과 줄이 아니라 십자가이며, 기독교의 기장은 나귀나 코끼리, 독수리가 아니라 죽임당한 어린 양이다.

당신은 어느 나라의 시민권을 신청하셨는가?

"하나님의 깃발과 인간의 깃발은 양립할 수 없다. 그리스도의 길과 사탄의 길도 마찬가지다. 그리스도인은 검 없이만 전쟁을 할 수 있다. 주님이 검을 폐지하셨다."
_테르툴리아누스

흥미로운 실험을 해보자. 강대상에 미국 국기를 세운 교회라면 전쟁과 테러로 신음하는 모든 이를 기억하기 위해 그 옆에 이라크 국기나 아프가니스탄 국기를 함께 세워보라.

그는 선한 주님이 국익에 최선이라고
                말씀하시는 길로 우리를 이끈다.
            _ 합참 의장 피터 페이스 해군 제독

하나님이 미국을 축복하시리라(미국 국가)

우리 친구 셰드 마이어스는 「디 아더 사이드(The Other Side)」지(www.bcm-net.org) 2001년 11월호에 실린 논문 '뒤섞인 축복: 애국주의적 말투에 대한 신학적 탐구(Mixed Blessing: A Theological Inquiry Into a Patriotic Cant)'에서 "하나님이 미국을 축복하시리라."의 개념을 깊이 탐구했다. 마이어스에 따르면 히브리 성경에 '바락(barak, 왕 등의 앞에 무릎을 꿇다)'이란 동사가 수백 번 나타난 데 반해 'Bless!'라는 명령법은 겨우 30번밖에 나오지 않는다. 물론 이 30번 중 대부분은 주로 시편에서 '주님을 찬양하라(Bless the Lord)'라는 예식적 권고의 형태로 나타난다(시 66:8, 96:2, 104:1). 다시 말해, 축복은 하늘로부터 받기를 간구하는 것이 아니라 하늘을 '향해' 하는 행위다. 히브리 성경 전체에서 오직 4번만 복을 구하라는 표현이 나타난다. 신약 성경에서 '복'이란 단어의 사용을 보면 더 재미있는('애국주의자들'의 시각에서 볼 때는 '곤혹스러운') 사실이 나타난다. 신약에서 헬라어 '에울로제오(eulogeoo, 덕담을 해주다)'는 41번 나타나는데 그중에서 겨우 2번만 명령의 뉘앙스를 띤다. 그런데 이 2번의 용례는 모두 하나님과 관련이 없다. 그것은 우리, 그리고 우리의 원수와 관련이 있다. 먼저 예수님이 제자들에게 '너희를 저주하는 자를 위하여 축복하며'(눅 6:28)라고 가르치셨다. 그리고 나중에 사도 바울도 비슷한 말을 했다. "너희를 박해하는 자를 축복하라. 축복하고 저주하지 말라."(롬 12:14) 두 구절에서 가르치는 교훈은 너무도 분명하다. 우리는 세상을 향한 하나님의 축복을 구하고, 원수를 사랑함으로써 하나님을 축복해야(찬미해야) 한다.

"하나님이 미국을 축복하시리라."라는 말이 성경에 나오지 않는다는 사실을 알면 낙심할 사람이 적지 않을 것 같다. 우리는 우리 맘대로 행동하면서 하나님이 그 행동을 무조건 축복해주시기만 바랄 때가 많다. 하지만 먼저 우리는 하나님이 축복하실 만한 일을 하려고 노력해야 한다. 우리가 가난한 사람과 불쌍한 사람, 굶주린 사람, 박해받는 사람, 평화를 위해 애쓰는 사람들과 함께하면 하나님의 복은 자연히 따라온다. 그런데도 때로 우리는 지혜를 주시는 하나님이 아니라 우리의 논리에 무조건 고개를 끄덕이시는 하나님을 원한다.

해리 트루먼 대통령은 1945년 1월 9일 나가사키에 원자 폭탄을 투하한 후 이렇게 말했다. "우리는 원자 폭탄을 사용했고 앞으로도 계속해서 사용할 것이다. …… 이것은 몹시 두려운 책임이다. 이것(원자 폭탄)이 적이 아닌 우리의 수중에 있어 하나님께 얼마나 감사한지 모른다. 하나님이 이것을 그분의 방법과 목적에 따라 사용하도록 인도해주시기를 기도한다."

전시가 되면 우리의 리더들은 꼭 자신들이 기도한다는 이야기를 한다. 자신들이 기도하고 있다는 사실을 우리가 알아주기를 바란다. 기도한다는 것은 그만큼 걱정스러워 하며 큰 책임감을 느낀다는 뜻이기 때문이다. 그들이 기도의 효능을 정말로 믿는지는 잘 모르겠다. 하지만 전쟁 상황에서 기도는 자유나 질서, 승리, 평화만큼이나 자주 왜곡되는 단어다. 기도라고 하면 대개 그리스도인의 기도를 의미한다. 그런데 알다시피 그리스도인의 기도는 예수님의 이름으로 드리는 기도다. 하지만 예수님이 어떤 분이신가? 예수님은 적들을 사랑하고 용서하며 그들을 위해 기도하신 분이다. 그분은 제자들에게도 그렇게 하라고 가르치셨다. 예수님은 원수를 사랑하고 축복하고 선대하고 기도해주며, 자신이 용서받고 싶은 대로 원수를 용서하라고 명령하셨다. 따라서 원수를 죽이기로 결심한 그리스도인 기도자는 마음이 편할 수 없다. 개인적 원한에 이 원칙을 적용해본 사람이라면 전시에 국가 지도자가 이 원칙을 적용하기가 얼마나 힘든지 이해할 것이다.[38] 국가 지도자들이 거의 2천 년간 이 원칙을 무시해온 것도 무리는 아니다.

사람들이 리더에 대한 믿음을 잃으면 그 리더가 말하는 하나님에 대한 믿음도 잃을 수 있다. 단순히 대통령의 평판이 떨어지는 게 문제가 아니라 하나님의 신뢰성이 흔들리는 것이 더 문제다. 하나님이 많은 오해를 받으셨기 때문에 좋은 변호사들이 필요하다는 어느 목사의 말이 일리가 있다.

"이 전쟁의 방식을 더는 신뢰하지 못하겠다. …… 도널드 럼스펠드는 속히 퇴진해야 한다."[39]

_하원의장 크리스토퍼 셰이즈

"언제나 신실하신 하나님, 죽음 앞에서 당신이 당신의 미국 국민들에게 주신 생명과 자유의 생득권을 떠올리게 됩니다. 이 선물을 당연하게 여기지 말아야 한다는 사실을 다시금 깨달았습니다. …… 오늘 소수의 독재로부터 다수를 보호하기 위해 검과 방패가 된 이들에게 당신의 특별한 축복이 임하기를 원합니다."

_국방부장관 도널드 H. 럼스펠드(2001년 9월 14일)

"우리는 전쟁과 살인을 비롯한 모든 악에 익숙해 있었다. 하지만 온 세상에 흩어진 우리 모두는 전쟁 무기를 버렸다. 우리는 검을 보습으로, 창을 농기구로 바꾸었다. …… 이제 우리는 하나님에 대한 경외와 정의, 온유를 품고 있으며 십자가에 달리신 분을 통해 우리에게 주어진 미래를 기대하고 있다. …… 우리가 박해를 받고 순교를 당할수록 믿는 자의 숫자는 더욱 늘어난다."

_유스티누스(주후 165년에 순교)

"당신을 미워하고 저주하는 자에게 말하라. 당신은 우리의 형제다!"

_안디옥의 테오필루스

"미움은 땅에서 완전히 사라질 것이다. 그분의 성자들인 당신들에게 평화를 선포한다. 이 선포를 듣는 이마다 전쟁에 휩쓸리지 않을 것이다. …… 그러므로 주님과 굳게 연합하여 왕관을 쓰라. 주님이 나를 깊은 지옥에서 건져내셨다. 그리고 열국의 음모를 분쇄하고 권세가를 꺾고 그분의 말씀으로 싸우고 그분의 힘으로 승리하도록 권능의 홀을 내게 주셨다."

_솔로몬의 송가

"한때 서로를 살해하던 우리가 이제 적에 대한 모든 미움을 거두었을 뿐 아니라 그리스도에 대한 믿음을 고백하기 위해 기쁨으로 죽음을 맞고 있다."

_유스티누스

히틀러는 어떤가?

무한한 사랑 안에서 기독교인이자 한 인간으로서 나는 주님이 마침내 채찍을 들어 성전에서 독사의 자식들을 몰아내신 이야기를 읽었다. 세상을 위해 유대의 독과 싸우신 예수님, 얼마나 멋지신가!

_아돌프 히틀러

히틀러는 어떤가? 히틀러나 사담 후세인, 다르푸르 분쟁에 대해 예수님은 우리에게 뭐라고 말씀하실까? '우리'가 개입해야 할까? (이번에도 '우리'는 누구를 말하는 건가?) 검을 들기 위한 가장 그럴싸한 명분은 무고한 피해자를 보호해야 한다는 것이다. 남들에게 목숨을 내놓는 것보다는 누군가를 보호하기 위해 또 다른 사람을 죽이는 것이 더 영웅적인 사랑이 아닐까? 하지만 베드로를 보라. 베드로가 로마 병사들로부터 예수님을 보호하기 위해 검을 빼든 것은 정당한 폭력 혹은 '정당한 전쟁'을 주장한 예라고 할 수 있다. 그러나 예수님은 오히려 그를 나무라셨다. 예수님은 국가를 위해 목숨을 내놓으신 것이 아니었다. 심지어 가까운 친구들을 위해 그러신 것도 아니었다. 예수님은 죄인과 악인, 적들을 위해 목숨을 내놓으셨다. 그분은 적들을 너무도 사랑하신 나머지 그들을 위해 돌아가셨다. 이것이 사랑이다. "사람들을 억압하는 자를 죽이면 이보다 더 큰 사랑이 없나니." 예수님은 그렇게 말씀하신 적이 없다.

디트리히 본회퍼[40]가 히틀러를 죽이려고 할 때 하나님의 축복을 구했을까? 아니다. 예수님의 비폭력적이되 비수동적인 사랑을 추구하던 본회퍼는 극심한 갈등에 사로잡혔다. 홀로코스트와 같은 악 앞에서 어떻게 해야 할까? 오늘날에는 폭력에 대한 축복을 구하는 목소리가 사방에서 들려오지만 본회퍼는 자신의 계획이 악이며 죄라고 분명히 밝혔다. 단지 달리 선택 사항이 없었을 뿐이다. 본회퍼는 하나님의 축복을 구하지 않았다. 오로지 하나님의 자비만을 구했을 뿐이다. 본회퍼와 공모자들은 세상에서 악을 몰아내려는 일념으로 히틀러의 책상 아래에 폭탄을 설치했다.

〈맹점(Blindspot)〉은 히틀러의 비서 트라우들 융에의 회고록을 바탕으로 만든 감동적인 다큐멘터리 영화다. 영화 속에서 융에는 암살을 시도했던 순간(1944년 7월 20일)을 회고한다. 폭탄이 터졌지만 히틀러는 가까스로 탈출했다. 융에는 히틀러가 구사일생으로 살아난 뒤 하나님이 자신을 보호하고 자신의 임무를 축복하신다고 더욱 확신하게 되었다고 말한다. (득의의 미소를 띤 히틀러는 무솔리니에게 폭탄이 터진 현장을 보여준다.) 이 사건 이후로 히틀러의 공포 정치는 더욱 심해졌다. 폭력이 또 다른 폭력에 힘을 보태준 꼴이었다. 융에는 폭탄 공격 이후 "평화에 대한 소망이 완전히 사라졌다."라고 말한다. "세상에서 악을 몰아내기 위한" 히틀러의 폭력은 누구도 말리지 못할 지경에 이르렀다. 더 처참한 유혈극이 벌어졌고 본회퍼도 나치에게 처형을 당했다. 또다시 십자가가 지고 사탄이 승리의 미소를 지었다.

히틀러는 무에서 나타난 게 아니다. 역사상 가장 잔혹한 인물 중에는 교회의 등을 업고 권좌에 오른 인물이 꽤 많다. 역사 속의 많은 잔혹 행위가 스스로 선을 행한다고 믿는 사람들에 의해 자행되었다. 다들 자신의 전쟁이 거룩하지는 않더라도 최소한 정당하다고 생각한다. 마르크스주의자와 나치당, 크메르루주, 이슬람 테러 단체, 기독교 십자군이 모두 그랬다.[41] 역사책의 피투성이 페이지들은 스스로 옳다고 생각하며 끔찍한 악을 자행한 사람들의 이야기로 가득하다. 그리고 안타깝게도 왜곡된 기독교 신학에서 잔혹한 공포와 폭력이 나타난 경우가 많다. 성경을 든 히틀러나 십자가를 불태운 KKK만 봐도 그렇다.

"따라서 나는 전능하신 창조주의 뜻에 따라 행동하고 있다고 확신한다. 내가 유태인들로부터 나 자신을 지키는 것은 곧 주님의 일을 위해 싸우는 것이다."
_아돌프 히틀러, 『나의 투쟁(Mein Kampf)』에서

"모든 당(黨)은 옳은 일이라는 생각에서 잘못을 저지른다."[42]

1959년 사담 후세인 외에 다섯 명이 영입되었다.

사담 후세인은 어떤가? 그는 미국 리더들의 리더십과 기도, '우리는 하나님을 신뢰한다'라고 쓰인 돈을 통해 권좌에 올랐다. 그에게 어떤 무기가 있는지는 우리의 영수증을 보면 안다. 교회가 진정한 교회였다면 히틀러와 전쟁에 반대했어야 했다. 교회는 사담 후세인이 쿠르드족에게 화학 무기를 살포하지 못하도록 막았어야 했다. 그리고 미국이 그 만행에 쓸 헬리콥터를 제공하지 않도록 막았어야 했다. 진정한 교회라면 히틀러나 사담을 지지할 수 없다.

22세의 사담 후세인 외에 다섯 명은 이집트 첩보 기관과 공조한 CIA의 지원에 따라 카심 암살을 시도했다. 하지만 카심이 부상만 당하면서 작전은 실패했다. 후세인은 다리에 총상을 입고 시리아로 도망쳤다가 나중에 카이로로 보내졌다.

우리는 전쟁과 전투를 암기하며 구원하는 폭력(redemptive violence)의 시각으로 역사를 본다. 우리는 왕과 대통령의 치리에 따라 역사를 기술했다. 방송국은 사랑과 희망의 이야기가 아닌 폭력 행위를 위주로 뉴스를 꾸민다. 하지만 비폭력 운동도 그에 못지않게 역사를 형성해왔다. 교회의 성도들은 사회와 사람들에게 큰 영향을 미쳐왔다.

새로운 바트당 체제의 내무부 장관 알리 살레 사디는 "우리는 CIA 열차를 타고 권좌에 올랐다."라고 말했다.

모든 지독한 폭군에게서 나타난 공통점이 하나 있다. 그것은 그들이 자신의 폭력으로 자멸했다는 것이다. 폭력은 우리 안에 있는 하나님의 형상을 파괴한다. 폭력은 절망에 빠진 사람의 약하고 비겁한 절규다. 폭력은 우리의 창조 목적(사랑하고 사랑받는 것)에 반하기 때문에 반드시 불행과 (육체적 혹은 영적) 자살로 끝을 맺는다.

1970년대에 이라크 장교들이 미국에서 화학 무기 사용법을 훈련받았다. 1994년 상원 청문회 도중 국방부의 39번 답변에 따르면 이라크 장교들은 1978~1979년 동안 미군 화학 학교에서 훈련을 받았다.

폭력은 질병이나 독소처럼 우리를 감염시켜 죽음에 이르게 만든다. 실제로 폭력적인 입맞춤으로 예수님을 배반한 가룟 유다도 자살로 생을 마쳤다. 네로 황제는 악명 높은 억압을 자행한 끝에 결국 자기 자신을 찔렀다. 히틀러는 측근들에게 독약을 준 뒤 지구상에서 가장 외로운 사람으로 생을 마쳤다. 컬럼바인, 2006년 아미시파 학교 총격 사건, 9·11 테러 공격, 버지니아 공대 총기 난사 사건, 이 모두는 자살로 끝을 맺었다.

1982년 이라크는 테러리스트 리스트에서 빠졌고 화학 무기와 생화학 무기 등을 매각했다.

폭력은 자살로 이어진다. 군대와 사형수 감옥에서 일하는 사람들의 자살률은 천문학적이다. 그들은 자기 안에 있는 하나님의 형상이 죽어가는 것을 견디다 못해 스스로 목숨을 끊는다.

1986년 이란 콘트라 스캔들이 일어났다. 미국이 이란과 이라크에 모두 무기를 공급하여 어느 쪽도 이기지 못하도록 힘의 균형을 유지시켰다는 사실이 만천하에 드러났다. 이 8년간의 전쟁으로 백만 명 이상이 목숨을 잃었다.

이런 폭력의 순간에는 은혜가 그렇게 커 보일 수가 없다. 아미시파 학교 총격 사건의 경우처럼, 폭력의 그림자 밑에서는 살인자 가족을 향한 희생자의 은혜가 더없이 밝게 빛난다. 살인한 사람을 죽여봐야 남는 게 뭔가? 살인한 사람이야말로 세상 누구보다도 새로운 희망을 필요로 하는 사람이다.

사형 선고를 받은 사람에게서 받은 편지 한 통이 지금도 우리의 머릿속에서 생생하다. 그는 자신이 구원하는 폭력(폭력으로 구속이나 평화를 이룰 수 있다는 논리)이 허상임을 보여주는 산증인이라고 말했다. 희생자 가족은 그를 죽이지 말아야 한다고 주장했다. 희생자 가족이 그에게도 구속의 여지가 있다고 주장하는 바람에 그는 여태껏 사형을 당하지 않았다. 그는 이렇게 말했다. "덕분에 은혜에 관해 많은 생각을 하게 되었다." 감옥에서 예수님을 영접한 그의 이야기는 상식을 초월한 사랑과 은혜의 힘을 보여준다.

따라서 우리는 죽음의 공포 앞에서도 결국 사랑이 이긴다는 사실을 떠올려야 한다. 자비가 승리한다. 생명이 죽음보다 훨씬 더 강력하다. 무서운 폭력을 자행한 사람일지라도 사랑의 속삭임을 듣게 되면 그 안에서 하나님의 형상이 다시 살아날 수 있다. 사랑의 속삭임이 폭력의 천둥소리보다 더 크게 퍼지기를 기도한다. 우리 다 함께 '시끄럽게' 사랑하자.

예수님의 도는 폭력으로 폭력에 맞서는 것이 아니라 겸손과 혁명적 복종으로 싸우는 것이다. 폭력은 결국 자멸로 끝이 난다. 평화를 위한 싸움은 혁명적인 인내와 꾸준한 희망으로 해야 하는 것이다. 결국 우주는 정의 쪽으로 기울어지기 마련이다. 예수님의 이야기를 보라. 결국은 사랑이 승리한다.

군(軍), 높은 자살률은 전투가 아니라 '개인적 문제' 때문이라고 주장

CBS 뉴스 팀은 미국 50개 주 정부에 지난 12년간 발생한 자살에 관한 공식 보고서를 보내달라고 요청했다. 응답한 주는 45개 주였다. 그 자료에 따르면 2005년에만(그리고 45개 주에서만) 최소한 6,256명의 퇴역 군인이 자살했다. 1년에 매주 120명이 자살하고 매일 평균 17명이 자살한 꼴이다.[43]

다음은 미군 퇴역 군인 조지 미조의 통렬한 글이다. 평화를 위한 철야 기도
회 때 그의 친구가 우리에게 이 글을 전해주었다.

교회는 내게 살인이 옳지 않지만
전시에는 괜찮다고 말했다.
선생들은 내게 살인이 옳지 않지만
전시에는 괜찮다고 말했다.
아버지와 어머니는 내게 살인이 옳지 않지만
전시에는 괜찮다고 말했다.
친구들은 내게 살인이 옳지 않지만
전시에는 괜찮다고 말했다.
정부는 내게 살인이 옳지 않지만
전시에는 괜찮다고 말했다.
하지만 이제 보니 다들 틀렸다.
나의 교회와 선생들, 아버지와 어머니, 친구들, 정부여,
전시 외의 살인만 잘못된 게 아니다. 살인은 다 옳지 않다.

킹 박사는 잘 알고 있었다.
사랑으로 악을 무너뜨릴 수 있다는 것을.

어느 초대 교회 성도의 말처럼
"은혜가 처형자의 칼날을 무디게 만든다."

위험한 결탁

군인보다 더 영적 정체성과 국가 정체성 사이에서 갈등하는 사람이 있을까? 필라델피아와 캠던에 있는 우리 공동체에는 수많은 편지가 날아든다. 군인들, 원치 않는 전쟁에서 자녀를 잃은 가족들, 이라크에서 돌아온 후 자살충동과 우울증, 중독에 사로잡힌 청년들의 부모가 보내오는 편지들이다. 정신분열증을 호소하는 병사들의 편지가 수없이 날아든다. 어느 병사는 십자가와 검이라는 두 주인을 함께 섬기려고 해봤지만 이젠 한계에 이르렀다고 말했다. 병사들을 격려하여 살인의 현장으로 내보내고, 돌아온 병사들이 살인 후유증에서 회복하도록 돕는 일이 이젠 지긋지긋하다고 토로하는 군목이 많았다. 맹목적으로 전쟁 기계를 따라가는 비겁한 목회자들보다는 이 군목들이 훨씬 더 선지자 같다.

탈영병들은 제국의 낙인을 떼어내려는 몸부림으로 우리에게 군복과 인식표를 보내면서 기도를 부탁했다.

어느 주일 예배 후 한 병사는 우리 중 한 명을 만나 강대상에서 기도를 드린 뒤 바그다드에 토마호크 미사일을 발사한 전함에 자신이 타고 있었다고 고백했다. 그는 그 일로 지독히 괴로워하고 있었다. 우리는 부둥켜안고 울며 그의 어깨에서 무거운 멍에를 벗겨달라고 기도했다.

어느 나이 지긋한 장교는 내게 아메리칸 드림을 위해 목숨을 걸었지만 그 꿈을 더는 믿지 않는다고 말했다. 그는 세상을 향한 하나님의 꿈이 자신이 이라크에서 본 세상보다 더 낫다고 고백했다. 이제 그는 석유와 플라스틱, 사치품들을 완전히 끊고 살고 있다.

제국 안에서의 정체성보다 그리스도 안에서의 정체성을 더 중시한다면 절대로 국가를 위한 살인에 동참할 수 없다.

세네카는 분노 표출에 관해 이렇게 말했다.
"우리는 개별적인 살인을 자제한다. 하지만 민족 전체를 자랑스럽게 학살하는 전쟁
은 뭔가?"
"그래서 지금은 그 행위가 더없이 잔혹해 보이지만 처음에는 전혀 범죄처럼 생각되
지 않았다."

_플리니우스

"우리 아이들에게 군사 기술을 더는 가르치지 않겠다. 군사 기술은 방화나 절도, 암살 기
술과 다를 바 없다."

_유진 뎁스(미국의 노동자이자 정치가, 1855~1926년)

"모든 전쟁…… 그 당연한 결과들…… 필요성과 정의를 이유로 한 살인, 군사적 위업
에 대한 찬양, 국가 숭배, 애국주의적 감성…… 등이 1년 동안 인간 정신을 비뚤어지
게 만드는 정도는 개인이 정욕으로 수백 년 동안 자행한 수천 번의 약탈, 살인, 방화
보다도 더 심하다.

_레프 톨스토이

우리가 자녀의 목숨을 내어줄 수 있는 대상이 곧 우상이다.

세상이여, 이것은 나의 예수님이 아니라오.

로건의 이야기

로건은 이라크 파병 근무에서 돌아온 후 우리 중 한 명에게 편지를 보내왔다. 이라크에서 그는 관측 장교로 복무했는데, 관측 장교는 전사자의 80퍼센트 이상을 책임지는 최전방 직책이다. 그는 막 두 번째 이라크 파병 날짜를 받은 상태였다. 그런데 군인이 된 지 8년 만에 그의 내면에서 십자가와 검이라는 두 주인이 극심하게 충돌했다. 오랫동안 기도하고 주위의 조언을 들은 끝에 그는 양심적 병역 거부를 결심했고 우리는 그를 돕기로 했다. 그는 예수님과 사랑에 빠졌으며 그분의 복음에 따라 원수를 사랑하며 살기로 작정했다. 복음을 위해 죽을 수는 있으나 복음 때문에 사람을 죽일 수는 없었다. 그래서 그는 상관들에게 이라크로 돌아가기는 하겠지만 예수님의 제자로서 무기는 지닐 수 없다고 말했다.

그러자 어떤 상관들은 그에게 욕을 퍼부었고 어떤 상관들은 성경 구절을 인용하며 전쟁의 정당성을 주장했다. 그러나 로건은 이라크로 갈 수는 있지만 무기를 소지하지도 미사일을 발사하지도 않겠다는 뜻을 굽히지 않았다. 상관들은 그가 미쳤다고 판단하여 그에 대한 정신 감정을 의뢰했다. 그들의 판단은 옳았다. 로건은 정말로 미쳤다. 그의 병명은 '부적응 장애'였다.

정신 감정 평가 보고서

이름	계급 **병장**	사회 보장 번호

환자는 배치 불가능하다. 무기를 소지할 수 없다. 그는 양심적 병역 거부자로 전쟁을 반대한다고 말한다.
환자는 다음 병의 DSM-IV 진단 범주에 속한다: Mixed Emotional Feature, Major Depression Recurrent Moderate, Anxiety Disorder NOS를 동반한 적응 장애(Adjustment Disorder). 이 장애만으로도 환자는 더 이상 군에 적응하기 어렵다고 사료됨. 하지만 환자가 자기 자신에게나 남들에게 위협적인 존재는 아님.

그는 병역에 적합하지 않다. 군에 적응할 수 없으며 군에 배치될 수 없다.

몇 개월 후 로건은 군에서 제대했다. 우리는 그에게 교회 역사를 보면 그와 같은 결단을 내린 선배들이 많다고 말해주었다.[44]

"나는 세상처럼 미치기를 거부했다는 이유로 미쳤다는 말을 듣는다."
_피터 모린(농부, 교사, 가톨릭 노동자 공동체 운동 공동 창립자)

불의와 테러, 폭력에 맞서기로 결단한 로건은 기독교 피스메이커 팀 (Christian Peacemaker Teams)의 일원으로 중동으로 돌아가 팔레스타인과 이스라엘의 화해를 위해 애를 썼다. 현재는 캠던에 살면서 십자가와 검 사이에서 갈등하는 병사들을 돕고 있다. 로건은 우리와 함께 '경제적 징병(economic draft)'의 희생자들을 위해 '백부장의 지갑'을 조직하고 있다. '경제적 징병'은 로건이 만들어낸 용어로, 양심상으로는 구원하는 폭력의 논리에 반대하지만 재정적 압박 때문에 입대를 고려하는 사람들의 상황을 가리킨다. 우리는 로건에게 그의 이야기를 이 책에 싣되 가명을 쓰겠다고 말했다. 그러자 그는 자기 이야기를 얼마든지 실어도 좋지만 조건이 하나 있다고 했다. 그 조건이란 가명을 쓰지 말라는 것이었다. 그는 복음이 터럭만큼도 부끄럽지 않다고 했다.

로건이 우리에게 보낸 편지는 평화의 여선지자 도로시 데이의 말로 끝을 맺었다. "도로시에 따르면 순교자들은 '사랑이 미움을 이기고, 믿음을 위해 죽이는 사람들이 아니라 믿음을 위해 죽는 사람들이 세상을 구하게' 해달라고 기도했습니다. 이것이 나의 새로운 '돌격 함성'이 되었습니다. 죽더라도 남들을 사랑할 겁니다."

첫 번째 편지에서 로건은 우리에게 다음과 같은 글을 써서 보냈다.

어느 저녁 한 병사가 우리에게 전화를 걸어왔다. (요즘에는 그리 드문 일이 아니다.) 그는 친구와 함께 이라크에서 돌아왔는데 그곳에서 여러 사람이 『믿음은 행동이 증명한다(The Irresistible Revolution)』한 권을 돌려보았다고 했다. 이라크에 있을 때 그의 친구는 여러 이라크인들과 총격전을 벌이다가 나이 든 남자를 쏘았다. 20세의 이 친구는 고향에 돌아온 후로 제대로 잠을 이룬 적이 없었다. 그것은 나이 든 남자를 쏘았기 때문이 아니었다. 그 남자 아들의 얼굴이 잊히질 않기 때문이었다. 아들은 집 밖으로 도망치면서 아버지의 총을 잡고 미군 병사들에게 쏘기 시작했다. 그래서 우리에게 전화한 병사의 친구는 그 소년마저 사살했다.

소년을 죽이지 말았어야 했을까? 그 병사는 미칠 것만 같았다. 병사들은 짐승처럼 변해가고 있다. 병사들이 소년의 얼굴에 총을 겨눌 때마다 테러리스트가 양산된다. 그 병사는 총과 전쟁으로는 세상을 안전하게 만들 수 없다고 말했다.

또 다른 젊은 병사는 비무장으로 총격의 한복판에 들어가 죽고 싶다고 말했다. 그래야 최소한 비무장으로 예수님을 만날 수 있을 것 같다는 것이었다.

전쟁 이야기들

두 병사가 전쟁터에 나간다. 그중 한 명은 돌아와서 과거를 다 잊은 채 잘 적응한다. 하지만 다른 병사는 후유증에 시달린다. 죽은 자들의 얼굴이 머릿속에서 도통 지워지질 않는다. 둘 중에 누가 미친 것인가?

또 다른 젊은이가 있다. 1991년 걸프 전쟁 때 무공훈장을 받은 그는 선한 마음을 잃어버렸다고 말했다. 그가 전장에서 고향으로 보낸 편지들을 읽어본 사람도 있을 것이다. 그는 가족들에게 자신이 짐승으로 변해가고 있다고 말했다. 날마다 살인이 조금씩 더 쉬워졌다. 그의 이름은 티모시 맥베이다.

티모시 맥베이는 걸프 전쟁 때 비인간적인 특수 부대에서 복무하다가 귀국한 뒤 최악의 테러리스트로 변했다. 그의 글은 이라크에서 본 유혈극에 대한 비난으로 가득 차 있다. "이라크의 정부 관리들이 오클라호마시티 주민들과 같은 인간이 아니라 짐승인가? 이라크에는 사랑하는 이의 죽음을 슬퍼할 가족들이 없는가? 외국인을 죽이는 것이 미국인을 죽이는 것과 크게 다른가?"[46] 구원하는 폭력의 신화로 인해 미쳐버린 그는 안락하게 사는 미국인들에게 '부수적 피해(collateral damage)'의 실태를 보여주고 이라크를 비롯한 세계 곳곳의 유혈극에 반대한다는 명목으로 오클라호마시티에서 폭탄 테러를 벌였다. 결국 그에게 살인 기술을 가르친 정부는 사람들에게 살인이 잘못임을 보여주기 위해 그를 죽였다. 주여, 구원하는 폭력의 논리로부터 우리를 구원하소서.

버드 웰치는 우리가 매우 존경하는 사람 중 한 명이다. 웰치는 오클라호마시티 폭탄 테러 때 스물세 살의 딸 마리를 잃었다. 그는 한때 티모시 맥베이를 찢어죽이고 싶을 정도로 분노에 휩싸였다. 그러나 어느 순간 그는 화해를 외치고 사형제도 폐지 운동을 펼쳤던 딸의 말을 떠올렸다. "사형은 미움을 가르친다." 생전에 딸은 그렇게 말하곤 했다. 결국 웰치는 미움과 폭력의 사슬을 끊어내고 맥베이의 가족을 만났다. 그는 그 가족을 지극히 사랑하게 되었으며 그들과 화합할 때만큼 "하나님이 가깝게 느껴진 적이 없었다."고 말한다.

웰치는 전국을 돌며 사형제도 폐지와 화해를 외치기로 결심했다. 사형제도는 구속의 손길이 미치지 못하는 대상이 있음을 전제로 하지만 웰치는 그런 전제를 반박하며 티모시 맥베이의 구명을 위해 애를 썼다. 그는 구원하는 폭력의 사슬을 자기 선에서 끊어내야 한다고 결심했다. 그러고 나서 살인자 티모시 맥베이의 눈을 보자 그의 안에 있는 하나님의 형상이 눈에 들어왔다. 그리고 그가 사랑과 은혜와 용서를 경험했으면 하는 마음이 일었다. 웰치는 상식을 초월하는 은혜의 힘을 믿고 있다.

이제 우리는 "이제 그만!"이라고 말해야 한다.
회개하고, 사회가 가르쳐준 사고방식에 관해 다시 생각해야 한다.

"제작된 모든 총, 진수된 모든 전함, 발사된 모든 미사일은 결국 굶주리고 춥고 벌거벗은 자들에 대한 약탈을 의미한다. …… 이것은 진정한 의미에서의 삶이 아니다. 전운이 감도는 가운데 인간성이 철십자가에 걸려 있다."

_34대 미국 대통령(1953~1961)인 드와이트 아이젠하워(1890~1969)의 1953년 미국 신문 편집인 협회 연설.

"전시에는 증오가 효과적인 감정으로 여겨진다. 물론 이때 증오는 애국주의의 가면을 써야 한다."
_하워드 서면(마틴 루터 킹의 영적 조언자)

"그들을 위해서 기도하고 그들에게 저항하라."
_대니얼 베리건, 국가 지도자들에 대한 기독교인들의 책임에 관한 말.

"나는 그리스도의 군사이며 내게 싸움은 허락되지 않았다."
_투르의 생 마르탱

"당신이 폭력의 길을 떠나 평화의 길로 돌아오기를 간곡히 부탁한다."
_교황 요한 바오로 2세

"그리스도인들이여, 검으로 무장하지 말고 지도의 손을 뻗으라."
_성 아타나시우스

"단독으로 저질렀을 때는 범죄 취급을 받는 살인이 집단적으로 저질렀을 때는 미덕으로 변한다."
_성 키프리아누스

"하나님의 백성이 되면 천국 국적을 얻고 하나님을 입법자로 얻는다."
_알렉산드리아의 성 클레멘스

"우리는 원자의 미스터리는 깨달았으면서 산상수훈은 거부했다."
_오마 브래들리 장군

"베드로를 무장 해제시키신 그리스도께서 모든 병사를 무장 해제시키셨다."
_테르툴리아누스

"이젠 그만!"이라고 말한 또 다른 병사

제시는 아무런 생각 없이 포트 베닝의 신병 훈련소에 도착했다. 거기서 그는 총을 받고 다른 신병들과 함께 행군을 시작했다. 그런데 행군을 하던 중 총이 점점 더 무거워졌다. 살인용 총을 들지 말라는 하나님의 음성이 불가사의하게도 또렷이 들렸다. 마음의 무거움은 참지 못할 정도로 커져, 결국 제시는 하사관에서 이 사실을 알리기 위해 조용히 대열을 이탈했다. 그러자 대번에 욕설이 날아왔다. "이 미친 XX야, 뭐하는 거야?"

그래도 제시는 꿋꿋하게 할 말을 했다. "말씀드릴 게 있습니다. 문제가 생겼습니다."

"무슨 X같은 문제가 있어?" 하사관은 모든 병사 앞에서 소리를 질렀다.

더는 개인적으로 조용히 이야기할 수 없게 되었다. "행군하던 중에 무기를 들지 말라는 하나님의 음성이 느껴졌습니다. 원수를 사랑해야 하기 때문에 그를 죽일 수 없습니다."

그러자 하사관이 길길이 날뛰며 고함을 질렀다. "무릎 꿇고 기어가!" 그러면서 병사들에게 제시의 주위로 둘러싼 채 행군하라고 명령했다. "제군들, 이 X같은 놈이 보이나? 왼발, 오른발, 왼발……"

기어가면서 제시는 무릎 꿇은 것이 기도 자세인 이유를 생각했다. 그는 심한 모욕감과 힘에 억눌리는 느낌을 받았다. 그렇게 수치스러운 가운데 예수님이 그 어느 때보다도 가깝게 느껴졌다. 병사들이 십자가 목걸이를 그의 목에서 떼어냈다. 그리고 그에게는 국기를 달고 있을 자격이 없다면서 군복에서 성조기를 뜯어냈다. 그는 수갑을 찬 채 보호 감금되었고 낙오자로 낙인이 찍혔다. 감금된 지역에서 그는 수갑이 풀리고 자유롭게 돌아다닐 수 있게 되자 우여곡절 끝에 핸드폰을 손에 넣었다.

　제시는 일단 전화로 택시를 부른 뒤 나머지 일은 하나님의 손길에 맡겼다. 택시는 기지 안팎으로 병사들을 실어 나를 수 있었다. 제시는 감금 지역을 나와 덤불에 숨어 택시를 기다렸다. 몇 시간처럼 느껴지는 시간이 흐른 뒤 택시의 모습이 보였다.

　제시가 황급하게 택시에 오르자 사람 좋아 보이는 남부 아줌마가 그를 반겼다. "어이, 군인 아저씨, 어디로 모실까요?"

　"장거리 버스 정류장이요." 제시가 짤막하게 대답했다.

　택시 운전자는 제시의 군복에서 국기가 뜯어져나간 자리를 보고 말했다. "탈영병을 태우고 나갈 수 없는 건 아시죠? 당신이 탈영병이라는 말은 아니에요. 버스 정류장에 탈영병을 확인하는 병사들이 주둔해 있다는 건 아시겠죠?"

　잠시 어색한 침묵이 흐른 후 운전자의 말이 이어졌다. "그래도 혹시 탈영병이라면 월마트에 내려줄게요. 거기서 옷을 갈아입는 게 낫지 않겠어요?" 운전자가 능글맞게 웃었다.

　제시도 싱글 웃으며 대답했다. "생각해보니까 버스 정류장 전에서 세워주면 좋겠어요. 월마트에 들러야겠어요."

　두 사람이 한바탕 웃는 가운데 택시는 월마트에 도착했다. 제시에게 월마트가 그토록 반가웠던 적은 없었다. 주위로 군복을 입은 병사들이 서성이는 게 보였다. 제시는 그들이 눈치 채지 못하도록 월마트로 쏜살같이 달려가 옷을 산 뒤 밖에서 기다리던 택시 안으로 곧장 뛰어들었다. 그리고 택시 안에서 잘 맞지도 않는 옷을 억지로 구겨 입었다. 제시는 택시 운전자에게 후한 팁을 준 뒤 안전하게 버스를 타고 고향으로 갔다. 하나님은 제시에게 총을 들지 말

라는 음성만 주신 게 아니라 길이 없는 곳에 길을 만들어주셨다.[47]

내가 첫 번째로 충성할 곳은 국기나 국가나 사람이 아니네.

내가 첫 번째로 충성을 바칠 것은 민주주의나 혈족이 아니네.

나는 한 왕과 한 왕국에 충성하려네.[48]

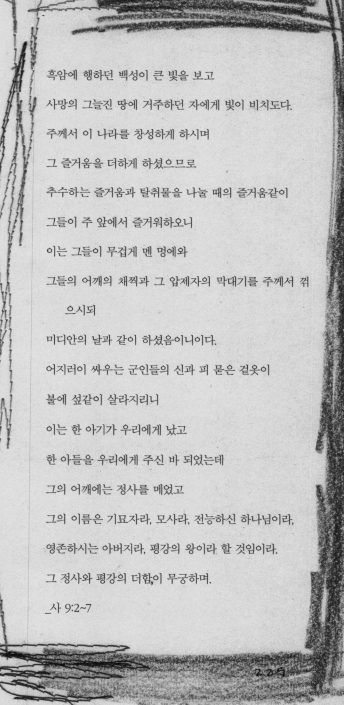

흑암에 행하던 백성이 큰 빛을 보고

사망의 그늘진 땅에 거주하던 자에게 빛이 비치도다.

주께서 이 나라를 창성하게 하시며

그 즐거움을 더하게 하셨으므로

추수하는 즐거움과 탈취물을 나눌 때의 즐거움같이

그들이 주 앞에서 즐거워하오니

이는 그들이 무겁게 멘 멍에와

그들의 어깨의 채찍과 그 압제자의 막대기를 주께서 꺾
   으시되

미디안의 날과 같이 하셨음이니이다.

어지러이 싸우는 군인들의 신과 피 묻은 겉옷이

불에 섶같이 살라지리니

이는 한 아기가 우리에게 났고

한 아들을 우리에게 주신 바 되었는데

그의 어깨에는 정사를 메었고

그의 이름은 기묘자라, 모사라, 전능하신 하나님이라,

영존하시는 아버지라, 평강의 왕이라 할 것임이라.

그 정사와 평강의 더함이 무궁하며.

_사 9:2~7

3부를 마무리하는 고백

60년 전 공군의 군종 사제인 조지 자벨카는 히로시마와 나가사키에 원자 폭탄을 투하한 병사들을 축복했다. 그로부터 20년이 지나 자벨카는 자신이 끔찍한 잘못을 저질렀음을 깨닫게 되었다. 폭탄 투하를 도덕적, 종교적으로 지지한 것은 믿음의 근본을 부인하는 행위였다. 1992년에 세상을 떠난 자벨카는 원폭 투하 40주년 행사에서 세상에 다음과 같은 메시지를 전했다.

군종 사제로서 저는 선한 아일랜드 가톨릭교도 조종사가 탄 박스터(Boxter)가 일본의 가톨릭 중심지인 나가사키의 우라카미 성당에 폭탄을 투하하는 것을 지켜보았습니다.

저는 이 일을 한 사람들에게 민간인을 죽이지 말아야 한다는 설교를 단한 번도 한 적이 없습니다. …… 이 대규모 공습을 공개적으로 반대해야 한다는 생각을 하지 못했습니다. 저는 공습이 필요하다고 들었습니다. 군과 저희 교회 지도자들이 대놓고 그렇게 말했습니다.

저는 혼란스러웠습니다. 물론 산상수훈에서는 원수를 사랑하고 악을 선으로 갚으라고 분명히 말합니다. 저는 믿음의 위기를 겪었습니다. 그리스도의 말씀이 아무리 어리석게 보여도 그냥 받아들이든지 완전히 거부하든지 해야 했지요.

지난 1,700년 동안 교회는 전쟁을 미화했을 뿐 아니라 사람들에게 군인이 명예로운 기독교적 직업이라는 인식을 심어주었습니다. 그것은 거짓말입니다.

예수님이 부활하신 후 300년 동안 모든 교회는 그리스도를 비폭력적인 분으로 보았습니다. 최소한 세 번에 걸친 국가의 핍박 속에서 교회가 이 윤리를 가르쳤다는 사실을 아십니까? 교회는 끔찍하고도 지속적인 고문과 죽음을 겪었습니다. 당시는 보복과 학살이 정당한 전쟁 혹은 정당한 혁명이라는 명목으로 정당화되었습니다. 로마 정부와 군대의 경제적, 정치적 엘리트들은 시민들에게 그리스도인들에 대한 적대감을 심어주었으며 기독교 공동체 말살이라는 살인적인 공공 정책을 추진했습니다.

하지만 교회는 교인들을 향한 극악한 범죄에도 불구하고 그리스도께서 베드로를 무장 해제시키는 순간 모든 그리스도인을 무장 해제시키셨다고 분명히 주장했습니다.

그리스도인들은 고대 전례 용어에 따라 그리스도께서 그들의 요새와 피난처요 힘이시며 그분만으로 더없이 안전하다고 믿었습니다. 실로 이것은 새로운 안보 개념이었습니다. 그리스도인들은 그리스도와 그분의 가르침만 따르면 절대 지지 않는다는 사실을 믿었습니다. 그리스도인들은 정부의 요청대로 로마 군대와 함께 싸우기를 거부했습니다. 그것은 그리스도의 사랑과 살인이 절대적으로 양립할 수 없다고 믿었기 때문입니다. 안전과 평화를 보장해주는 분은 군신 마르스가 아니라 그리스도셨습니다.

교회가 교회답지 못하여 오늘날 세상은 파멸 직전에 이르렀습니다. 우리 그리스도인들은 그리스도의 진리에 관해 자기 자신과 비신자들을 속였습니다. 그리스도를 따르고 그분의 사랑으로 사랑하는 사람은 절대 다른 사람을 죽일 수 없습니다. 화염방사기의 방아쇠를 당기게 하시는 분이 성령이라는 말은 거짓말입니다. 살인을 배우는 것이 그리스도처럼 되는 길이라는 말은 거짓말입니다. 그리스도의 마음을 품은 자라면 총검으로 남의 심장을 찌르는 법을 배워야 한다는 말은 거짓말입니다. 군대화된 기독교는 거짓말입니다. 그것은 예수님의 가르침과 삶, 정신에서 완전히 벗어난 말입니다.

이제 형제자매들이여, 기독교인들이 자행한 이 끔찍한 만행의 기념일에 제가 먼저 고백하고 싶습니다. 저는 끔찍한 실수를 저질렀습니다. 저는 거짓의 아비였습니다. 저는 가톨릭과 프로테스탄트, 정교회 교회들의 거대한 초교파적 거짓말에 동조했습니다. 저는 군복을 입었습니다. 저는 시스템의 일부였습니다. 저는 군복 위에 아름다운 예복을 걸치고서 미사를 드렸습니다. (데이브 베커 신부는 1982년 트라이덴트 잠수함 기지의 군종 사제 직책을 사임하면서 이렇게 말했다. "군복 위에 예복을 덧입고 미사를 드리러 갈 때마다 양의 옷을 입은 이리를 조심하라는 예수님의 말씀을 떠올렸다.")

공군 사제로서 저는 비폭력주의 예수님의 사랑 많으신 손에 기관총을 그려 넣은 다음, 그 사악한 그림을 진리라며 세상에 나누어주었습니다. 저는 "여호와를 찬양하라."고 노래하면서 탄약을 나누어주었습니다. 509 폭격대의 군종 사제로서 저는 이 거짓된 그리스도 이미지를 에놀라 게이와 박스터의 조종사들에게 전달한 최종 통로였습니다.

오늘 저는 그저 잘못했다는 말밖에 할 말이 없습니다. 그리스도께서는 그분의 백성들에게 공포를 안겨주는 도구가 되실 수 없습니다. 따라서 그리스도의 제자가 하나님의 백성들에게 전쟁의 공포를 안겨주는 것은 있을 수 없는 일입니다. 변명과 합리화는 가당치 않습니다. 제가 할 수 있는 말은 그저 잘못했다는 말뿐입니다. 무조건 잘못했습니다. 이 말을 하지 않는다면 회개와 화해를 위해 절대적으로 필요한 첫 번째 단계를 건너뛰는 것입니다. 실수와 죄를 인정하는 단계가 반드시 필요하기에 제 실수를 인정합니다.

제가 오늘 이 자리에 서서 모든 전쟁에 반대하는 목소리를 높일 수 있게 해주신 하나님께 감사합니다. 구약의 선지자들은 금과 은과 철로 된 모든 우상에 반대하여 목소리를 높였습니다. 오늘 우리는 금속 곧 폭탄의 우상을 섬기고 있습니다. 우리는 물리적 힘과 군국주의, 국가주의를 의지하고 있습니다. 하나님이 아니라 폭탄이 우리의 안보요 힘이라고 믿고 있습니다. 구약의 선지자들은 전차와 무기를 의지하지 말고 하나님을 의지하라고 분명히 말했습니다. 그들의 메시지는 단순했습니다. 제 메시지도 마찬가지입니다.

우리 모두는 선지자가 되어야 합니다. 정말로 그렇습니다. 우리 모두는 평화를 위해 노력해야 합니다. 금속 숭배의 광란을 멈추어야 합니다. 악과 우상 숭배에 맞서 일어나야 합니다. 이것이 인류 역사상 가장 중요한 순간에 우리의 운명입니다. 하지만 이것은 세계 역사상 가장 위대한 기회이기도 합니다. 우리 세상을 완전한 파멸로부터 구할 기회입니다.

_1985년 10월 자벨카 신부가 팍스 그리스도 컨퍼런스에서 전한 연설의 일부

때로는 어디서부터 시작해야 할지 알기가 어렵다. 제국의 손아귀에서 완전히 자유로운 사람은 아무도 없다. 하지만 우리는 고백의 미스터리[새크라멘트 (sacrament, 성사)는 '미스터리'를 뜻한다]를 믿는다. 우리가 무슨 짓을 저질렀건 구속과 회복의 희망이 있다. 겸허하게 잘못을 고백하고 사람들을 발을 씻겨 주는 것은 예수님의 공동체가 왕과 대통령의 세상과 구별되는 점 중 하나다. 왕과 대통령은 밧세바나 모니카 르윈스키 혹은 이라크를 이용해먹다가 걸리기 전까지는 절대 잘못을 고백하지 않는다.

교회 역사를 보면 자신의 거룩하지 못함을 고백한 사람이 많다. 유럽의 고백 교회에서 미국의 대학 부흥회까지 그리스도인들은 서로와 하나님 앞에서 가슴을 치며 죄를 고백했다. 현대 교회가 할 수 있는 가장 강력한 일 중 하나는 세상 앞에서 죄를 고백하는 것이다. 교회는 하나님의 이름으로 행했던 악행을 솔직히 시인하고 용서를 구해야 한다. 『재즈처럼 하나님은(Blue Like Jazz)』에서 도널드 밀러는 친구들과 함께 수도사처럼 차려입고 무신론으로 악명 높은 자기 대학의 고백실에 앉았던 이야기를 했다. 그들은 고백실 안에서 오히려 남들에게 자신과 기독교계의 죄를 고백했다. 그러자 그들 속에서 불가사의한 치유가 일어나고 세상의 상처가 아물기 시작했다.[49] 교회가 무릎을 꿇고 고백하면 세상이 귀를 기울일 것이다. 교회는 완벽한 척하기를 그만둬야 한다. 이제 교회는 모든 답을 알고 있다는 태도를 버리고 잘못을 고백해야 한다. 희망과 새로운 상상으로 나아가기 위해 먼저 고백을 하자. 가감 없이 고백하자. 우리 교인들은 흙탕물에 빠져 있다. 세상만 더러운 게 아니다. 이 세상

233

의 한복판에서 하나님 백성들의 소명과 정체성은 훨씬 더 흐트러져 있다.

그러나 충성스럽고 아름답게 살아온 성도도 많다. 그들을 보면 구별된 백성들이 세상에 본을 보이고 복의 통로가 될 수 있다는 희망을 여전히 품게 된다.

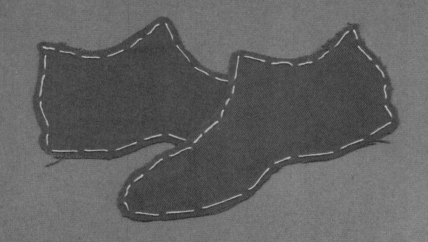

4부
독특한 집단

기독교는 새로운 사회 질서 혹은 새로운 사회적 차원으로서 역사의 무대에 등장했다. 처음부터 기독교는 '교리'가 아니라 '공동체'였다. 선포하고 전달해야 할 '메시지'와 선포해야 할 '복음'뿐 아니라 독특한 방식으로 성장하고 형성된 새로운 공동체가 있었다. 이 공동체의 일원들이 부름을 받고 영입된 과정은 특별했다. 기독교적 삶의 기본 범주는 '교제'다.

조지스 플로로프스키의 『제국과 사막(Empire and Desert: Antinomies of Christian History)』

마지막 4부는 클라이맥스다. 마치 7월 4일의 불꽃놀이와 같다. …… 아니, 오순절의 불꽃놀이라 해야 옳겠다. 오늘날 예수님의 독특한 정치가 어떤 식으로 펼쳐지고 있는가? 4부에서는 이에 관한 이야기와 반성, 그리고 실질적인 사례들을 불꽃놀이처럼 다채롭게 쏘아 올려보자.

미국의 탄생일

교회의 탄생일

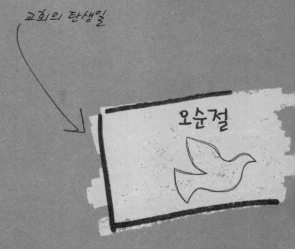

복음

우리의 대통령은 새로운 정당을 조직하고 있지 않다. 심지어 랠프 네이더를 앞세운 녹색당도 그분의 뜻이 아니다. 예수님은 새로운 종류의 집단을 형성하고 계신다. 그분의 독특한 정치는 이 집단의 존재 방식으로 표현된다. 교회는 세상과 다른 새로운 사회를 구현하기 위해 세상에서 따로 불러낸 사람들의 모임이다. 하나님이 교회를 통해 이루시려는 것을 정부가 이룰 수는 없다. 아무리 훌륭한 정부라도 사랑을 법제화할 수는 없다. 정부가 서민 주택을 수없이 지어도(좋은 일이긴 해도) 여전히 집 없는 사람들이 존재하기 마련이다. 정부가 국민의료보험으로 국민들의 수명을 늘려도(역시 좋은 조치이긴 해도) 숨만 쉰다고 다 진정한 삶은 아니다. 정부가 좋은 행동을 위한 법을 제정해도 법으로 인간의 마음이 바뀌거나 깨진 관계가 회복되지는 않는다. 교회는 단순히 새로운 정치를 제안하는 게 아니다. 교회는 새로운 정치를 구현하고 있다.

교회가 그리스도의 몸이라는 것은 단순한 신학 이론이 아니다. 우리는 세상 속에서 말 그대로 예수님의 몸이다. 그리스도인들은 작은 그리스도들이다. 예수님의 몸을 입은 자들이다. 어떤 사람들은 오직 우리를 통해서만 예수님을 보게 될 것이다. 물론 우리는 누구도 혼자서 그리스도가 될 수 없다(그렇게 될 수 있다고 말하는 것은 신성 모독이다). 하지만 우리 모두는 함께 세상을 향한 그리스도가 된다(이것이 교회론이다).

예수님을 입으라.
"그리스도로 옷 입으라." (골 3:12~17)

242

예수님의 윤리에 따라 살아야 하는 것은 그래야 만사가 풀리기 때문이 아니라 그것이 하나님의 뜻이기 때문이다. 예수님은 만사가 우리 뜻대로 풀릴 거라고 약속하지 않으셨다. 십자가를 보라. 사도들의 이야기가 어떻게 끝났는가? 끔찍하다. 교회의 역사를 볼 때 우리는 작가 G. K. 체스터턴의 말처럼 "전혀 두려움이 없고 더없이 행복하되 끊임없이 고난을 받아야" 한다. 하지만 결국 사랑이 승리한다.

폭력과 테러의 시대에는 잘 사는 것만큼이나 잘 죽는 것이 중요하다. 우리는 단순히 그리스도처럼 살도록 부름을 받지 않았다. 우리는 그리스도처럼 죽을 각오도 되어 있어야 한다. 예수님은 사랑하면서 돌아가셨다. 신앙의 영웅들(세례 요한, 예수님, 사도들, 스데반, 이그나티우스, 막시밀리안 콜베, 루푸스와 조시무스, 페르페투아와 펠리키타스[1]에서 오늘날의 매튜 폭스[2]까지)은 전쟁 영웅이 아니라 순교자들이었다. 순교자는 '증인'을 뜻하며, 순교자들의 죽음은 은혜의 복음이 퍼지는 원동력이다. 순교자들은 서로 죽고 죽이는 가운데 죽은 사람들이 아니라 사랑하다가 죽은 사람들이다. 그들은 악인의 얼굴을 보고 "하나님은 당신을 사랑한다오."라고 말하면서 학살을 당했다.

예수님을 쏙 빼닮았는가?

알다시피 세례 요한은 제자들을 보내 예수님이 메시아이신지 물었을 때 쉬운 대답을 듣지 못했다. 예수님은 요한의 제자들에게 가서 본 대로 말하라고만 말씀하셨다. 달리 무슨 말이 필요하겠는가? 나병환자가 치유를 받고 맹인이 눈을 뜨며, 죽은 자가 일어나고 가난한 자들에게 복음이 전파된다면 고대하던 분이 오신 게 틀림없다.

우리의 행적은 어떤가? 누군가 우리에게 그리스도의 제자냐고 물으면 자신 있게 "자 봐라!"라고 말할 수 있는가? 우리가 죽임당한 어린 양의 길을 따르고 있다는 확실한 증거가 있는가? 사람들이 우리 주위의 가난한 사람들에게 우리에 관해 물으면 어떤 대답을 들을까? 사람들이 우리의 적들에게 우리에 관해 물으면 어떤 대답을 들을까? 우리가 사랑을 실천하는 사람이라는 말을 들을까? 아마도 예수님의 가장 큰 걸림돌은 입술로는 그분을 선포하면서 정작 삶으로는 그 누구보다도 큰소리로 그분을 부인하는 자들일 것이다.[3]

누군가를 쏙 빼닮았다는 표현이 있다. 우리가 볼 때 이것은 단순히 외양만 닮았다는 말이 아니다. 외모뿐 아니라 인격과 기질, 행동까지 똑같을 때 쏙 빼닮았다고 말할 수 있다. 그런 의미에서 그리스도인들은 예수님을 쏙 빼닮아야 한다. 예수님의 판박이가 되어야 한다. 그분의 인품을 품어야 한다. 그분이 설교하신 대로 전하고, 그분이 사신 대로 살아야 한다. 그분의 발자취를 그대로 따라가야 한다.

세상이 우리를 보며 예수님을 떠올리도록 만들어야 한다. 하나님 나라의 백성들이라면 예수님의 인격을 풍겨야 한다. 우리의 인격이 예수님을 닮았는가?

"너희는 하나님을 본받는 자가 되고."(엡 5:1) 여기서 '본받다(imitate)'라는 단어는 '마임(mime)'과 마찬가지로 '흉내를 내다(mimic)'에서 파생했다.

무엇이 보이는가?

오 황제시여, 그리스도인들은 하나님을 인정한 덕분에 진리를 찾은 사람들입니다. 그들은 자신들에게 맡겨진 좋은 것들을 움켜쥐지 않습니다. 그들은 남의 것을 탐내지 않습니다. 그들은 이웃에게 사랑을 베풉니다. 그들은 자신이 당하고 싶지 않은 일을 남에게 하지 않습니다. 그들은 자신을 억압하는 사람들에게 친절하게 말하여 오히려 그들을 친구로 만듭니다. 그들은 적들에게 선을 행하려고 애를 씁니다. 그들은 자신이 보잘것없다는 점을 인정하며 살아갑니다. 그들 모두는 가진 것이 있다면 아무것도 없는 사람에게 아낌없이 줍니다. 그들은 낯선 과객을 보면 여지없이 집으로 초대합니다. 그들은 그를 진정한 형제로 여기며 기뻐합니다. 그들은 서로를 혈육의 형제가 아니라 성령과 하나님 안에서 형제로 여기기 때문입니다. 그들은 그리스도를 위해 투옥되거나 억압받은 사람이 있다면 그의 모든 필요를 돌보아줍니다. 그리고 그가 풀려나도록 애를 씁니다. 그들 중 가난하거나 쪼들리는 사람이 있는데 자기도 남는 것이 없다면 그들은 그를 위해 이삼 일 금식도 마다하지 않습니다. 이런 식으로 그들은 가난한 사람에게 어떻게든 음식을 마련해줍니다. 황제시여, 이것이 그리스도인들의 삶의 법칙입니다. 이것이 그들의 생활방식입니다.

_아리스티데스(137년)

신앙심이 없는 이 갈릴리인들이 자기 지역의 가난한 자들뿐 아니라 우리의 가난한 자들까지 먹인다.

_황제 율리아누스

•이슈들

나(셰인)는 동부 테네시 주에서 자랐다. 그래서 내 정치적 시각은 바이블 벨트(Bible Belt) 문화를 바탕으로 형성되었다. 나는 뜨거운 정치 이슈들에 대해 나름대로 시각을 갖고 있었다. 아니, 그것은 시각을 넘어 이데올로기들이었다. 나는 보수주의자들과 자유주의자들을 보면서 정치적으로 올바르면서도 비열할 수 있다는 사실을 배웠다.

동성애를 둘러싼 논쟁에서 자유주의자들의 코를 납작하게 해주었던 기억이 난다. 하지만 원래 나는 동생애자를 개인적으로 알지 못했다. 그런데 몇 년후 대학에서 한 친구가 내게 자신이 남자들에게 끌린다는 사실을 고백했다. 그는 하나님이 실수로 자신을 창조하셨다고 말했다. 그런 그를 받아주는 교회는 없었다. 지독히 외로웠던 그는 자살하고 싶다고 말했다. 그에게 안식처가 되어주지 못하는 교회가 진정한 교회일까 하는 생각이 들었다. 눈물을 흘리는 동성애자에게서 직접 이야기를 듣기 전까지는 그 이슈가 그토록 복잡한지 전혀 몰랐다.

교회는 의견 차이로 분열되는 곳이 아니라 친밀함과 사랑을 나누는 공동체가 되어야 한다. 그리스도인들은 동성애자에게 예수님의 희생적 사랑을 본받아야 한다. 법보다는 사랑의 섬김이 오히려 사람들을 변화시킬 수 있다. 게다가 복음주의 진영을 보면 모순이 심각하다. 예수님이 죄라고 못을 박으신 이혼을 예로 들어보자. 복음주의 기독교인들의 이혼율은 현재 미국의 평균을 넘어섰다. 복음주의자들은 꾸준히 이혼하는 반면 동성애자들은 결혼하기를 원하고 있다. 그런데도 종교 극단주의자들은 동성애자들이 가정을 파괴한다고 비난한다. 저런! 서로 사랑하는 교회라면 분열적인 이슈들을 극복하고 각자 하나님의 창조하신 모습대로 자유롭게 살아가도록 허용해야 한다.

결국 우리가 가장 갈급해하는 것은 섹스가 아니라 사랑이다. 나의 독신주의자 멘토는 틈만 나면 다음과 같이 말한다.

> "섹스 없이는 살아도
>   사랑 없이는 살 수 없다."

섹스는 수없이 해도 사랑은 별로 경험하지 못하는 사람이 많다. 반면 섹스는 한 번도 못해봤지만 사랑은 풍요롭게 경험하는 사람도 있다.

나는 복잡한 인간적 이슈와 정치적 이슈를 다루면서 한 가지 결심을 했다. 까다로운 문제들을 언제나 은혜와 겸손의 태도로 다루기로 한 것이다. 모든 문제에서 서로 동의하는 것보다 더 중요한 것은 잘 반대하는 기술을 배우는 것이다. 교회가 모든 문제에서 의견의 일치를 보는 것만큼이나 서로에게 성숙한 태도로 반대하는 것이 예수님을 잘 증거하는 길이다.

정치적 소수자들

정치적 입장을 말로만 떠들기는 쉽다. 수많은 정치인이 입만 살아 있다. 하지만 새로운 정치를 구현하기는 훨씬 더 어렵다. 이것은 성자들이나 할 수 있는 일이다. 정말 중요한 것은 올바른 생각이 아니라 올바른 삶이다. 예수님은 새로운 개념이나 정치 강령을 제시하시는 게 아니라 운동에 참여하라고 초대하신다. 예수님이 원하시는 사람은 복음을 삶으로 실천하는 사람이다.

정치적 실천이란 정치인들이 우리를 대신해 변화를 이끌어내도록 로비하는 것이 아니라 우리 스스로 그 변화의 주체가 되는 것이다. 정치적 입장에 따라 실제로 행동하는 것이다. 하지만 자신이 주장하는 변화를 스스로 실천하는 사람은 별로 없다. 그리고 그런 정당은 더더욱 보기 힘들다.

낙태율이 떨어지고 이왕이면 낙태가 없어지기를 바란다면 말로만 떠들지 말고 먼저 십대 미혼모를 감싸주고 버려진 아기들을 입양해야 한다. 올바른 낙태 반대자라면 14세의 미혼모와 함께 살아갈 길을 모색해야 한다. 이것이 우리가 마더 테레사를 그토록 사랑하는 이유다. 마더 테레사는 정치적 견해를 말로만 떠들지 않고 삶으로 실천했다. 마더 테레사는 "낙태는 살인이다!"라고 쓴 티셔츠만 입고 돌아다니지 않았다. 그녀는 미혼모와 태아를 깊이 사랑하여 진심을 담아 이렇게 말했다. "아기를 키우기 싫다면 나에게 주세요." 그래서 모든 사람이 그녀를 마더로 불렀다.

우리는 일관된 생명 윤리를 바탕으로 한 정치 강령도 보지 못했다. 이 생명 윤리는 단순한 낙태 반대가 아니라 생명에 대한 존중을 의미한다. 이 윤리를 지닌 사람은 생명이 임신에서 시작하여 탄생에서 끝나지 않는다는 사실을 이해한다.

복음이 정치적이긴 하지만 제국의 정치 행태와는 다르다. 낙태를 반대하는지가 중요한 게 아니라 어떻게 반대하느냐가 중요하다. 오늘날 교회 앞에 놓인 가장 중요한 질문 중 하나는 기독교가 정치적이냐가 아니라 어떻게 정치적이냐다. 정치적 소수자들을 배려하는 것이 바로 기독교가 추구해야 할 정치 중 하나다.

문화적 망명자

오늘날 교회의 정체성 위기를 유심히 살펴보면, 탐욕스러운 세상에서 대량 살상무기에 둘러싸여 있는 우리 그리스도인들은 낯선 땅에 사는 이방인이라고 할 수 있다. 우리는 망명 중이다. 낯선 세상에서 하나님의 사랑을 실천하며 살려고 애쓰는 중이다. 이것은 전혀 새로운 상황이 아니다. 망명은 성경 이야기의 단골 주제다. 이 책의 앞부분에서 우리는 이집트 탈출에서 왕정 체제까지 이스라엘 역사의 형성을 살펴보았다. 하지만 이후의 역사인 바벨론 유수에 관해서는 많은 이야기를 하지 않았다.[4] 이스라엘은 왕과 성전을 통해 강력한 왕국을 건설하고자 했으나 그것은 덧없는 꿈이었다. 사무엘상 8장의 경고는 결국 현실로 이루어졌다. 이스라엘 백성들은 약탈을 당하고 머나먼 땅으로 끌려갔다. 그렇게 그들은 미지의 세계 곳곳으로 서서히 퍼져나갔다. 이 포로 시대를 통해 오늘날의 우리는 정말 중요한 교훈들을 얻을 수 있다. 이스라엘 백성들은 외국 땅에서 노예로 살면서 극심한 절망감을 겪어야 했다. 하지만 당시 예레미야 선지자는 그들에게 격려의 말을 전해주었다.

만군의 여호와 이스라엘의 하나님께서 예루살렘에서 바벨론으로 사로잡혀 가게 한 모든 포로에게 이와 같이 말씀하시니라. 너희는 집을 짓고 거기에 살며 텃밭을 만들고 그 열매를 먹으라. 아내를 맞이하여 자녀를 낳으며 너희 아들이 아내를 맞이하며 너희 딸이 남편을 맞아 그들로 자녀를 낳게 하여 너희가 거기에서 번성하고 줄어들지 아니하게 하라. 너희는 내가 사로잡혀 가게 한 그 성읍의 평안을 구하고 그를 위하여 여호와께 기도하라. 이는 그 성읍이 평안함으로 너희도 평안할 것임이라. _렘 29:4~7

어떻게 외국 땅에서 시온의 노래를 부를 수 있을까?

우리가 바벨론의 여러 강변 거기에 앉아서 시온을 기억하며 울었도다. 그중의 버드나무에 우리가 우리의 수금을 걸었나니 이는 우리를 사로잡은 자가 거기서 우리에게 노래를 청하며 우리를 황폐하게 한 자가 기쁨을 청하고 자기들을 위하여 시온의 노래 중 하나를 노래하라 함이로다. 우리가 이방 땅에서 어찌 여호와의 노래를 부를까?

_시 137:1~4

하나님의 백성들은 바벨론에 포로로 잡혀 있었지만 예루살렘을 한없이 그리워만 할 수 없었다. 그들은 그곳에 다시 뿌리를 내려야 했다. 하나님의 축복은 땅의 제한을 받지 않는다. 예레미야의 깨우침을 통해 이스라엘 백성들은 집과 집 없음의 역설 속에서 살았다. "모든 이방 땅이 집이 될 수 있다. 모든 고국은 이방이다."[5] 이스라엘 백성들은 폭력과 혼란 속에서 세계 곳곳에 흩어져 이방인으로 살았지만 어디서나 동행해주시는 창조주 안에서 안식을 찾았다. 이제 하나님이 그들을 구별된 백성들로 부르신 이유가 더욱 분명해졌다. 그들은 전 세계에 소금처럼 흩어져 살 존재였다. 그들의 집과 텃밭, 자녀, 평화로 인해 그들의 거주지가 복을 받게 되었다. 그들은 뿌리를 내리는 곳마다 평화를 구하게 되었다. 이것이 이번 4부의 요점이다. 교회가 구별된 것은 교회 자신을 위해서가 아니라 피조 세계 전체를 위한 것이다. 그리스도인들이 뿌리를 내린 모든 도시와 동네를 위한 것이다.

바벨론이든 미국이든 이방 땅에 사는 우리 망명자들은 단순히 더 좋은 제국을 제시하지 않는다. 우리는 새로운 사회를 건설하는 중이다. 우리는 위아래가 뒤집힌 이상한 '제국'을 추구한다. 이것이 우리의 삶이 편하지 않은 이유다. 새로운 비전을 품고 살아가는 것은 외로운 길이다. 그래서 공동체가 필요하다. 새로운 사회를 건설하려면 집단적 상상력을 통해 카이사르의 축제와 다른 의식을 만들어내야 한다. 이것이 유대의 명절이 그토록 많은 이유다. 유대의 명절들은 우리가 어떤 '이야기'에서 비롯했는지를 늘 상기시켜준다.

아미시파(派)에 관해 생각해보자. 이 집단은 '천국의 거류민'의 의미를 잘 알고 있다. 그들은 낯선 땅에서 이방인으로, 이 세상에서 거류민으로 살아가고 있다.[6] 아미시파의 어린이들이 던질 법한 질문을 상상해보자. "엄마, 왜 우리는 엑스박스(Xbox) 게임기를 사면 안 돼요?" "왜 우리 집은 차가 없어요?" 아미시파 부모의 대답은 빠하다. "너는 다른 애들과 달라. 너는 아미시파야. 너의 이야기와 삶의 방식은 세상 사람들과 달라야 한단다." 기독교는 이방인이 되라는 초대다. 우리는 아미시파처럼 살아가야 한다. 이제 재세례파 운동을 다시 일으킬 때다.

기독교의 본질은 설득력 있는 말이 아니다. 오히려 세상의 미움을 받아야 진정으로 위대한 기독교다.

_이그나티우스(110년)

우리가 세상에 속하지 않은 것은 세상을 위해서다. 우리의 형제 로드니 클랩의 말처럼 우리는 새로운 세상을 건설하고 선택적 개입과 거룩한 전복의 기술을 발휘하는 가운데서도 "세상을 도청해야" 한다. 우리는 문화적 망명자들이다. 교회 역사 속의 수도사들도 문화적 망명자들이었다. 그들이 사막으로 들어간 것은 세상으로부터 도망친 것이 아니라 세상을 자멸로부터 구하기 위함이었다.

선을 행하기 좋은 문화를 새로 창출하는 것이 교회의 임무라고들 말한다. 그런데 여기서 '문화(culture)'는 '사교(cult)'와 같은 어원을 두고 있다. 하지만 우리는 UFO나 집단 자살, 무기 비축과 아무런 상관이 없다. 단지 새로운 문화를 추구할 뿐이다. 단순히 주류 문화에 반응하는 반문화를 말하는 게 아니다. 우리는 주류 문화와 전혀 다른 새로운 문화와 사회를 형성해야 한다. 이것은 교회를 물들이고 있는 시민종교라는 사교보다 훨씬 더 광범위하고 지속 가능하며 건전한 개념이다. 국가주의보다 지파 개념에 가깝다. 제국주의 사교는 진리를 거부한 채 자멸적인 환상에 빠져 무기를 비축하고 집단 자살을 준비하는 악명 높은 여느 사교와 크게 다르지 않다. 하나님의 문화적 망명자들이 그토록 독특한 이유는 단 하나다. 세상이 하나님의 꿈에서 너무도 멀어져 있기 때문이다. 반역적이고 타락한 세상의 눈에 하나님과 함께 살아가는 우리가 이상해 보이는 것은 너무도 당연하다.

이스라엘 백성들은 율법을 통해 세상과 구별되었다. 그들이 살고 먹고 입는 방식은 그들이 떠나온 제국의 방식과 전혀 달랐다. 또한 하나님은 그들에게 가난한 자와 땅, 나그네, 이민자를 돌보라고 명령하셨다. 율법의 대부분은 경고의 형태였다. "이렇게 하지 않으면 이집트처럼 될 것이다." 그런데 오늘날에는 상황이 약간 달라졌다. 할레나 정결한 음식이 아니라면 무엇으로 구별되어야 할까? 사람들에게 다음과 같은 질문을 듣는 것이 구별된 증거가 아닐까? "왜 부랑자들이 유독 당신의 집만 찾아가나요?" "왜 당신은 텔레비전을 보지 않나요?" "왜 당신은 이런 질문에 친절하게 답해줍니까?"

우리도 아이들에게 이렇게 말하면 어떨까? "너는 달라. 너는 그리스도인이 야." 우리는 단순히 새로운 반문화가 아니라 완전히 다른 사회를 창출해야 한 다. 우리는 외적 혹은 표면적으로만이 아니라 독특한 삶의 방식을 통해 구별 되어야 한다. 신약 성경은 마음의 할례에 관해서 말한다. 이것은 '세상에 오염 되지' 않도록 세상 문화를 끊는 것이다. 하나님 나라의 특성을 유지하는 것이 야말로 예나 지금이나 교회의 가장 중요하면서도 힘든 과제다.

오늘날 세상은 교만하고 호전적인 기독교의 잔재 위에 서 있다. 제국의 세 례를 받은 종교는 길들여진 형태의 기독교를 낳았다. 이런 기독교는 사람들이 진정한 믿음을 경험할 수 없게 만드니 얼마나 위험한지 모른다. (다들 그리스도 인이라고 자처하지만 정작 그리스도인의 의미를 아는 사람은 없다.) 우리는 사람들이 다시금 구별되어 세상 문화에 순응하는 것이 아니라 완전히 다른 문화를 추 구하는 포스트모던, 포스트 기독교 세상을 꿈꾼다. 우리는 이유 있는 반항아 가 되어야 한다.[7]

문화마다 식사 방식이 다르다. 어떤 문화에서는 젓가락으로 먹고 어떤 문화에서는 바닥에 앉아서 먹는다. 인도에서는 오른손으로 먹는다. 그렇다면 그리스도인들은 어떻게 먹을까? 그리스도인들은 가난한 사람, 버림받은 사람, 소외계층, 추방당한 사람과 함께 먹는다. 다시 말해, 어떤 파티에도 초대받지 못한 사람들과 함께 먹는다. 우리의 파티는 세상의 파티와 전혀 다르다. 우리의 파티는 또 다른 정치 프로그램이 아니라 거룩한 연회다. 사회 부적응자들이 우리의 백성들이요 우리의 '선거구'다.

옛날에 어느 주교의 성당에 강도가 들었다. 강도들은 주교에게
'교회의 보물'을 가져오라고 협박했다. 그러자 주교는 오두막집으로 들어가서 가난한 자들을
모아 왔다. "이들이 우리 교회의 보물이라오." 결국 그날 밤 강도들은 빈손으로 돌아갔다.

누가복음 14장: "네가 잔치를 베풀거든
차라리 가난한 자들과 몸 불편한 자들
과 저는 자들과 맹인들을 청하라."

복음: "임금이 종들에게 이르되 네거리
길에 가서 사람을 만나는 대로 잔치에
청하여 오라."

우리는 나그네 백성이다.

평범한 혁명가들을 위한 정치

우리가 구별됨에 관해 말하면 그리스도인들이 특정한 직업을 고집해야 하느냐고 묻는 사람들이 꼭 있다. 이에 관해 운동가이자 신학자인 브라이언 월시는 이렇게 말했다. "그리스도인도 아무 직업이나 가질 수 있다. 단, 몇 달 안에 해고될 각오를 해야 한다." 세계 최대 군사대국의 총사령관이라면 더더욱 그렇다. 우리는 정결한 기독교적 직업의 리스트를 작성하기보다는 예수님의 파격적인 사랑을 실천하는 일에 더 관심을 쏟아야 한다.

일전에 그저 사람들의 이목을 끌려는 마음으로 로봇을 제작하던 공학자를 만났다. 하지만 이제 그는 자신의 소명과 세상을 향한 하나님의 꿈을 고민하기 시작했다. 그는 지금도 로봇 공학자다. 하지만 예전과 같은 로봇 공학자는 아니다. 그는 아프가니스탄 같은 국가의 어린이들이 안전하게 사용할 수 있는 지뢰 제거 로봇을 설계하고 있다. 이 로봇이 나오기 전에는 아이들이 푼돈이나 받아가며 맨손으로 지뢰를 제거했다. 그러다 보니 아이들의 손목이 날아가는 일이 다반사였다. 이제 그는 예수님을 위해 세상을 무장 해제시키는 로봇 공학 선교사다.

우리의 또 다른 친구는 안마사다. 그녀가 부자들을 한 시간 주무르며 받는 돈은 100달러다. 이런 안마사는 세상에 널려 있다. 그러나 그녀는 특별하다. 그녀는 빈민과 부랑자들 주위에 산다. 그들 대부분은 발이 유일한 교통수단이다. 그녀의 친구들 중에는 밤새 홍등가를 걷는 매춘부가 많다. 그들은 지치고 부은 발 때문에 신음하며 잠에 들지만 그들의 발을 어루만져줄 사람은 어디에도 없다. 아니, 최근까지는 없었다. 하지만 이제 내 친구 안마사가 그들을 향해 집의 문을 활짝 열었다. 그녀는 매주 그들의 발을 지극정성으로 매만지며 돈으로 살 수 없는 최상의 발 마사지 서비스를 제공한다.

한번은 이스라엘과 팔레스타인의 갈등 때문에 괴로워하는 부부를 만났다. 부부는 안타까워하지만 말고 뭔가 행동을 취하기로 했다. 마침 사업을 하면서 보았던 팔레스타인의 현실이 머릿속에 떠올랐다. 그들이 본 바로 팔레스타인에는 일자리가 턱없이 부족했다. 그래서 부부는 공정 무역 티셔츠 회사를 세워 100명에 달하는 팔레스타인 사람들을 고용한 뒤 그들을 존엄한 인간으로 대하고 희망을 전해주었다. 부부의 부모는 명문대 경영학 학위로 영양가 없는 일을 한다고 나무랐지만 부부는 성지에서 또 다른 세상이 펼쳐지는 모습을 상상했다.

이번에는 영국의 한 보석 사업자 집단을 소개하고 싶다. 원래 그들은 잔인한 시장 경제에서 잔뼈가 굵은 사람들이다. 보석 산업은 악하기로 악명이 높다. 그래서 보통 '피의 다이아몬드'라는 표현을 쓴다. 다이아몬드 산업은 가히 인간 고통의 산실이라고 할 만하다. 이 산업의 노동자들은 평생 사용해보지도 못할 보석을 캐기 위해 피와 땀을 쏟아낸다. 하지만 영국의 많은 보석 사업자들이 신앙과 보석 산업의 충돌을 느끼기 시작했다. 알다시피 하나님과 맘몬을 동시에 섬길 수는 없다. 이 사업자들은 보석 업계를 떠나는 대신 그 업계를 변화시키기로 했다. 우리가 자주 쓰는 표현을 사용하자면, 보석 업계의 '부활을 실천한' 것이다. 그들은 볼리비아, 콜롬비아, 아프리카 전역을 다니며 다이아몬드 업계에서 일할 사람들을 모았다. 그리고 그들과 개인적인 관계를 맺어 크레드(Cred)라는 놀라운 보석 회사를 설립했다. 영국에 있는 크레드 상점에서 창립자 중 한 명이 내게 이런 말을 했다. "채굴에서 마무리 세공까지 오직 존엄과 존중의 노동으로만 이루어진 결혼반지를 낄 때의 만족감이 상상이 가십니까?" 신학자인 그의 아내는 신학과 철학의 언어로 자기 회사의 비전을 설명해주었다. 이런 행동은 우리가 전하는 복음에 신빙성을 더해준다. 예수님과 지구촌 이웃들의 신성함을 깨달은 그들은 이제 새로운 종류의 보석 사업자들이다.

우리의 또 다른 친구들은 물에 너무 많은 돈을 쓰는 것이 수치라고 말한다. 미국의 생수 매출액은 연간 500억~1,000억 달러로 추정되며 매년 약 7~10퍼센트씩 증가하고 있다. 2004년 판매량은 약 1,540억 리터(410갤런)였다. 값싼 식수를 얼마든지 마실 수 있는 국가의 국민들이 온 세상에 식수를 공급하고도 남을 만큼의 돈을 생수에 뿌려대니 정말로 아이러니가 아닐 수 없다. 그래서 몇몇 친구들이 회사를 차렸다. 이 회사는 축제와 콘서트 장소에서 생수를 판 수익으로 목말라 죽어가는 12억 사람들을 위해 우물을 파주고 있다. 정말 멋지지 않은가.

우리는 사람들의 마음가짐을 바꿀 수 있다. 젊은이들에게 "커서 뭐가 될래?"라고 묻지 말고 "커서 어떤 사람이 될래?" 하고 물으라. 의사나 변호사가 되는 게 중요한 게 아니라 어떤 종류의 의사나 변호사가 될지가 중요하다.

이것이 일상의 기적이다. 이것이 평범한 혁명가들의 삶이다. 이것이 정치적, 사회적, 경제적 기적이다. 기적은 경이와 다르다. 제국과 기업들은 경이의 기술에 도가 텄다. 기억하는가? 광야에서 사탄은 예수님께 돌을 빵으로 만들어 드시라고 유혹했다. 하지만 예수님은 이 유혹을 단호히 떨쳐내셨다. 결국 이것은 기적의 힘으로 사람들의 입을 벌어지게 만들려는 유혹을 떨치신 것이다. 예수님은 사람들을 경탄하게 만들거나 그분 자신의 배를 채우기 위해서가 아니라 무리를 먹이기 위해서 기적을 베푸셨다. 우리가 물을 포도주로 바꿀 수는 없을지 모르지만 갈증으로 죽어가는 12억 명에게 물을 줄 수 있다면 바로 그것이 기적이다. 그러면 심판의 날 예수님이 우리의 귀에 이렇게 속삭이실 것이다. "내가 목마를 때 물을 주어 고맙다." 어쩌면 물 위를 걷는 것보다 평화를 위해 전쟁으로 찢어진 이 땅 위를 걷는 것이 더 큰 기적이 아닐까?

내가 진실로 진실로 너희에게 이르노니 나를 믿는 자는 내가 하는 일을 그도 할 것이요 또한 그보다 큰일도 하리니 이는 내가 아버지께로 감이라.

_ 요 14:12

(SUV도 첩보 기관도 없는) 방랑 캠페인

　뉴욕 주의 산악 지대에는 거류민의 개념을 잘 아는 독특한 기독교 공동체가 살고 있다. 1930년대에 그들은 제3제국의 영향력을 거부한 기독교 반전론자라는 이유로 독일에서 쫓겨났다. 그들은 히틀러와 전쟁에 반대하고 폭력의 희생자라면 누구나 환영하는 정치적 부적응자들이었다. 그들은 이곳저곳을 전전긍긍하다가 언제부터인가 뉴욕 주의 산악 지대에 자리를 잡게 되었다. 그들은 자식들에게 제국에 의존하지 않고 살아가는 법을 가르쳤다. 그들은 장애인들을 위한 의료 장비를 제작하는 회사를 설립했고, 에너지의 대부분을 자가 생산했다. 그리고 자체 하수 시설을 설치하고 친환경 건축법을 연구하고 채소와 가축을 직접 길렀으며 기독교 제자도에 따라 평화로운 문화를 형성했다.

　오랫동안 독특한 삶을 고수하던 그들은 문득 자신들이 세상을 외면해왔다는 사실을 깨달았다. 그들은 예수님이 구원하고자 하셨던 세상과 동떨어져 살아왔다. 사실 그들이 세상으로 손을 뻗으려는 노력을 전혀 하지 않았던 것은 아니었다. 그들은 해외 선교를 지원하고 주변 지역을 섬겼으며 출판사(플로우 출판사)를 세워 양질의 책들을 펴냈다. 하지만 이제 산에 숨어 있지 말고, 세상에 속하지 않되 세상 속으로 들어가야 한다는 자각이 일어났다. 그들은 상처 입은 주변 사회를 더욱 적극적으로 도울 방안을 모색했다. 그러다 예수님이 제자들을 둘씩 세상 속으로 파송하셨던 복음서의 이야기가 떠올랐다. 예수님은 아웃리치 단체나 사회 정의 단체를 설립하지 않으셨다. 5개년 전도 전략을 세우지도 않으셨다. 초기의 혁신은 얼핏 위험스럽고 어리석어 보이는 방법으로 시작되었다. 제자들은 돈도 여벌 옷도 없이 무작정 방랑 전도

길에 나섰다. 게다가 십중팔구 맨발이었을 것이다.

그래서 그 공동체는 결심을 했다. 이튿날 아침, 관련 공동체들까지 합세하여 약 3백 명이 돈도 자원도 없이 오직 사랑과 섬김의 열정만으로 길을 나섰다. (걸어서 다녔지만 신발은 신었을 것이다. 신발만 해도 얼마나 사치인가!) 여인들은 주차장에서 밤을 보내면서 섬길 곳을 찾아다녔다. 남자들은 거리를 걷다가 만나는 사람마다 사랑을 베풀었다. 어떤 이들은 허리케인이 휩쓸고 지나간 루이지애나 주를 찾아갔다. 중독자 회복 센터에서 봉사한 사람도 있었다. 우월감에 생색을 내며 하는 흔한 '복음 전도'와 달리 그들은 집 없는 방랑자의 모습으로 주님의 사랑을 실천했다. 그들의 사회 참여는 거창하지도 '적합하지도' 않았다. 그것은 왕이 다른 사람의 발을 씻겨주는 행동처럼 별나고 이상했다.

예수님은 우리를 독특한 공동체로만 부르신 것이 아니라 우리가 세상에 참여하기를 원하셨다. 이 공동체는 이 사실을 깨달았다. 우리는 이유 있는 반항아가 되어야 한다. 우리는 반문화적 가치(산상수훈)를 품고 나서 미친 세상의 한복판에서 그 가치를 실천해야 한다. 하지만 많은 교회가 세상에 순응하고 세상과 사랑에 빠졌다. 많은 교회가 세상의 커뮤니케이션 방식을 채택하고 세상의 소비 패턴으로 흘렀다. 문화와 타협하여 거룩한 반항의 미덕을 잃어버렸다. 하지만 그 옛날 예수님의 작은 캠페인에는 자동차 퍼레이드도 SUV도 첩보 기관도 없었다. 달랑 세상 변화의 비전만으로 길을 나선 누더기 차림의 맨발 사내들만 있었을 뿐이다.

TRAMPLE

소금이 짠 맛을 잃으면 무슨 가치가 있는가?

하나님의 좋은 피조 세계를 위한 좋은 패턴

전쟁과 석유, 자원과 국제 분쟁은 불가분의 관계에 있다. 오늘날 많은 사람이 이 관계를 깨닫고서 새로운 생활방식을 탐구하기 시작했다. 우리가 아는 사람 중에는 일터까지 걸어가거나 대중교통을 이용할 수 있는 거리에 집을 얻은 사람이 많다. 또 어떤 이들은 자전거를 개량해서 출퇴근하거나 장을 본다. 어떤 공동체는 고정식 자전거 페달을 돌려 세탁기를 가동하기도 한다. 이런 혁명적인 생활방식은 아무리 칭찬해도 부족하다. 이 사람들은 단순히 생활비와 기름 값을 줄이려는 것이 아니다. 이것은 가공과 운송(그리고 그것을 둘러싼 전쟁)에 엄청난 비용이 드는 연료 사용을 줄임으로써 엄청난 국제적 낭비를 줄이는 것이다. (괜히 다이어트법이나 운동 비디오테이프를 찾는다고 애쓰지 말고 그냥 위의 방법대로 해보라. 순식간 살이 빠지고 몸이 건강해질 것이다.)

3백 명을 맨발로 파송한 공동체도 새로운 생활방식을 구현했다. 특히 그들은 공동체의 청소년들에 관해 매우 파격적인 결정을 내렸다. 석유가 유한하고 (물과 함께) 점차 갈등의 원인으로 떠오르고 있기 때문에 공동체는 15세의 마을 청소년들에게 화석 연료가 아닌 다른 에너지로 움직이는 자동차가 나올 때까지 운전면허를 따지 말라고 권고했다.[8]

우리가 있는 필라델피아에는 새 예루살렘(New Jerusalem)이라는 명칭의 공동체가 있다. 새 예루살렘은 마약과 알코올 중독에 시달리는 사람들을 위한 회복 공동체다. 새 예루살렘에는 50명 이상이 살고 있는데, 그들 중 상당수가 원래 집도 직업도 없는 사람들이었다. 그들은 세상의 치유 없이는 자신들의 치유도 없다고 믿는다. 그래서 새 예루살렘의 벽에는 이런 표지가 걸려 있다. "우리가 온전히 회복되려면 우리를 아프게 한 사회가 회복되도록 도와야 한다." 필라델피아에서는 2만 개 이상의 일자리가 사라졌다. 따라서 뭔가 창조적인 해법이 필요하다. 새 예루살렘이 부활을 실천하기 위해 추진한 프로젝트 중 하나는 그리스(grease) 사용이다. 그들은 도시 곳곳에서 식물 기름을 모아 바이오디젤을 만드는 작은 그리스 주유소를 세웠다. 이 주유소를 보면 오일이 바닥난 이후 시대의 희망이 보인다. 새 예루살렘은 부랑자들에게 일자리를 제공한다. "왜 하필 버려진 채소 기름으로 차를 움직일까?" 누군가 이렇게 물으면 그들의 답은 간단하다. "우리는 그리스도인이거든요."

어떤 이들은 친환경 주택을 짓는다. 풀과 나무로 지붕을 덮고 냉방비와 난방비를 줄이며, 설거지한 물을 그냥 하수도로 흘려보내지 않고 모아두었다가 다시 사용한다. 또 어떤 이들은 단순히 (하이브리드 자동차처럼) 비용을 줄이는 게 아니라 오히려 (식수를 생산해내는 자동차처럼) 부가가치를 낳는 환경 보호 방법을 찾는다.[9] 이 모든 선지자적 상상은 이 책의 부수적인 주제가 아니다. 아담과 이스라엘, 예수님, 교회까지 하나님 백성들의 이야기 전체는 "이 땅과 그 안의 모든 것이 주님의 것"이라는 전제를 바탕으로 한다. 이 행성은 단순한 흙덩어리가 아니라 하나님의 기적이요 피조물이다! 이 사실을 전제로 하지 않는 기독교 정치, 하나님의 선물을 보지 못하는 기독교 정치는 팥소 없는 찐빵이나 다름없다.

부활을 실천하라

　요즘 지구 온난화와 환경 문제에 관한 이야기가 많이 나온다. 필라델피아와 캠던의 콘크리트 숲에 모인 우리는 부활을 실천하는 것. 그러니까 추악한 것을 아름답게 만드는 것에 관해 자주 이야기한다. 우리는 일회용품 사회의 쓰레기를 사용하려고 노력한다. 우리는 틈만 나면 쓰레기통을 뒤지며 거의 식사 때마다 '베지테리언(vegetarian, 채식주의자)'이나 '비건(vegan, 더욱 엄격한 채식주의자)', '레스큐드(rescued, 쓰레기통에서 나온)'라고 찍힌 음식을 내놓는다. 우리 정원에서는 낡은 냉장고가 퇴비 통으로 쓰이고 화장실과 타이어에서 야채가 자라난다. 속을 비운 컴퓨터와 텔레비전은 화분으로 개조했다.

　우리가 할 수 있는 가장 혁명적인 방식 중 하나는 스스로 농작물을 기르는

빼기

것이다. 도시 아이들은 우리 정원에서 자라는 토마토를 보고는 믿을 수 없다는 표정을 짓곤 한다. "이건 먹을 수 없어요." 그러면 우리는 껄껄 웃으며 이렇게 말해준다. "못 먹긴, 얘야, 이건 토마토야. 토마토는 공장에서 만드는 게 아니라 하나님의 기적이란다." 피조 세계에서 그토록 멀리 떨어져서 자란 아이가 어찌 창조주를 온전히 사랑할 수 있겠는가?

물론 농작물을 직접 기르는 것에서 그쳐서는 곤란하다. 시골에서 농부를 도우면 장거리 농산물 운송에 대한 의존도를 줄이고 고품질 농작물의 생산지를 직접 구경할 수 있다. CSA(community supported agriculture, 공동체 지원 농업)는 지역 농부들을 돕는 길 중 하나다. 농작물에 관해 거의 모르는 사람들이 CSA를 통해 농부들과 관계를 맺고 땅과 가까워질 수 있다. CSA에 참여하는 방법은 농작물 수확량의 '지분'을 사는 것이다. 이는 대규모 기업식 농업에 생존 자체를 위협받는 농부들에게 큰 도움이 된다. 오늘날 CSA에 참여하는 교회가 늘어나는 것은 다행스러운 일이다. 사실, CSA의 유익은 농부들을 거쳐 결국 우리 자신에게 돌아오게 되어 있다. "덜 쓰고 다시 쓰고 재활용하라." 이 구호에 따라 우리는 녹색 소비(green consumption)에서 '소비 감소'로 나아가야 한다. 더 많이 축적하려는 욕구와 탐욕을 버려야 한다.

포로들을 자유롭게 하라

감옥을 보면 사회의 건강을 확인할 수 있다고 한다. 그런데 미국은 인류 역사상 가장 큰 감옥 산업을 갖고 있다. 2백만 명 이상이 주로 경제와 마약 관련 범죄로 감옥에 있다.[10] 몇 년 전 복지 '개혁' 법이 통과되었을 때 어느 필라델피아 시의원은 복지 예산 감축에 대한 대비책을 묻는 질문에 감옥을 새로 지을 거라고 대답했다. 예수님의 노예 해방령("나는 포로 된 자들에게 자유를 주러 왔다.")이 선포된 마당에 감옥이 웬 말인가? 하나님이 원하시는 것은 단순한 징벌을 통한 정의(punitive justice, 인과응보)가 아니다. 그래서 우리가 아는 많은 사람이 회복을 위한 정의(restorative justice)를 추구하기 시작했다. 화해의 하나님을 믿는 그들은 가해자와 피해자를 한 자리에 모아 서로 이야기를 듣는 시간을 마련한다.

포로의 자유에 관한 너무도 아름다운 이야기 한 토막을 소개하고자 한다. 우리가 해외에서 만난 교회사(敎誨師)의 이야기다. 그는 경비가 극도로 삼엄하고 오로지 절망만 가득한 감옥에서 일했다. 하지만 감옥의 역사를 살피던 그는 감옥이 꼭 절망의 가두리가 될 필요는 없다는 사실을 발견했다. 감옥은 사회로부터 잠시 떨어져 지난 삶을 회개하거나 최소한 재고하는 공간이 될 수도 있다. 감옥은 사람들이 홀로 하나님을 만나는 일종의 수도원이 될 수 있다.

실제로 이 교회사는 감옥이 수도원으로 변하는 환상을 보았다. 그때부터 그는 한 번에 열 사람씩 모아 30일짜리 수련회를 열기 시작했다. 이 수련회 기간 동안 재소자들은 수도사처럼 행동했다. 먼저 그들은 죄를 고백하고 그리스도의 고난을 묵상했다. (십자가는 감옥의 쓰레기장에 놓았다. 그래서 죄수들은 주위에 가득한 악취를 맡으며 세상의 죄를 생각했다.) 그 뒤에는 정결해지는 경험을 하고 죄의 목록을 불태웠다. (죄의 가짓수가 너무 많아 거의 모닥불 크기로 불이 타오르는 경우도 있다.) 그 뒤에는 각자의 감방이 수도원 독방으로 바뀐다. 각자의 감방에 제단이 설치된다. 지옥이 예배당으로 변하고, 죄수는 수도사로 변한다.

하나님의 거리들

몇 년 전 시카고는 무법천지였다. 하루도 범죄가 일어나지 않는 날이 없었다. 자동차 절도와 마약 판매가 기승을 부리고 거리 폭력은 시민들을 두려움에 빠뜨렸다. 경찰은 그다지 도움이 되지 못했다. 오히려 경찰은 부정행위와 인종 차별, 잔혹함으로 악명이 높았다. 그래서 론데일 커뮤니티 교회(Lawndale Community Church)의 우리 친구들은 기도하면서 대책을 강구했다. 고민 끝에 나온 결론은 자체적인 치안 팀을 구성하자는 것이었다. 시카고 론데일에는 희망의 집(Hope House)이라는 멋진 단체가 있다. 이 단체의 구성원들은 과거에 마약에 찌들어 살았던 사람들이기 때문에 거리의 삶과 경찰의 추악하고 폭력적인 이면을 잘 알고 있다. 그들은 멋진 경찰 조끼들을 구해 입은 뒤 거리의 구석마다 배치되어 방범 근무를 섰다. 약간의 창의력과 용기에 신선한 시각과 기도하는 마음이 곁들여지자 거리와 경찰의 추악함이 점차로 중화되었다. 사랑은 두려움을 쫓아낸다.

노인과 더불어 살아가라

　미국인들은 새로움을 숭배하다가 노인들에 대한 배려를 잃어버렸다. 미국 교회도 마찬가지다. 하지만 우리가 아는 한 공동체는 다른 길을 걸었다. 그들은 사람들을 요람에서 무덤까지 돌보아준다. 한번은 우리가 그곳을 방문했을 때 한 노인이 죽어가고 있었다. 다행히 손자가 몇 개월째 일을 쉬면서 그를 돌보고 그 공동체까지 휠체어를 끌고 오가고 있었다. 그 노인은 아픈 가운데서도 계속해서 공동체의 제조 공장에 나와 쉬운 조립 작업을 담당하면서 주위 사람들에게 세월이 담긴 지혜를 나누어주었다. 이 공동체에서는 어느 구성원이 죽음에 임박하면 모든 구성원이 그 거처의 창문 밖에 모여 노래를 불러주곤 한다.

　우리의 친구인 다린과 미간 부부는 오마하에서 한 프로젝트를 통해 만난 긴(Guinn)이라는 할머니를 사랑하게 되었다. 긴 할머니는 알츠하이머병에 걸린 후 가족과 친구 모두에게 버림을 받았다. 정부가 무허가 서민 주택들을 강제 철거하기 시작하자 다린과 미간 부부는 긴 할머니 때문에 걱정이었다. 부부는 기도하면서 긴 할머니가 바람대로 홀로 살아갈 수 있도록 최선을 다해 도왔다. 도움의 손길은 간단한 일부터 시작되었다. 이를테면 할머니와 함께 밥을 먹고, 한 명이 할머니와 대화하는 동안 다른 한 명은 빨래를 대신 해주었다. 그러다가 나중에는 할머니를 집으로 데려와 목욕을 시켜주고 때마다 약을 챙겨주고 약속 장소에 데려다주고 재정적인 업무를 대신 처리해주었다. 하지만 아무래도 할머니가 혼자 살도록 놔두는 것은 최선책이 아닌 듯했다. 다린과 미간 부부는 고민 끝에 할머니를 국가 요양소로 보내기로 결정했다. 그런데 어느 날 할머니의 아파트를 청소하던 미간은 "나를 요양소로 보내지 마오."라고 쓴 낡은 메모지를 발견했다. 메모지 아래에는 작은 글씨로 '기네비어 콜린스(Guinnevere G. Collins)'라고 서명되어 있었다.

다린과 미간 부부는 평생 처녀로 살아온 긴 할머니의 가족이 되어주는 문제를 놓고 고심에 고심을 거듭했다. 결국은 긴 할머니를 입양하라는 기도 응답이 왔다. 현재 다린 부부와 긴 할머니가 함께 산 지는 4년이 넘었다. 그 과정이 쉽지만은 않았다. 할머니의 병세는 나날이 악화되었다. 할머니는 한때 전도양양했던 여배우라서 그런지 거칠고 괴팍하다. 또 할머니는 병 때문에 자신이 어디에 있는지를 자주 까먹는다. 그래서 할머니와 함께하는 삶은 매순간이 모험이다. 할머니는 걸핏하면 "여기가 알프스야? 영국인가?"라고 묻는다. 다린과 미간 부부는 할머니가 그림을 배우도록 도와주었다. 할머니가 상스러운 농담을 내뱉고 남자 친구를 찾아다니고 신나서 몸을 흔들 때마다 부부는 그저 미소만 짓는다. 얼마 전 부부는 저스티스(Justice)라는 아이를 낳았다. 어린 저스티스를 안은 긴 할머니의 얼굴에는 전에 없는 생기가 흐른다. 다린과 미간, 저스티스 덕분에 긴 할머니는 기쁨 속에서 이 땅에서의 삶을 잘 마무리하고 있다.

샘 아저씨(미국 정부)의 것은 샘 아저씨에게 주라

예수님이 세금의 절반 가까이를 전쟁 기계에 쏟아 붓는 미국에서 사셨다면 세금에 관해 어떻게 하셨을까? 로마 제국과 미국 제국의 섬뜩한 유사성을 생각하면 그 답을 미루어 짐작할 수 있다. 로마 제국과 마찬가지로 미국 제국은 어떤 이들에게 사랑을 받고 어떤 이들에게는 미움을 받으며 모든 이의 두려움을 받는다. 학자들은 미국과 마찬가지로 로마 제국 예산의 50퍼센트가량이 군비에 지출되었을 것이라 추정한다. 미국 국세청에서 납세 고지서가 날아오면 예수님은 어떻게 하실까? 물고기의 입에서 돈을 꺼내실까? 혹시 근처에 호수가 없다면 어떻게 하실까?

미국 제국 전역의 그리스도인들은 예수님이 보여주신 선지자적 창의성을 드러내며 살고 있다. 이를테면 샘 아저씨의 레이더망에 걸리지 않도록 빈곤선보다 훨씬 낮은 수준에서 사는 그리스도인이 많다. 세금을 내는 것이 타당한가? 예수님의 대답은 이렇지 않을까? "단순하게 살아라. 그러면 샘 아저씨가 네게서 빼앗아갈 게 전혀 없을 것이다." 시카고의 레바 플레이스(Reba Place) 같은 기독교 공동체들은 철저히 독립적인 생활을 하고 있다. 이 공동체들이 정부의 서비스를 얼마나 철저히 거부했는지 정부에서 501d3 항목 아래에 '사도적 집단'이라는 범주를 따로 만들었을 정도다. 정부는 예수님에 미친 이 공동체들을 어찌해야 할지 몰라 그저 좌시하고만 있다.

이 군비 증강의 시대에 전쟁세를 반대하는 움직임이 신선한 형태들로 나타나고 있다. 그중에서도 우리가 가장 좋아하는 방법은 전쟁세를 하나님 나라를 위한 비영리 사역에 기부했다는 내용의 영수증과 함께 편지를 국세청에 보내는 것이다. 미국의 많은 그리스도인이 이 방법을 취하고 있다. 대개 편지에는 가난한 자와 공익을 위한 세금은 좋지만 복음의 사람은 평화를 추구할 뿐 생명 파괴에 단 한 푼도 보탤 수 없다는 내용이 쓰여 있다. 세금의 상당 부분이 무기 증강에 쓰인다는 사실을 알고 나서 전쟁세를 거부하는 그리스도인이 많다. 그들은 카이사르를 위해 향을 태우지 않았던 초대 교인들과 같다.

물고기의 입에서 돈을 꺼내셨던 분께서 오늘날의 카이사르에 대한 혁명적 복종의 길에서 우리를 도우시길.

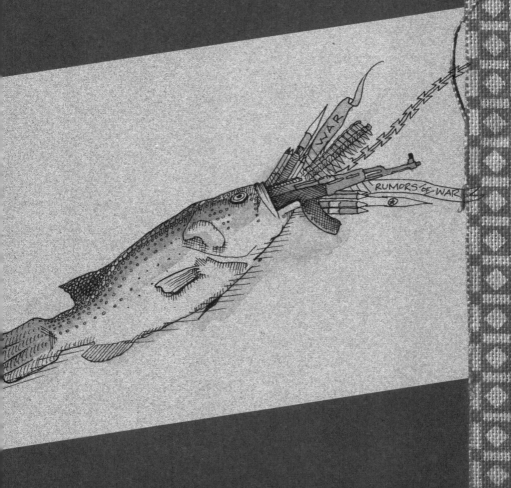

자급자족

　새로운 경제와 정치를 실천하는 방법 중 하나는 제국의 쓰레기들로 각자 쓸 물건을 만드는 것이다. 우리 공동체들에서는 필요한 물건을 대부분 직접 만들어서 쓴다. 우리에게는 타이어로 신발을 만드는 친구들이 있다. 우리는 헌 커튼으로 예쁜 가방을 만든 다음, 안전

띠와 자전거 타이어로 가방끈을 만들어 붙인다. 머그잔도 우리가 직접 만든 것이다. 우리의 작품 하나마다 글로벌 기업 경제에 대한 작은 저항 하나다. 초나 종이를 함께 만들면 그 과정에서 서로 하나가 된다는 점도 큰 유익이다. 겨울만 오면 셰인과 그의 어머니는 함께 손자손녀의 옷을 만든다. 크리스와 캐시의 결혼식 때는 모자가 하객 선물로 남성용 바지들을 만들었다. 이런 예술 활동을 통해 우리의 일상에 의미가 더해진다. 우리는 예술가 하나님의 형상을 따라 지음 받은 존재들이다.

　간디의 물레바퀴는 20세기 초 영국의 인도 점령에 대한 비폭력 저항 운동의 상징이었다. 간디가 입을 옷을 스스로 만든 것은 억압적인 사회에 의존하지 않겠다는 의지를 드러낸 행위였다. 바다까지 행진하여 직접 소금을 얻으리라! 직접 곡식을 키우고 옷을 재봉질하리라! 간디를 중심으로 한 비폭력 운동가들은 제국의 경제에 의존하지 않았다. 심지어 정부 건물과 의회에까지 집에서 짠 옷을 입은 사람들이 있었으니 당시 간디의 비폭력 혁명이

이런 이야기가 전해져온다. 간디가 평소처럼 인도 빈민들의 누더기를 입고 영국 왕과의 중요한 모임 자리로 향했다. 도중에 한 뉴스 기자가 간디의 옷차림을 보고 말했다. "왕을 만나러 가는 자리인데 옷을 좀 더 입지 그러십니까?" 그러자 간디가 미소를 지으며 대답했다. "왕궁에 가면 내가 입을 옷까지 충분히 있을 겁니다."

얼마나 광범위하게 퍼져 있었는지 짐작할 수 있다.

게다가 물건 만드는 일은 재미있다. 언젠가 한 단체에서 직접 옷을 지어 입기 시작했는데 그 과정이 너무도 즐겁다는 편지를 우리에게 보내왔다. 그들은 공동 작업을 통해 디즈니랜드에서도 얻을 수 없는 즐거움을 얻었다. 그들에게 공동 작업은 해외 노동력 착취에 '저항하고 증언하는' 행위였다. 또 다른 단체는 자녀들을 목화 농장으로 데려가 직접 목화를 따면서 조상들을 기억하고 땀 흘리는 농부들을 생각하게 만들었다는 편지를 보내왔다. 목화를 따자 손이 더러워지고 작열하는 태양이 땀으로 범벅된 몸에 따갑게 내리쬐었다. 이튿날에는 등이 욱신거렸다. 이렇게 고생을 하고 나자 아이들은 자기들이 매일 사용하는 물건을 만드는 노동자들을 새로운 눈으로 보게 되었다.

일전에 우리가 방문한 대학에서는 청년 공화당(Young Republicans)과 사회 정의 클럽(social justice club)이 극심하게 대립해왔다. 그런데 이제 그들이 은혜의 가치를 깨닫고 공통 기반을 찾기 위해 힘을 합쳤다. 이데올로기나 정치, 사회 측면에서는 아직 일치하지 않는 점이 많지만 부랑자들이 거리에서 얼어 죽도록 방치해서는 안 된다는 점에서는 의견이 일치했다. 그래서 그들은 함께 담요를 만들어 거리로 가지고 나가는 사역을 시작했다. 함께 행동을 하면 말과 이데올로기를 초월하는 신비로운 일이 일어날 수 있다. 이데올로기는 달라도 사랑의 행위를 통해 공통 기반을 구축할 수 있다. 거리의 부랑자들에게는 학생들이 지난 선거에서 어느 당에 표를 던졌는지가 아무런 관심거리도 못 된다.

진정한 안보 계획

벨리즈 우림 지역의 농부들은 이만저만 고생이 아니다. 우림의 열기와 습기는 나뭇잎들이 땅을 비옥하게 만들 틈을 주지 않는다. 게다가 개미는 개미대로 땅을 비옥하게 하는 나뭇잎들을 정신없이 먹어치운다.

그래서 이곳에서 농사는 가히 혈전이다. 관개라고 해봐야 당근과 상추 밭 등에 설치된 호스의 작은 구멍들에서 물이 똑똑 떨어지는 게 전부다. 농부들은 말을 타고 다니며 직접 제재소를 운영한다. 그들이 그렇게 고생해서 번 돈은 얼마 되지 않고, 사실 많은 돈도 필요하지 않다. 협동심과 농사 기술이 곧 그들의 부다.

그런데도 가끔 무장 강도들이 들이닥쳐 농부들의 얼마 되지 않는 돈을 털어간다. 최근에도 농부들이 멀리 나가 있는 동안 한 강도가 집들을 털어갔다. 다행히 경찰이 범인을 찾아 감옥에 가두었다. 이때 이 농사 공동체는 두 가지 일을 했다. (1) 약탈의 가능성을 애초에 차단하기 위해서 다른 곳에서는 쓸 수 없는 독자적인 지폐를 찍었다. (2) 강도가 복역을 마치고 나오자 그를 찾아내어 집을 지어주었다. 말할 것도 없이 이 강도는 회심했다.

이 이야기의 가장 빛나는 점은 농부들의 비폭력과 창의성이다. 하지만 비폭력이 가능해진 이유를 간과해서는 안 된다. 물론 예수님의 가르침에 대한 믿음이 순종과 창의성의 뿌리다. 그러나 예수님을 믿는다고 해도 실제로 그분을 따르기는 말처럼 쉽지가 않다. 예수님의 가르침대로 하고 싶다고 말하는 사람이 많다. 하지만 대부분의 사람들에게는 예수님의 가르침대로 행하는 데 걸림돌이 너무 많다. (형성하는 데 시간과 노력이 들어가는) 경제적 사회적 요인들은 예수님의 가르침대로 행하는 데 도움이 될 수도 걸림돌이 될 수도 있다.

이 공동체가 폭력과 절도에 어떤 반응을 보일지를 결정한 주된 요인 중 하나는 그 공동체의 경제적 능력이다. 물론 세상의 기준에서 이 농부들은 부요하지 않다. 하지만 그들의 경제적 삶은 시련을 통해 형성되었다. 그들은 적은 물질로 견디는 법을 배웠기 때문에 폭력과 절도 앞에서도 흔들리지 않는다. 그들은 자신들이 혼자가 아님을 안다. 그들의 생존은 돈이 아니라 땀과 기술, 협력을 통해 이루어진다. 그래서 그들은 절도를 두려워하지 않는다. 돈을 뺏겨도 얼마든지 살 수 있다는 것을 알기 때문이다. 그들은 스스로 나무를 베고 집을 짓고 옷을 만들고 농작물을 기를 수 있다. 그들은 이 땅에 재물을 쌓지 않기 때문에 침입자에 대한 살의를 전혀 느끼지 않는다. 그래서 그들은 진정한 의미에서 '우리가 우리에게 죄 지은 자를 사하여준 것 같이'라고 기도할 수 있다.

핵가족. 1인당 차 한 대. 중국에서 값싸게 수입한 '나의 것'으로 가득한 집. 오늘날 이런 개인화된 생활방식 때문에 예수님을 따르기가 맘처럼 쉽지 않다. 모래 위에 집을 지으면 집이 허물어지는 것을 막는 데 에너지를 허비하게 된다. 위의 농부들은 강력한 협력의 경제 덕분에 약탈의 상처를 쉽게 극복할 수 있다. 경제적으로 무너질 염려가 없기 때문에 원수를 용서하기가 쉽다. 경제적으로 예수님을 따르지 않으면 (원수와 관련해서) 사회적으로 예수님을 따르기가 어렵다.

예수님의 제3의 길

범죄학자들에 따르면 상대방을 가장 빨리 무장 해제시키는 방법은 뜻밖의 행동을 하는 것이다. 폭력을 행하는 사람은 희생자의 예측 가능성에 의존한다. 그래서 희생자가 예상 밖의 행동을 하면 가해자의 계획은 완전히 흐트러진다. 예수님은 갈등의 한복판에서 늘 별난 행동을 하셨다. 사람들이 간음한 여인을 돌로 쳐서 죽이려는 순간 예수님은 몸을 굽혀 땅에 뭔가를 쓰셨다. 그러자 결국 모든 사람이 돌을 내려놓았다. 병사들이 예수님을 잡으러 왔을 때 베드로는 검을 꺼내 한 남자의 귀를 잘랐다. 그러자 예수님은 베드로를 꾸짖으신 뒤 그의 귀를 주워 다시 붙여주셨다. 특히 병사들이 볼 때 그 행동은 뜻밖이었다. (자기를 잡으러 온 사람의 귀를 다시 붙여줄 사람이 또 있을까?) 예수님의 신학적 기행과 선지자적 상상력에는 사람들을 무장 해제시키는 힘이 있었다. 예수님의 별난 행동에 사람들, 심지어 그분을 미워하는 자들까지 웃으며 방어 자세를 풀었다.

뮤지컬 〈레미제라블(Les Miserables)〉도 은혜의 무장 해제시키는 힘을 보여준다. 어느 날 한 신부가 장발장이라는 부랑자를 집에서 재워주었다. 하지만 배은망덕한 장발장은 도둑질을 하고 도망쳤다. 이튿날 경찰들이 장발장을 신부 앞으로 끌고 왔다. 장발장은 경찰들에게 가방 속의 은 집기를 신부에게서 선물로 받았다고 말한 상태였다. 그때 신부의 입에서 놀라운 말이 튀어나왔다. "잘 돌아왔소. 깜박하고 촛대를 안 주었구려." 신부는 풀려난 장발장의 귓가에 이렇게 속삭였다. "내가 이걸로 당신 영혼의 자유를 위한 값을 지불했소."

뮤지컬이라면 몰라도 현실에서는 쉽지

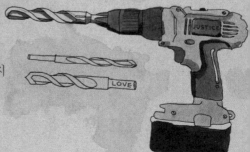

않은 이야기다. 누군가가 파워드릴을 훔쳐갔는데 드릴 세트를 들고 그 사람을 쫓아가 "여보시오, 이걸 놓고 갔소."라고 말할 사람은 별로 없다. 우리는 사랑의 교훈보다는 정의의 교훈을 가르치는 데 익숙하다.

사랑은 가혹하고 두려운 것이지만 그 외에 다른 답은 없다. _도로시 데이

　사랑은 용기를 필요로 한다. 늘 우리 집에서 놀던 한 이웃 아이가 하루는 무척 화가 나서 우리를 찾아왔다. 연유를 물어보니 학교에서 괴롭힘을 당했다는 것이었다. 우리는 그 아이에게 이렇게 말해주었다. "롤랜도, 이건 그 친구에게 올바른 친구 관계를 가르쳐줄 기회야. 그 친구에게 사랑과 우정이 어떤 건지를 가르쳐주렴." 그러자 롤랜도가 머리를 긁적였다. "어휴, 사랑은 너무 어려워요."

은혜의 캔을 따라!

우리 이웃에 사는 멋진 소년 카심은 열한 살이다. 카심의 엄마는 그를 밖에 잘 내보내지 않는다. 카심을 보노라면 그 순수함과 용기를 평생 잃지 말았으면 하는 생각이 든다. 카심은 우리와 함께 요리를 하고 정원을 가꾸고 〈오셀로(Othello)〉 연극을 하는 것을 좋아한다. 집안 청소와 숙제도 늘 즐겁게 한다.

어느 날 나(셰인)는 카심과 우체국으로 걸어가고 있었다. 우체국 가는 길은 내가 한 주에도 몇 번씩이나 오가는 길이다. 좁은 골목길을 걷는데 몇몇 십대 소년이 우리를 뒤따르기 시작했다. 분위기가 심상치 않았다. 두 명이던 무리는 네 명에서 여덟 명을 거쳐 십여 명으로 늘어났다. 그때부터 그들은 우리에게 욕을 하고 돌과 막대기를 던지면서 시비를 걸었다. 이런 상황에서 예수님이라면 어떻게 하셨을지 판단하기란 언제나 쉽지 않다. "가서 인사를 하자." 내 말에 카심이 회의적인 눈빛을 보내왔다. 도망치면 쉽게 우체국까지 이를 수 있었지만 우리는 몸을 돌려 그들 쪽으로 걸어갔다. "안녕, 나는 셰인이야. 여기는 내 친구 카심이고. 우리는 저 길모퉁이 돌아 나오는 집에서 살아." 나는 그렇게 말하면서 손을 내밀었다. 그러자 그들은 어쩔 줄 몰라 했다. 두 명은 나와 악수를 하면서 자신을 소개했고 몇 명은 킬킬거렸으며 한두 명은 악수를 거부했다. 우리는 "만나서 반가웠어."라고 말하고 나서 몸을 돌려 갈 길을 갔다.

하지만 그들은 흩어지지 않고 다시 우리를 쫓아와 돌과 병을 던졌다. 몸을 돌려보니 두 명이 쓰레기통에서 빗자루를 꺼내드는 모습이 보였다. 우리는 조금 속도를 더했고 나는 카심을 보며 말했다. "아니야. 달리지는 마." 우리가 몸을 돌리자 느닷없이 한 명이 빗자루로 카심의 머리를 때렸다. 나는 엄한 목소리로 말했다. "우리가 뭘 잘못했다고 그러냐?" 하지만 그들은 낄낄거리더니 빗자루로 내 등을 내리쳤다. 급기야 나는 거룩한 분노를 터뜨리기로 했다. 나는 그들의 눈을 똑바로 쳐다보며 최대한 위엄 있게 말했다. "너희는 하나님의 형상을 따라 창조되었어……. 너희 한 명 한 명이 다 그래. 너희는 이렇게 살 존재가 아니야. 카심과 나는 예수님의 제자야. 그래서 싸우지 않을 거야. 대신 너희가 무슨 짓을 해도 우리는 너희를 사랑할 거야." 그들은 전혀 뜻밖이라는 표정으로 서로를 쳐다보더니 처음으로 잠잠해졌다. 그리고 잠시 후 사방으로 흩어져 떠나갔다.

나중에 카심이 한 말이 지금도 귓가에 생생하다. "난 왜 권투를 배우고 있을까요?" 그 말

에 우리는 한바탕 웃었다. 나는 우리가 싸웠으면 어떻게 되었겠느냐고 물었다. "양쪽 다 피를 보았겠죠. 물론 우리가 더 비참하게 당하긴 했겠죠." 필시 양쪽 다 적잖이 다쳤을 것이다.

나는 카심에게 우리의 행동을 예수님이 기뻐하셨겠느냐고 물었다. 카심은 잠시 생각하더니 빙긋 웃으며 고개를 끄덕였다. 나는 그 상황에서 예수님이라면 어떻게 하셨을지 정확히는 모르겠지만 최소한 두 가지 행동은 하지 않으셨을 거라고 말했다. 예수님은 싸우지도 도망치지도 않으셨을 것이다. 예수님은 언제나처럼 뭔가 별난 행동으로 그들을 무장 해제시키셨을 것이다. 어쩌면 분필로 보도 위에 "너희는 이렇게 살 존재가 아니야."라고 쓰시거나 비둘기의 입에서 캔디를 꺼내 그들에게 내밀었을지도 모른다. 어떤 경우든 예수님은 분명 우리의 행동을 기뻐하셨을 것이다. 우리는 그분의 좋은 사절이요 증인처럼 굴었다. 우리는 그 십대 아이들을 때리지도 미워하지도 않았다. 카심은 내 말에 고개를 끄덕였고 우리는 함께 그들을 위해 기도를 드렸다. 집으로 돌아가기 전에 카심은 그들이 그날 밤 편하게 발을 뻗고 자지 못할 거라고 말했다.

그러나 그날 밤 카심과 나는 두 발을 쭉 뻗고 잘 잤다. 아침에 등이 약간 욱신거리기는 했지만 나는 그 어느 때보다도 행복했다. 딱 하나, 카심의 어머니가 그를 다시는 집 밖으로 내보내지 않을까 봐 약간 걱정이 되었다.

다윗 왕처럼

나(크리스)는 벨리즈에서 농부들에게 호되게 당한 적이 있다. 내가 말을 태워줄 수 있냐고 묻자 농부들이 말 한 마리 위에 안장을 얹었다. 그런데 내가 타자마자 말은 자기 맘대로 날뛰기 시작했다. 나는 말에서 내리자마자 농부들에게 성질 못된 말을 태워주었다고 따졌다.

그러자 한 농부가 말했다. "원래는 다른 말이 있었어요. 저 말은 새로 들어온 말이에요."

"원래 있던 말은 어디 갔어요?"

"멕시코 노상강도들이 마을에 들이닥쳐 훔쳐갔어요. 그런데 나중에 보니 근처 숲에 말이 묶여 있더군요."

"말을 찾았는데 왜 여기 없죠?"

"갈기와 꼬리털을 잘라 오고 말은 거기에 두었어요."

"예? 무슨 말씀이신지?"

그런데 농부도 나 못지않게 혼란스러운 표정이었다. 그는 나와 함께한 무리를 보았다. 나를 포함한 17명은 벨리즈로 유학을 온 학생들이었다. 우리는 한눈에 봐도 미네소타 출신에다 크리스천처럼 보였다.

"모두 크리스천인가요?" 농부는 우리의 기분을 상하게 하지 않으려는 듯 부드럽게 말했다.

"예, 맞아요." 우리는 한 목소리로 대답했다.

"그렇다면 다들 성경을 읽어보았겠군요?"

우리는 모두 고개를 끄덕이면서 성경을 하나님의 말씀으로 믿는다고 말했다.

"성경을 읽어보았다니 다윗과 사울의 동굴 사건에 관해 알겠군요. 사울은 다윗을 죽이려고 추적하다가 둘 다 동굴에 들어가게 되었지요. 다윗은 어둠 속에서 사울을 죽일 수 있었지만 사울의 옷자락만 잘라 자신이 왔다갔다는 표시를 남겼어요. 보기 드문 자비와 사랑의 행위죠. 나중에 사울은 이 사실을 알게 되었어요."

신실하다고 자부하던 우리는 여전히 농부들이 말을 도로 끌고 오지 않은 이유를 알 수 없었다. 말이라면 농부들에게 자동차나 다름없는 존재가 아닌가. 우리 모두는 침을 꿀꺽 삼키면서 농부의 해명을 기다렸다.

"아직도 이해가 가지 않나요? 그렇다면 예수님에 관해서는 잘 아시겠죠?" 그러면서 농부는 예수님이 제자들에게 악을 선으로 갚으라고 가르치셨다는 말을 했다. 그는 예수님이 원수를 사랑하는 법을 가르치고 몸소 보여주셨다고 했다.

리디아

　심플 웨이의 초창기에 브라질에서 온 리디아라는 아가씨가 멤버로 들어왔다. 리디아는 몸집은 작지만 생기가 넘치고 과감하다. 그녀는 부드러우면서도 할 말은 할 줄 아는 여인이었다. 사실 우리 공동체의 여인들 대부분이 그렇다. 하루는 리디아가 기차를 타고 여행하는데 한 남자가 옆자리에 앉더니 칼을 들이대며 말했다. "조용히 들어. 가방을 놓고 다음 역에서 내려서 조용히 사라져." 하지만 리디아는 눈 하나 깜짝하지 않으며 말했다. "내 이름은 리디아예요. 브라질에서 왔어요." 남자는 황당하다는 표정으로 바라보고 리디아는 말을 이어갔다. "내 가방에는 가족과 내게 소중한 사람들의 사진과 주소만 가득해요. 당신에게 전혀 필요 없는 것들이죠. 아마 당신이 원하는 건 돈이겠죠? 가방에는 한 푼도 없어요. 하지만 내 호주머니에 돈이 좀 있죠. 자, 이렇게 하죠. 내가 20달러를 꺼내서 줄 테니까 다음 역에서 내려서 조용히 사라져요." 남자는 리디아의 말대로 했다.

용서하라

얼마 전 우리는 우연히 '세계 최고의 동영상(World's Best Video)' 중 하나를 보게 되었다. 동영상 속에서 하키 경기 중 한 선수가 슈팅을 한 뒤 갑자기 난투극이 벌어졌다. 그런데 이 선수는 온화한 성품에다 하키에 대한 사랑으로 유명한 사람이었다. 그래서 그는 싸움의 한복판에서 빠져나왔다. 그래도 싸움이 더 거칠어지자 그는 싸움꾼들의 관심을 흐트러뜨리기 위해 유니폼을 찢어발긴 뒤 하키 링크를 질주하기 시작했다. 그러자 난투극은 곧 끝이 났다.

"대단해. 하지만 수만 명이 잔혹하게 학살되고 2백만 명 이상이 폭력으로 추방당한 다르푸르에서라면 얘기가 달라질걸."

과연 그럴까? 우리 친구 중에는 약 백만 명이 잔혹하게 살해당할 당시의 르완다에서 자란 셀레스틴이란 친구가 있다. 셀레스틴은 목사가 된 후 후투 족과 투치 족의 화합을 이끌어내라는 소명을 느꼈다. 당시 다르푸르에서 용서는 무의미한 단어였다. 셀레스틴은 폭력을 회개하라고 외치다가 결국 두 부족 모두의 살생부에 올랐다. 그는 끊임없이 얻어맞고 절친한 친구들이 고문당하고 죽어나가는 꼴을 지켜봐야 했다. 때로 그는 분노와 혼란과 상심에 사로잡혔지만 비폭력의 예수님을 외치는 일을 그만둘 수 없었다. 1998년 12월 무장 세력이 쳐들어와 마을 사람들과 셀레스틴의 교회 교인들을 70명 이상 학살했다. 당시 사망자에는 셀레스틴의 아버지도 포함되어 있었다. 그럼에도 셀

레스틴은 계속해서 화해의 복음을 전했다. 그러던 어느 날 기적이 일어났다. 셀레스틴의 교인들을 죽였던 병사들의 친척 중 한 명이 그리스도를 영접한 것이다. 그는 칼을 내려놓고 십자가를 들었다. 현재 그는 회개의 몸짓으로 셀레스틴의 노모를 돌봐주고 있다. 이것이 은혜의 복음의 위력이다.[11]

이런 이야기는 뉴스거리가 되지 못한다. 하지만 이런 이야기야말로 세상을 바꾸는 이야기들이다. 한 병사의 회심이 일으킨 물결은 측량 불가이며 이 물결의 무장 해제 능력은 불가사의하다. 한 사람이 회심하자 눈에는 눈, 폭탄에는 폭탄이라는 논리가 사라진다. 한 사람이 원수를 사랑하자 거대한 분쟁이 와해된다.

열매로 싸우라

이라크 전쟁 중 미국 국민들은 극도로 분열되었다. 양편 모두 미움과 분노로 들끓었다. 그런데 그 와중에도 캠던 하원에 있는 친구들은 아름다운 일을 벌였다. 각각 성령의 열매(사랑, 희락, 화평, 오래 참음, 자비, 양선, 충성, 온유, 절제) 중 하나가 적힌 삼베옷을 입고서 전쟁 반대 시위의 한복판으로 걸어 들어간 것이다. 그들은 주전론자들과 부시 반대자들 모두에게 성령의 열매를 상기시켰다. 이런 행동은 찌푸린 사람들을 웃게 만들고 하나님께 조금 더 가까이 다가가게 만든다.[12]

일전에 나(셰인)는 어느 교회에서 메시지를 전했는데 그 교회 청년 중 한 명이 곧 이라크로 파병될 예정이었다. 평화에 관한 내 설교가 끝나자 목사는 내게 그 병사를 위한 기도를 부탁했다. 뭐라고 기도해야 할까? 고민 끝에 나는 성령의 열매를 천천히 하나씩 언급한 뒤 그 열매들이 그 병사 안에서 맺히기를 위해 기도했다. 예배가 끝나고 그 신병은 나를 찾아와 눈물을 흘리며 꼭 듣고 싶은 메시지였다고 말했다. 그는 군대에서는 그런 열매를 권장하지 않는다고 했다. 이에 나는 군대에서 성령의 열매를 맺기 힘들겠다고 판단될 때 언제라도 우리에게 연락하면 군대에서 빠져나오도록 돕겠다고 말했다.

우리가 평화를 일구는 일과 '예수님의 제3의 길'에 관해 말하면 으레 사람들은 극단적인 상황에 관한 질문을 던지곤 한다. "강도가 우리 집에 난입해 할머니를 강간하면 어떻게 해야 할까요?" 물론 비폭력 '전략'으로 모든 상황을 다룰 수는 없다.[13] 중요한 것은 예수님의 인격과 정신을 내면화하는 것이다. 우리는 매일 성령의 열매를 묵상하며 우리 안에서 그 열매를 맺기 위해 기도해야 한다. 그러면 나쁜 상황에서 예수님처럼 행동할 지혜와 용기가 생길 것이다.

어느 축제 현장에서 내가 메시지를 전한 뒤 역시나 까다로운 질문이 날아왔다. "다르푸르에서 젊은 폭력단이 칼을 들고 당신을 추격하면 어쩔 겁니까?" 이런 이상한 질문은 똑같이 이상한 대답으로 맞받아쳐야 한다. 그래서 나는 이렇게 대답했다. "옷을 모두 벗고 닭처럼 꼬꼬댁거리며 입으로 땅을 쫄 겁니다." 물론 이렇게 해서 젊은 폭도가 무장을 해제할지는 나도 모르겠다. 하지만 닭 전략을 쓰든 맞붙어 싸우든 결과가 빤하다면 나는 전자를 택하겠다. 닌자처럼 하늘을 날며 묘기를 부리지 못할 바에야 무릎을 꿇고 방언으로 기도할 것이다. 물론 둘 다 수단 같은 지역의 형제자매들이 겪는 비극의 해법은 되지 못한다. 그러나 구원하는 폭력은 더더욱 답이 아니다. 벌거벗고서 닭처럼 구는 행동이 오히려 낫다. 그리고 이왕이면 내 친구 셀레스틴처럼 하는 편이 더 낫다. 예수님은 "사람이 무고한 자를 보호하기 위해 사람을 죽이면 이보다 더 큰 사랑이 없나니."라고 말씀하신 적이 없다.

기독교 평화 운동 팀들에게 던지는 쓴 소리

우리 사회들이 지원하는 불의에 맞서 비폭력 운동을 펼치려면 부상과 죽음을 각오해야 합니다. 그렇지 않으면 이 절박한 땅들에서 우리 형제자매들에게 평화에 관해 말하기는커녕 속삭일 수조차 없습니다. 국제 분쟁을 줄이기 위한 새로운 비폭력 운동에 죽음을 각오하고서 뛰어들지 않는다면 검 대신 십자가로 싸우겠다는 말은 공허한 메아리일 뿐입니다. 핵 보유 국가들에서 우리가 핵무기 없는 삶을 추구할 때 사회적 비난과 정부의 억압을 무릅쓰지 않는다면 안타깝지만 그것은 우리 평화 운동의 유산을 배신한 것입니다. 평화를 일구기 위한 대가는 전쟁의 대가만큼이나 큽니다. 평화를 일구기 위한 대가를 치를 각오가 되어 있지 않다면 평화 운동이라는 명칭을 사용하거나 평화의 메시지를 전할 자격이 없습니다.

_론 사이더(1984년 메노파 교회 세계 총회 설교에서)

•아미시파를 통한 국토안보

2006년 총을 든 남자가 아미시파 학교에서 다섯 명의 아이들을 죽였을 때 아미시파 사람들이 어떻게 반응했는지 기억나는가? 우리 친구 다이애나 버틀러 베이스는 글을 통해 9·11 사태 이후 아미시파가 미국을 이끌었다면 세상이 훨씬 더 좋아졌을 거라고 말했다.[14] 다이애나의 글에 따르면 살인자에 대한 아미시파 사람들의 반응은 세상을 매료시켰다. 총기 사건이 일어난 후 1주 동안 희생자 가족들은 네 가지 반응으로 세상의 관심을 끌었다. 첫째, 몇몇 장로들이 살인자의 아내 마리 로버츠를 찾아가 용서의 말을 전했다. 그 다음에는 희생자 가족들이 마리 로버츠를 자녀들의 장례식장에 초대했다. 뿐만 아니라 그들은 모든 구호 성금을 마리 로버츠 및 그 자녀들과 나눠 쓰기로 했다. 마지막으로, 수십 명의 아미시파 가족들이 살인자의 장례식에 참석했다. 이 얼마나 놀라운 화해의 몸짓인가!

다이애나는 남편과 함께 이런 행동의 영적 능력에 관해 이야기를 나누었다고 했다. "평화주의에 대한 놀라운 증거네요." 다이애나의 이 말에 남편이 정색을 하며 대답했다. "증거? 증거 정도가 아니야. 그들은 평화주의를 증거한 게 아니라 평화를 일구어낸 거야." 다이애나의 글은 남편의 이 말을 깊이 묵상한 후 깨달은 바를 다음과 같이 말하면서 끝을 맺는다.

> 그들의 행동으로 기독교의 하나님이 화해의 하나님이심이 증거되었을 뿐 아니라 용서를 위한 환경이 조성되었다. "아버지 저들을 사하여 주옵소서. 자기들이 하는 것을 알지 못함이니이다." 그들은 그리스도의 이 정신을 철저히 본받기 시작했다. 그들은 용서에 관해 생각만 하지 않고 실제로 용서했다. 기독교의 가르침에 따르면 이 용서는 평화의 선행 조건이다. 우리가 용서할 수 있는 것은 하나님이 우리를 용서하셨기 때문이다. 용서하는 것은 화해와 샬롬을 향한 하나님의 꿈에 동참하는 것이다.

문득 이런 생각이 머릿속에 떠올랐다. 아미시파가 테러와의 전쟁을 지휘했다면? 2001년 9월 12일 저녁에 우리가 오사마 빈 라덴의 집에 가서(물론 그가 사는 곳을 알지 못했으므로 이건 은유적인 표현이다) 용서를 베풀었다면? 우리가 9·11 사태 희생자들의 장례식에 비행기 납치 테러범들의 가족을 초대했다면? 9·11 테러 사태 기금의 일부를 이슬람 국가의 빈곤 퇴치에 사용했다면? 우리가 이 국가의 죽은 자들을 위해 애도했다면? 우리가 복수를 추구하기보다는 서로의 죄를 솔직히 인정하고 고통과 슬픔을 함께 나누었다면? 우리가 평화를 이루기 위해 노력했다면? 그래서 작은 제안을 하고 싶다. 우리는 5년 전 9·11 사태가 일어나자마자 아미시파처럼 대응했어야 했다. 너무 늦었다. 하지만 지금이라도 국토안보부를 그들에게 맡겨야 하지 않을까? 적극적으로 용서를 실천하고 평화를 추구해야만 끝없는 두려움과 세대를 이어가는 국제적 종교 전쟁을 끝낼 수 있기 때문이다. 진정한 안보로 가는 다른 길은 없다. 아미시파 외에 그 누구도 이 미친 전쟁을 끝낼 방법을 알지 못한다. 기독교의 용서를 시도해보는 게 어떤가? 이 방법이 랭커스터에서 통했으니 바그다드에서도 통할지 모른다.

옳소! 예수 캠페인의 두 번째 구호로 손색이 없는 말이다.
예수님을 대통령으로! 국토안보를 아미시파의 손에![15]
아멘.

십자가를 지라

십자가(권력자의 손에 기꺼이 고난을 당하는 자세)가 정말로 복음의 중심 메시지라면 교회는 지금의 정치관을 다시 생각해야 한다. 십자가는 정치적 승리의 상징이 아니었다. '하나님의 백성들인 이스라엘의 독립'이나 이스라엘의 오만한 특권과는 상관이 없었다. 십자가는 하나님이 이 세상에서 걸으셨던 겸손한 길을 상징한다. 하나님은 검으로 세상을 다스리기보다는 수건으로 세상의 발을 닦아주는 편을 택하셨다.[16] 십자가 이야기의 요지는 예수님의 희생적 사랑만이 아니다. 성경은 우리에게 예수님을 믿는 수준에서 그분을 따르는 수준으로 발전하라고 가르친다. 따라서 우리는 예수님을 따라 십자가의 길에 동참해야 한다. "항상 우리를 그리스도 안에서 이기게 하시고 우리로 말미암아 각처에서 그리스도를 아는 냄새를 나타내시는 하나님께 감사하노라. 우리는 구원 받는 자들에게나 망하는 자들에게나 하나님 앞에서 그리스도의 향기니 이 사람에게는 사망으로부터 사망에 이르는 냄새요 저 사람에게는 생명으로부터 생명에 이르는 냄새라."(고후 2:14~16)

예수님의 '개선' 행진은 피투성이가 되어 고문과 처형 속으로 기어가는 것이었다. "누구든지 자기 십자가를 지고 나를 따르지 않는 자도 능히 내 제자가 되지 못하리라." 이 말씀에서 보듯이 예수님이 십자가의 길을 걸으신 것은 단순히 사람들을 구원하시기 위함만은 아니었다. 자주 무시되는 산상수훈 외에 예수님은 비폭력의 길을 가르치셨다. "내가 너희를 보냄이 양을 이리 가운데로 보냄과 같도다." 예수님은 제자들이 목숨의 위협을 받을 줄 이미 알고 계셨다. 하지만 예수님이 제자들에게 이리를 상대하기 위해 똑같은 이리가 되라고 가르치셨다는 내용은 성경 어디에도 없다. 예수님은 스스로 양처럼 이리들에게 죽임을 당하셨다. 예수님이 묵묵히 십자가를 받아들이신 모습을 통해 우리는 이리 가운데서 양의 삶이 무엇인지를 가늠해볼 수 있다. 예수님은 이리를 이기기 위해 스스로 이리가 되는 대신 악에 당하심으로써 악을 이겨내셨다.

십자가를 지는 사람들은 고난의 공동체를 이룬다. 이 공동체는 고난 가운데서도 기쁨을 누리는데 그 기쁨은 세상의 길을 이기신 하나님을 믿는 믿음에서 비롯한다. 고난은 하나님을 볼 수 있는 기회다. 순교자들은 예수님의 본을 따른 자들이다. 그들은 그리스도의 몸이 되었다.

사도 바울이 빌립보 교인들에게 쓴 편지를 보자. "너희 안에 이 마음을 품으라. 곧 그리스도 예수의 마음이니 그는 근본 하나님의 본체시나 하나님과 동등됨을 취할 것으로 여기지 아니하시고 오히려 자기를 비워 종의 형체를 가지사 사람들과 같이 되셨고 사람의 모양으로 나타나사 자기를 낮추시고 죽기까지 복종하셨으니 곧 십자가에 죽으심이라. 이러므로 하나님이 그를 지극히 높여 모든 이름 위에 뛰어난 이름을 주사 하늘에 있는 자들과 땅에 있는 자들과 땅 아래에 있는 자들로 모든 무릎을 예수의 이름에 꿇게 하시고 모든 입으로 예수 그리스도를 주라 시인하여 하나님 아버지께 영광을 돌리게 하셨느니라."(빌 2:5~11)

예수님을 본받는 것을 잘못 이해하는 사람들이 더러 있다. 집 없이 방랑하거나 목수 일을 하는 것이 예수님을 본받는 것이라 생각하면 오산이다. 신약성경은 모든 그리스도인이 예수님처럼 자기 십자가를 져야 한다고 말한다. 그리스도인들은 "그리스도와 함께 십자가에 못 박힌" 사람들이다.[17] 예수님은 우리를 살리기 위해 돌아가셨다. 이제 우리가 그리스도를 위해 죽을 차례다.

'자기 십자가를 진다'는 개념도 오해의 소지가 많다. 고난이 닥칠 때마다 십자가를 운운하는 사람들이 있다. 목에 십자가만 걸고서 남들보다 영적인 체하는 사람들도 있다. 하지만 십자가는 단순한 종교적 상징물이 아니다. 십자가는 국가가 예수님과 수많은 모반자를 죽이기 위해 사용한 처형 도구다. 그리고 십자가상에서 예수님은 사랑으로 폭력을 이겨내셨다. 그런데 십자가 문신을 하고서 아무렇지도 않게 폭력을 묵인하는 사람이 많으니 이 얼마나 큰 아이러니인가. 그런가 하면 그저 "여기 좋은 사람들이 있다."라는 의미로 집안에 십자가를 걸어놓는 경우도 너무나 많다. "갈보리의 십자가는 힘든 가정 상황이나 개인적인 좌절, 산더미 같은 빚, 성가신 친척 등을 상징하지 않았다. 십자가는 (예수님 시대) 사회 권력자들과 도덕적, 정치적으로 충돌했을 때 당연히 따르는 결과였다."[18] 성경에 고통 받는 사람들을 위로하기 위한 상징들이 많지만 십자가는 그런 상징이 아니다.

십자가가 구원의 길이라는 말은 박해와 고난을 자처하라는 뜻이 아니다. 고난에서 탄생하는 공동체는 피학증을 즐기는 공동체가 아니다. 위대한 것은 고난 자체가 아니다. 많은 사람이 고난을 통해 사랑에 이르기도 했지만 반대로 미움과 원망에 이른 사람도 그에 못지않게 많다. 성경은 모든 시험에 의미가 있다는 생각은 잘못되었다고 분명히 말한다(벧전 2:18~21, 3:14~18, 4:1, 13~16, 5:9, 약 4:10).[19] 위대한 것은 사랑이며, 이 사랑은 고난과 폭력 속에서 가장 환하게 빛난다.

제자들에게 십자가를 지라고 말씀하신 예수님이 지금 이 땅을 거니신다면 젊은 혁명가들에게 수갑을 차라고 말씀하지 않으실까? 이 세상에서 예수님을 따르면 고난을 받게 되어 있다.

혁명적인 인내를 발휘하라

알카에다의 9월 11일 공격 직후 조지 부시 미국 대통령은 이렇게 선포했다. "역사에 대한 우리의 책임은 분명하다. 이 공격에 응하여 세상에서 악을 제거하라!"

이 연설(그리고 이와 비슷한 역사 속의 수많은 연설들)은 역사를 마치 하나님과 같이 취급하고 있다. 이 연설에서 역사는 우리의 도덕성을 판단하는 초월적인 법관이요 신비스러운 존재다. 이 연설대로라면 우리는 역사의 부름에 순종해야 한다. 미국을 다스리는 사람들 중 많은 이가 하나님 대신 이 역사 신을 섬기고 있다. 미국 정부에는 세상에서 악을 몰아내겠다고 공언한 자칭 그리스도인들이 넘쳐난다. 하지만 예수님을 섬기면서 동시에 정부를 만족시킬 수는 없다. 예수님은 당시 정부의 미움을 받으셨으며, 오늘날 우리 정부에도 눈엣가시 같은 존재일 수밖에 없다. 예수님의 가르침은 정부가 결코 따를 수 없는 것이다. 악한 사람에게 대적하지 말라거나 다른 편 뺨도 대라고 말할 정부가 세상에 어디 있겠는가? 지금 미국 정부에서 일하려면 예수님 대신 국가의 역사 신을 섬겨야 한다. 그렇지 않으면 해고를 각오해야 한다.

이 역사 신의 문제점은 명확한 본성이나 성격이 없다는 것이다. 역사의 부름이라고 하는데 역사가 정확히 어떻게 부르는가? 역사가 늘 똑같은 행동을 촉구하는가? 역사가 복수보다 사랑을, 정의보다 긍휼을 선호하는가? 그리스도인들은 충성하라고 외치는 목소리들을 잘 분간하고 판단할 줄 알아야 한다. 역사의 목소리가 예수님의 목소리와 같은가? 역사가 예수님과 같은 행동을 촉구하는가? 이 역사는 누구의 역사를 말하는 것인가? 최근 이 역사가 미국으로 하여금 아프가니스탄과 이라크에서 끔찍한 전쟁을 벌여 수만 명의 민간인을 죽이도록 촉구했다. 그렇게 볼 때 이 역사의 목소리는 우리 목자의 목소리가 아니었다. 목자라면 양떼에게 원수를 사랑하라고 말했을 것이다.

또한 위의 연설에서 부시 대통령은 세상에서 악을 제거하겠다는 흔한 목표를 제시했다. 이 목표는 전혀 새로운 것이 아니다. 세상에서 악을 제거하겠다는 것이 얼핏 좋은 의도처럼 보이지만 이 목표를 내세운 정부마다 지독히 악하고 비극적인 일을 벌였다. 심지어 오사마 빈 라덴도 세상에서 악을 제거하겠다는 목표를 내걸었다.[20] 그런데 악을 파괴하겠다는 취지로 자행된 9·11 사태로 인해 3천 명이 목숨을 잃었다.

또 다른 예는 아프가니스탄과 이라크 공격에 관한 미국의 기록 조작이다. 3천 명의 민간인을 죽인 행동이 가증스러운 악이라면 미국은 알카에다와는 비교도 되지 않을 정도로 거대한 악을 저질렀다. 2006년 여름 이라크에서 5~6만 명의 무고한 민간인이 죽었다는 보고서가 발표되었는데 이는 터무니없이 축소된 수치다. 65만 4,965명이 훨씬 더 진실에 가까운 숫자다.[21] (사망자 수가 이보다 적으면 괜찮다는 말은 아니다. 단지, 폭력으로는 결코 세상에서 악을 제거할 수 없고 하나님의 복을 받을 수 없다는 말이다.) 9·11 사태보다 200배나 무시무시하고 악한 공격을 상상해보라. 이라크인들이 바로 그런 공격을 받았다. 세상에서 악을 몰아내기 위해 폭력적 수단을 동원하면 더 크고 강한 악만 낳을 뿐이다. 이것이 예수님의 정치의 요지다. 곡식과 가라지의 비유는 예수님이 세상의 악을 어떻게 다루시는지 가장 명확하게 보여주는 이야기 중 하나다.

우리의 과학적인 사고방식과 달리, 세상에서 악을 제거하기 위한 예수님의 정치에서는 '하나님 안에서의 소망'이 중요한 부분을 차지한다. 곡식과 가라지의 비유에서 보듯이 예수님은 악을 제거하는 일을 인간이 아닌 하나님의 일로 보셨다. 종말론적 시각이 많은 왜곡을 낳긴 하지만, 예수님이 악을 비폭력

적으로 다루신 것은 분명 종말론적 희망에서 비롯했다. 그러니까 예수님은
궁극적으로 하나님이 세상을 다뤄주실 것이라 믿으셨다.[22] 한편, 모든 시각에
는(심지어 철저한 무신론에도) 종말에 대한 나름의 시각이 포함되어 있다.

신약을 통해 보면 하나님이 궁극적으로 세상을 다루시는 방법은 예수님의
재림이다. 예수님은 '세상에 오실 분'으로 알려져 왔다. 그리스도인들은 예수님
이 다가올 멋진 세상을 체현하셨다고 믿는다. 예수님은 세상에 임할 정의
를 상징한다. 그리스도인들은 세상 구원(혹은 '치유')의 소망이 예수님의
오심을 통해 이루어졌다고 믿는다. 예수님은 세상에 오셔서 세상을 치
유하시고 하나님 나라의 삶을 사신 후 죽임을 당하셨다. 하지만 그분이
다시 오실 테니 희망의 불은 꺼지지 않았다. 그리스도께서 분명 다시 오실
것이다. 이 소망을 품은 자는 가라지의 우화를 자신의 정치에 적용한다. 그는
가라지를 뽑지 않고 추수 때까지 기다린다.

재림의 실질적 의미는 하늘만 올려다보는 것이 아니라(데살로니가전서의 대부
분은 이런 오해를 바로잡기 위한 내용이다) 세상 속에서 특정한 삶을 사는 것이다.
재림은 정치적이고 실질적인 의미를 갖고 있으며 우리의 세계관을 형성한다.

재림의 소망을 품는 것은 단순히 예수님에 '대한' 소망이 아니라 예수님'의'
소망을 품는 것이다. 예수님의 소망이 무엇인가? 가라지의 우화를 보면 알 수
있다. 예수님은 하나님이 악인들을 제거하리라는 소망을 품으셨다. 재림의 소
망을 품으면 삶이 깨끗해진다. 충동적이거나 경솔하게 살지 않고 만사가 결국
하나님의 장중에 있다는 믿음으로 살게 된다. 만사를 하나님께 맡긴다는 개
념은 자주 남용되는 개념 중 하나다. 우리는 이 개념을 이렇게 오해하곤 한다.
"언젠가 예수님이 오셔서 다 해결하실 테니 괜히 애쓰지 말자." 설상가상으로
"예수님이 조만간 오셔서 회복시키실 테니 세상을 마음껏 유린하자."라고 말

하는 사람도 있다.

만사를 하나님께 맡긴다는 것은 "예수님처럼 행동한다."는 뜻이다. 자기 맘대로 하지 말고 예수님의 본을 따르라는 것이다. 예수님은 만사를 하나님께 맡기는 삶의 본을 보이셨다. 만사를 하나님께 맡기는 삶이 어떤 모습인지 알고 싶은가? 그렇다면 예수님이 만사를 어떤 식으로 하나님께 맡기셨는지를 보라.

부당하게 고난을 받아도 하나님을 생각함으로 슬픔을 참으면 이는 아름다우나 …… 욕을 당하시되 맞대어 욕하지 아니하시고 고난을 당하시되 위협하지 아니하시고 오직 공의로 심판하시는 이에게 부탁하시며.

_ 벧전 2:19, 23

예수님은 만사를 하나님께 맡긴 결과, 비폭력의 삶을 사셨다. 예수님이 하나님을 어떻게 의지하셨는지를 모르고서 예수님을 믿는다면 그 믿음은 왜곡된 믿음이다.[23]

토머스 머튼에 따르면, 스스로 역사의 통제권을 쥐고 있다고 생각하는 교회는 "주여 속히 오시옵소서."라는 소망의 기도를 "주여, 저희에게 시간을 더 주시옵소서."로 변질시킨다.[24] 따라서 진정으로 재림을 믿는 사람은 무기를 휘두를 수 없다. 무기를 휘두르는 것은 예수님의 가르침을 거역할 뿐 아니라 자기 힘으로 역사의 물줄기를 바꿀 수 있다고 착각하는 것이다. 폭력으로 폭력을 끝낼 수 있다는 생각은 철저한 오산이다. 제1차 세계대전으로 모든 전쟁이 끝날 줄 알았지만 과연 그렇게 되었는가? "완벽한 세상이 코앞으로 다가왔어. 신실한 인물을 왕좌에 앉히고 극악무도한 자들을 모조리 없앤 뒤 적절한 정부 시스템을 구축하기만 하면 돼." 이런 태도가 바로 "주여, 저희에게 시간을 더 주시옵소서."라는 기도와 같다.[25] '역사의 저자'가 되려는 이런 욕망은 교만과 끝없는 분쟁만 낳을 뿐이다. 원수를 사랑하라는 명령에 담긴 소망을 믿어야 하건만 많은 사람이 적절한 곳에 적절한 폭탄을 투하하도록 적절한 인물에게 통제권을 넘기면 세상에서 악이 사라질 줄로 믿고 있다. "지금은 평화를 운운할 때가 아니에요. 그러니 세상에서 악을 제거할 시간을 주세요. 우리 힘으로 악을 뿌리 뽑을 수 있어요." 이렇게 말하는 사람이 많다. 수천 년의 역사를 겪고도 우리는 폭력이 폭력을 낳을 뿐임을 아직 깨닫지 못했다. "주여, 속히 오시옵소서, 당신의 나라가 임하기를 원합니다." 얼핏 신비주의처럼 보이지만 이것이야말로 그리스도인의 올바른 정치적 기도다.

예수님은 힘으로 권좌에 오르지 않고 오히려 자신을 낮추셨다. 그분은 황제가 아닌 어린 양으로서 세상의 역사를 움직이셨다. 그리스도인이라면 이런 본을 따라야 마땅하다. 우리는 그리스도께서 사신 대로 살고 그분께서 죽으신 대로 죽어야 한다. 1970년대와 1980년대 엘살바도르의 혼란을 그린 영화 〈로메로(Romero)〉를 보면 시끄러운 혁명 속에서 그리스도의 도를 설파하다 순교한 로메로 주교가 한 동료 목회자와 대화를 나눈다.

로메로 : "당신은 사제요. 따라서 하나님과 사랑의 힘을 믿어야 하오. 예전에는 기도를 했지 않소."

열성 혁명가 사제 : "지금도 합니다."

로메로 : "그렇다면 총은 왜 들고 다니는 거요?"

왕이 제멋대로일 때 어떻게 해야 할까?

파문하다 : (동사) 세례를 받은 그리스도인이 하나님이나 기독교 공동체에 반하는 교리를 펴거나 비도덕적 행위를 했을 때 성찬에 참여하지 못하도록 하다.

심플웨이 공동체에서 우리와 함께 살던 아이들 중에 비앙카라는 열정이 넘치는 아이가 있었다. 비앙카가 제일 좋아하는 놀이는 소파에 보디 슬램을 당하는 것이었다. 비앙카가 혼날 일을 하면 "계속 이러면 한 주 내내 보디 슬램을 안 해준다."라고 한마디만 하면 끝이었다.

교회의 가장 소중한 보물 중 하나는 공동체다. 따라서 교회의 가장 강력한 징계 중 하나는 성찬을 하지 못하도록 공동체에서 추방하는 것이다. 파문이라고 하면 가혹한 느낌이 든다. 정죄와 배척, 사교의 괴팍함, 정치적 올바름(political correctness)을 떠올리게 만든다. 실제로 역사를 보면 교회는 파문 제도를 심각하게 왜곡하고 남용했다. (심지어 최근 역사 속에서도 그런 일이 있었다. 예를 들어, 남부의 침례교회들은 부시에게 표를 던지지 않은 교인들을 파문시키려고 했다.) 하지만 선제공격, 합법적 처형, 평생 유배에 비하면 교회의 가장 극단적인 징계인 파문조차 오히려 가볍고 합리적인 것으로 보인다. 이 파문을 올바로 시행하기만 하면 심지어 구원하는 효과까지 있다. 예나 지금이나 교회의 리더들이 변함없이 저지르는 수치스러운 죄들을 생각하면 회복을 위한 정의가 반드시 필요하다. 교회의 기강이 흐트러진 이 시대에 우리는 이 숨은 보물을 다시 발견해야 한다. 파문 제도 덕분에 최악의 타락자나 배교자와 위선자가 회복되었다. 이 제도가 아니었다면 이 세상에서 그리스도의 몸이 그나마 지금만큼 건강한 상태를 유지할 수 없었을 것이다.

389년 데살로니가에서 봉기가 일어나 그곳에 주둔해 있던 로마 군대 사령
관이 죽고 말았다. 이에 그리스도인이었던 테오도시우스 황제는 장군의 복수
로 7천 명의 데살로니가 주민들을 제국의 게임으로 몰아넣어 학살하라는 잔
혹한 명령을 내렸다. 그러자 당시 밀라노 주교이자 황제의 정신적 지도자였던
암브로시우스는 테오도시우스에게 회개하지 않으면 성찬식에서 배제할 수밖
에 없다는 편지를 보냈다. 암브로시우스는 화해 없이 전례와 성찬식에 참여하
는 것이 하나님을 경멸하는 처사이므로 어쩔 수 없이 테오도시우스를 파문
할 수밖에 없다고 했다. 암브로시우스는 교회 입구에서 테오도시우스를 저지
시키며 말했다. "만유의 주 하나님이 판결하신 파문에 순종하십시오." 이
에 테오도시우스는 여덟 달간 회개한 뒤 390년 크리스마스 기간에 국
민 앞에서 공개적인 고백을 했다. 이로써 그는 크리스마스 예식에 다시
참여할 수 있었다.

내(셰인)가 이라크에 있을 때 분명히 깨달은 사실은 오늘날 미국의
평판만이 아니라 그리스도의 평판과 그 제자들의 정체성이 위기에 처했
다는 것이다. 이라크 사람들, 심지어 이라크 그리스도인들까지도 미국의 리
더들을 '기독교 극단주의자'로 불렀다. 그들의 어조에는 미국인들이 '이슬람
교 극단주의자'를 이야기할 때와 비슷한 반감이 서려 있었다. 한 이라크 여인
은 눈물을 흘리며 말했다. "당신네 정부는 전쟁을 선포해놓고서 하나님의 복
을 구하고 있어요. 하는 짓이 꼭 우리 정부와 똑같네요. 그런데 말이에요, 과
연 하나님이 그것을 기뻐하실까요?" 여인은 그런 하나님이라면 믿을 생각이
없다고 말했다. 나아가 그녀는 미국에 갔을 때 이라크 뉴스에 등장한 기독교
인들보다 훨씬 더 선하고 아름다운 기독교인을 많이 만나보았다고 했다. 그녀

는 폭력은 기독교와 어울리지 않는다며 한숨 섞인 질문으로 말을 마쳤다. "사랑의 하나님과 평화의 왕은 다 어디로 갔단 말입니까?"

따라서 예수님의 뜻에서 벗어난 공적 인물을 공적으로 징계하는 것은 기독교의 중요한 관행 중 하나다. "당신이 그런 짓을 하면 당신의 평판도 나의 평판도 아닌 우리 하나님의 평판에 금이 갑니다." 파문은 이런 뜻을 전달하기 위한 수단이다.

파문은 기독교 신앙의 언약 밖에 있는 사람들에게는 적용되지 않는다. 파문은 개인적인 죄에 대해서도 사용되지 않는다. 성경은 덕스럽지 못한 행실을 다스리기 위한 명확한 기준을 제시하고 있다. 먼저 일대일로 만나 권면해야 한다. 그래도 말을 듣지 않으면 가까운 친구들만 모아놓고 다시 권면해야 한다. 그래도 통하지 않으면 은혜의 공동체 앞에서 그를 사랑하고 도와줄 방법을 고민해야 한다. 하지만 집단 전체에 영향력을 미치는 대중적 인물이라면 대중 앞에서 고백하고 회개해야 한다. 많은 책임을 맡을 사람에게는 더 큰 징계가 따르는 법이다. 그래서 마틴 루터 킹은 『버밍엄 감옥에서 보낸 편지(Letter from the Birmingham Jail)』에서 목회자들에게 가장 가혹한 비판을 쏟아냈다. 마찬가지로 예수님도 많은 책임을 맡은 종교 지도자와 정치 엘리트들에게는 유독 '독사의 자식' 같은 표현을 서슴지 않으셨다.

파문당한 사람들은 파문당하기 전부터 스스로

그리스도의 몸에서 멀어져 있었다. 파문은 이미 공동체에서 멀어져 있는 상태를 공식적으로 선포하는 것일 뿐이다. 퀘이커교도가 군에 입대하면 스스로 퀘이커교도이기를 포기한 것이다. 물론 교회 징계의 진정한 목적은 '죄 중에 있는' 사람과 주위 사람들을 나쁜 결과에서 건져낼 뿐 아니라 공동체의 정체성과 신뢰성을 보호하는 것이다. 교회는 은혜를 받은 사람들의 모임이며 언제나 자비가 정죄에 우선한다. 따라서 파문은 끝이 아니다.

파문은 일시적인 징계다. 일종의 격리라고 볼 수 있다. 아픈 부분이 건강을 회복하고 몸 전체가 감염되지 않도록 격리하는 것이다. 이 징계의 뿌리는 구약으로 거슬러 올라간다. 그러니까 하나님은 세상 구원의 가시적 상징으로서 백성들이 주위 세상에 오염되지 않도록 구별시켜 그 정체성과 순결을 유지시키셨다. 파문은 한 사람의 건강하지 못한 패턴으로 인해 공동체 전체의 건강이 파괴되지 않도록 그를 잠시 격리시키는 조치다. 실제로 예수님은 죄를, 반죽 전체를 발효시키는 누룩이나 감염으로 묘사하셨다. 하지만 파문이 끝은 아니다. 우리에게는 치료자가 계신다.

회개와 고백은 교회의 증거를 보호해준다. 바울은 배부른 사람이 굶주린 사람과 한 식탁에서 먹거나 고문당한 사람과 고문자가 같은 잔으로 마시면 몸의 통일이 무너진다고 경고했다. 그래서 예수님은 세상이 우리와 우리의 명분을 미워할 거라고 경고하신 직후 하나님이 한 분이시니 우리도 하나가 되어야 한다고 말씀하셨다. .

지옥의 문

세상에는 나쁜 신학이 많다. 숙명론자들은 세상이 곧 불타 없어질 테니 괜히 애쓰지 말고 죽을 준비나 하라고 말한다. 하지만 우리는 예수님이 우리를 죽이기 위해서가 아니라 살리기 위해서 오셨다고 확신한다. 하나님 나라는 우리가 죽은 후에나 갈 수 있는 왕국이 아니다. 우리는 이 땅에서도 천국의 삶을 살 수 있다. 세상 사람들은 죽기 전에도 인간답게 살기를 원하는데 우리가 죽은 이후의 세상만 외칠 수는 없다. 천국에 대해서는 감사해야 하지만 사람들이 천국에 이르기 위해 지옥을 통과하는 모습을 방관만 할 수는 없다. 그래서 잠시 지옥에 관해 이야기해보자.

지옥에 관해 이야기를 한다고 하면 지레 겁부터 먹을 것 같아 먼저 우스갯소리부터 하는 게 좋겠다. 천국에서 어느 부산한 날, 사람들이 진주 성문 앞에 줄을 서서 기다리고 있었다. 문지기 베드로는 새로 온 사람들 앞에 서서 어린 양의 생명책에 이름이 있는지 확인하고 있었다. 그때 천국의 인구가 정해진 숫자보다 많다는 보고가 들어왔다. 이에 베드로는 천사 몇 명을 보내 조사하도록 했다. 이윽고 천사 두 명이 돌아와 보고했다. "원인을 알아냈습니다. 예수님이 성벽 위로 사람들을 끌어올리고 계십니다."

우리는 지옥불과 천벌에 관한 설교를 들으며 자랐다. 우리가 어릴 적에 공연한 〈천국의 문과 지옥의 불길〉이라는 연극은 사람들이 사랑하는 사람들에게서 떨어져 지옥 불구덩이로 던져져 울며 이를 가는 장면을 묘사했다. 연극이 끝난 후 우리는 '남은 자'가 될지 모른다는 두려움에 서둘러 10여 년의 삶

을 회개했다. 설교자는 말 그대로 우리를 '지옥 같은' 두려움으로 몰아넣었다.

하지만 예수님이 지옥에 관한 말씀을 별로 하지 않으셨다는 사실을 아는가? 예수님이 슬피 울며 이를 갈, 지옥과 하나님의 심판에 관해 말씀하신 것은 두 번뿐이다. 그리고 이 두 번의 말씀은 고통받는 이웃을 외면하는 사람들에 관한 것이었다. 첫 번째 말씀은 마태복음 25장에 나타난다. 이 말씀에서 양과 염소가 분리되는데, 염소는 자신이 무시했던 가난한 자와 굶주린 자, 집 없는 자, 포로 된 자들의 고통을 직접 당하게 된다. 두 번째 말씀은 부자와 나사로의 이야기다. 이 이야기에서 부자는 자기 집 대문 밖에 사는 거지 나사로를 외면했다. 여기서 대문은 부자를 나사로뿐 아니라 하나님으로부터 분리시키는 거대한 간극이 된다. 부자는 종교적인 사람이었던 게 분명하다. (그는 '아버지' 아브라함에게 부르짖고 선지자들을 알았다.) 또 그는 이 땅에서 이름을 날렸을 것이다. 하지만 이제 그는 거지에게 물 한 방울을 구걸하는 이름 없는 부자일 뿐이다. 반면, 불행의 그림자 속에서 이름 없이 살았던 나사로는 하나님 바로 옆에 앉아 그 이름으로 불린다. 나사로는 예수님의 비유에서 유일하게 이름이 나타난 인물이며 그의 이름은 '하나님이 구하시는 자'를 뜻한다. 하나님은 사람들을 이 땅의 지옥에서 구하시는 중이다. 이 하나님이 우리를 향해 사람들에게 사랑을 베풀어 지옥에서 구하라고 말씀하고 계신다.

지옥은 죽음 이후에만 경험하는 것이 아니다. 지금 이 순간, 너무도 많은 사람이 이 땅에서 지옥 같은 삶을 살고 있다. 12억 명이 물 한 방울이 없어 신음하고 있다. 매일 3만 명 이상의 어린이들이 굶어 죽고 있다. 에이즈로 죽어가는 사람이 3천8백만 명이다. 이런 마당에 많은 교회가 지옥 설교만 하고

있으니 참으로 한심하다. 그럴 시간에 그들을 찾아가 물 한 잔이라도 권하면 좋으련만. 예수님은 사랑으로 사람들을 지옥에서 건져내는 일에 더 힘을 쓰셨다. 그분은 지옥 메시지를 전하기보다는 먼저 사람들을 현재의 지옥에서 건져 올리셨다. 이곳 켄싱턴의 공동체에는 사랑의 힘 덕분에 가정 폭력, 중독, 성매매, 외로움 같은 지옥에서 빠져나온 사람들이 가득하다.

C. S. 루이스가 볼 때 지옥은 하나님이 사람들을 천국에서 끌어내 가두는 곳이 아니라 우리 스스로 들어가는 지하 감옥이었다. 따라서 해방의 열쇠는 우리 자신의 손에 있다. 이런 관점에서 보면 나사로의 비유나 예수님이 베드로를 격려하면서 "음부의 권세(지옥의 문)가 이기지 못하리라."라고 하신 말씀에 대해 새로운 통찰을 얻을 수 있다. 청소년 시절에 우리는 이 말씀을, 사탄의 사악한 창이 우리를 맞추지 못할 거라는 뜻으로 이해했다. 그런데 최근에 기도하고 묵상하면서 문에 관한 새로운 통찰을 얻었다. 그 통찰은 문이 공격 무기가 아니라는 점이다. 문은 방어적이다. 벽과 울타리는 밖에서 사람들이 들어오지 못하도록 세우는 것이다. 지옥의 문은 우리를 공격해오지 않는다. 우리가 지옥의 문을 향해 돌진하는 것이다. 그리고 지옥의 문은 우리의 돌진을 막을 수 없다. 우리는 은혜의 힘으로 그 문을 깨부수고 들어갈 수 있다.

가끔 우리에게 빈민가에서 살기가 무섭지 않느냐고 묻는 사람들이 있다. 그럴 때마다 우리는 부촌에서 살기가 더 두렵다고 말한다. 우리 예수님은 몸을 상하게 하는 것들과 영혼을 파괴하는 것들을 조심하되 후자를 더욱 경계하라고 말씀하셨다. 부촌의 음흉한 귀신들이 바로 영혼을 파괴하는 놈들이다. 셰인의 어머니는 이런 말을 했다. "그리스도인에게는 고통받는 자들과 동떨어진 안전과 평안만큼 위험한 것도 없다." 우리는 고통받는 자들에 대한 무관심과 안주가 두렵다. 우리가 매번 나중에서야 깨닫게 되는 사실 중 하나는 우리가 남들을 배제할 때마다 자기 안에 갇히게 된다는 점이다. 남들을 외면한 채 혼자 편안하게 사는 것은 자기 자신을 고립과 외로움, 두려움의 지옥에 가두는 지름길이다. 부자들은 '외부인 출입 제한 주택지'에 갇혀 산다. 우리의 집 주위에는 말뚝 울타리가 둘려 있다. 우리의 건물과 교회 주위에는 가시철사가 둘려 있다. 우리는 두려움의 감옥에 살며 창에 창살을 설치했다.[26] 우리는 이민자들이 우리 나라로 들어오지 못하도록 벽을 세웠다. 베를린과 예루살렘, 여리고 등 우리는 성벽을 쌓아 국경을 방어한다. 벽과 문, 울타리가 많은 곳일수록 지옥에 더 가깝다. 나사로 이야기의 부자처럼 우리는 나사로의 눈물, 그리고 하나님의 눈물을 느낄 수 없도록 철저히 고립된 집에 갇혀 있다.

우리와 고통받는 자들 사이에 솟아 있는 지옥의 벽을 뚫고 담을 허물기 위한 힘을 달라고 기도하자. 우리의 문 밖에 있는 가난한 자들의 고통을 함께 나누자. 그들의 이름을 알고 그들의 짠 눈물을 맛보자. 그러면 우리 세상의 나사로들(버려진 아기, 정신질환자, 집 없는 부랑자)이 하나님 옆에 앉을 때, 이 땅에서 그들과 함께했었노라고 자신 있게 말할 수 있으리라. 예수님은 그들에게 왕국의 열쇠를 주셨다. 그들이 성벽 위로 우리를 끌어올려주기를 소망한다.

천국의 문이 영원히 열릴 것이다.

그리고 위대한 하나님의 도성 새 예루살렘은 낮에 성문들을 도무지 닫지 아니할 것이다. (계 21:25)

혁명적 복종

권력 투쟁의 세상에서는 거리에서 주먹을 높이 쳐들고 구호를 외치는 혁명으로 힘을 되찾는 것이 최선책처럼 보인다. 하지만 만약 예수님이 주먹을 쳐드신다면 그 손목에서는 피가 흐를 것이다.[27] 불의의 시대에 정의로운 자들은 감옥에 들어가기 마련이다. 지금까지 우리는 하나님의 꿈에 반하는 세상의 법과 여러 차례 충돌했다. 우리는 물고기의 입에서 동전을 꺼내고 성전의 탁자를 엎으신 분을 떠올리며 혁명적 복종을 실천하고 선지자적 상상력을 발휘하려고 애써왔다.

여러 해 전 필라델피아는 보도에 눕거나 공원에서 자는 행위를 금지하는 법을 통과시켰다. 이 법은 심지어 부랑자들에게 음식을 주는 행위까지 금했다. 이런 상황에서 그리스도의 제자라면 어떻게 해야 할까? 우리는 이웃을 내 몸처럼 사랑하기 위해 선지자적 상상력을 발휘해야 했다. 우리는 공원에 모여 배달한 피자로 성찬 예식을 한 뒤 공원에서 잠을 잤다. 우리가 그렇게 혁명적 복종을 실천하는 동안 받은 벌금만 해도 수백 달러고 수많은 친구가 유치장에 갇혔다. 이 행동의 목적은 법의 부당함에 저항하는 것이었다. 우리의 명분이 너무도 정당했기 때문에 심지어 우리에게 벌금을 부과한 경찰들도 법정에 나타나 법이 잘못되었으니 벌금을 취소해야 한다고 주장했다. 결국 판사는 벌금의 합법성에 의문을 제기하며 이렇게 말했다. "불의한 법을 어긴 사람들이 아니었다면 우리는 지금 자유를 누리지 못하고 있을 겁니다. 보스턴 차 사건에서 공민권 운동까지 불의한 법에 대한 저항이야말로 이 나라가 세워진 기초입니다. 이 나라에는 아직도 노예 제도 가 건재합니다." 그 판사는 우리가 범죄자가 아닌 자유의 투사라며 벌금을 기 각했다. 그때 우리는 바울과 실라처럼 감옥 벽이 허물어지는 경험을 했다. (행 16:26). 또 우리는 "세상이 너희를 미워하면 너희보다 먼저 나를 미워한 줄을 알라.(요 15:18) …… (그러나) 내가 세상을 이기었노라."(요 16:33)라는 예수님의 말씀을 깊이 이해하게 되었다. 그때, 세상의 미움을 받지 않으면 새로운 왕국 의 시민일 가능성이 적다고 생각했던 기억이 난다. 또한 '죄'를 짓고 유치장 에 앉아 있자니 "우리의 죄를 용서하시옵고."라는 기도의 의미가 새롭게 다가 왔다.

그때부터 우리는 전국에서 일어나는 거룩한 '범죄' 소식에 귀를 기울였다. 부랑자들을 외면하는 법에 상상력과 용기를 발휘하여 저항하는 그리스도인 들의 이야기를 듣자니 예수님의 흐뭇한 미소가 상상되었다. 한 도시는 쇼핑 카트를 소유하는 것을 법적으로 금지했다. 그런 쇼핑 카트가 훔친 것이라는 것이 그 이유였다. 그로 인해 많은 사람이 집까지 식료품 이나 세탁물을 나를 유일한 수단을 잃었다. 쇼핑 카 트를 끌고 다니며 재활용 쇠붙이를 모으던 사 람들도 곤란해졌다. 그때 한 기독교 공동체 가 창조적인 은혜의 힘을 발휘했다. 쇼핑 카 트들을 사서, 절도로 오인 받지 않도록 받는 이의 이름을 새겨놓은 다음 나눠준 것이다. 이 얼마나 아름다운 모습인가.

애틀랜타에서는 집 없는 부랑자들이 노상방뇨로 체포당했다. 하지만 애틀랜타에는 공중 화장실이 전혀 없다. 이에 오픈 도어 커뮤니티(Open Door Community)의 친구들은 '무료로 점잖게 볼일을 보게 해달라(Pee for Free with Dignity)'라는 이름의 시위를 통해 화장실을 들고 시청으로 행진하며 공중 화장실 설치를 촉구했다. 이 시위는 아름다운 결실을 맺었지만, 그들이 폭력적으로 굴었다면 그러지 못했을 것이다. 혁명적 복종의 모습이 이러하다.

나(셰인)는 공원 피자 파티 사건으로 법정에 섰던 날 마틴 루터 킹의 한 격언을 몸에 지니고 있었다. 내가 그 후로도 지금까지 줄곧 지니고 살아왔던 그 격언은 다음과 같다. "빨간 불에 서게 하는 교통법에는 아무런 문제가 없다. 하지만 화재가 발생하면 소방차는 빨간 불을 무시하고 통과하며 보통 차량들은 길을 비켜준다. 또한 사람이 피를 흘리면 …… 앰뷸런스는 최고 속도로 빨간 불을 통과한다. 이 사회의 가난한 자들에게 …… 지금 불길이 치솟고 있다. 물려받은 재산이 없는 사람들이 …… 깊은 사회적, 경제적 상처로 피를 흘려 곧 죽게 생겼다. 그들에게는 응급 상황이 해제될 때까지 현재 시스템의 빨간 불을 무시하는 앰뷸런스 운전자들이 필요하다."[28]

마틴 루터 킹을 비롯한 공민권 운동의 영웅들은 혁명적 사랑과 복종의 좋은 본보기다. 이번에는 경찰관과 간수들의 얼굴에서 하나님의 형상을 본 형제를 소개하고 싶다. 그 옛날 공민권 운동을 이끌었던 우리의 한 친구는 거리를 행진하던 중 인종차별주의 백인이 한 행진 참여자의 얼굴에 침을 뱉었던 모습을 지금도 잊지 못한다. 이 행진 참여자는 백인의 눈을 똑바로 쳐다보면서 사랑한다고 말했다. 이 친구의 이야

가혹하기 짝이 없는 적들에게 이렇게 말하자. "우리를 감옥에 보내도 당신을 사랑합니다. 우리 집에 폭탄을 던지고 우리 아이들을 위협해도 여전히 당신을 사랑합니다. 우리를 반죽음이 되도록 때려도 여전히 당신을 사랑합니다. 하지만 이것만은 알아두십시오. 우리의 인내력이 당신을 이겨낼 겁니다.

언젠가 우리가 당신의 마음과 양심을 움직일 겁니다. 당신이 우리 편이 되는 날 우리는 두 배의 승리를 거둘 겁니다."

_마틴 루터 킹의 '미국의 꿈(The American Dream)'

기가 끝나자 또 다른 사람이 두 아기를 유모차에 싣고 거리를 거닐다가 똑같은 수치를 당한 여인의 이야기를 해주었다. 여인은 침을 뱉은 가해자의 눈을 보고 손가락으로 아기들을 가리키며 말했다. "이 애들한테도 해주실래요?" 가해자는 놀라서 꼬리를 내린 개처럼 뒷걸음치다가 이내 도망쳤다.

베트남 전쟁 당시 미국의 그리스도인들은 선지자적 목소리를 모아 전쟁에 반대하고 새로운 세상에 대한 소망을 표현했다. 그들은 징병 카드를 불태운 뒤 전쟁 기계들을 깨부수기 위해 군사 기지로 달려갔다. 이것은 칼을 쳐서 보습을 만들라는 미가와 이사야의 명령을 실천한 행동이었다. 지지자들로 가득 찬 법정에서 이 행동으로 기소된 사람이 검사에게 심문을 당하고 있었다. "당신이 피고들이 탄 밴을 운전했습니까?" 아무 대답이 없자 검사가 다그치듯 물었다. "질문에 답하세요. 그 밴을 몰았습니까?" 그러자 방청석에서 누군가가 일어나 말했다. "내가 운전했습니다." 곧 이어 또 다른 목소리가 들렸다. "내가 운전했습니다." 마침내 판사가 망치를 두드리며 신경질적으로 말했다. "법정에서 자중하세요!" 하지만 오래지 않아 방청석에서 열두어 명이 일어나 자신이 밴을 운전했다고 주장했다. 이것이 혁명적 복종이다.

나(셰인)와 함께 이라크에 갔던 '광야의 소리(Voices in the Wilderness)'란 단체는 '적국'에 간단한 약품 등의 필수품을 제공했다가 미국과 유엔의 이라크 제재 조치를 어겼다는 죄목으로 2만 달러의 벌금형을 받았다. 우리는 벌금을 냈다. 단, 제재의 부당성을 알리기 위해 벌금을 전부 이라크 화폐인 디나르로 냈다. 1991년 우리가 벌금으로 낸 2만 달러 상당의 디나르 뭉치는 2005년 현재 8달러 정도의 가치밖에 되지 않는다. (물론 미국 정부는 우리의 해학을 이해하지 못했다.)

한번은 우리 필라델피아 공동체(intentional community)의 생활방식이 시의 법을 어겼다는 말이 나왔다. 핵가족, 극도의 이기주의, 집 소유에 대한 집착으로 대변되는 문화 속에서 기독교 공동체는 이단아 취급을 받기 마련이다. 시 공무원들은 친인척이 아닌 사람들이 한 지붕 아래 사는 것이 '사창가 법' 위반이라고 통보했다. 순식간에 우리는 기독교 사창가로 공식 낙인이 찍혔다. 그런데 당시의 사건을 통해 하나님의 위대한 해학이 빛을 발했다! 우리가 법정과 도시 구획 위원회에 출두했을 때 도시를 대표하는 사람의 이름은 지저스(Jesus)였다. 그리고 우리의 변호사는 유태인이었다. 그래서 우리가 법정에 출두할 때마다 변호

천하를 어지럽게 (괴롭게) 하던 이 사람들이 여기도 이르매…… 이 사람들이 다 가이사의 명을 거역하여 말하되 다른 임금 곧 예수라 하는 이가 있다 하더이다. _ 행 17:6~7

검으로 집행한 법은 행동을 통제할 수 있지만 그 검이 아무리 날카로워도 마음을 변화시킬 수는 없다. 십자가의 구속은 법과 총탄과 폭탄이 할 수 없는 일을 한다. 그 일이란 악인과 원수에게서 변화를 이끌어내는 것이다.

_그레그 보이드의 『십자가와 칼』

사는 혀를 차며 말했다. "휴, 예수의 얼굴을 또 보러 가는군. 우리를 정말 괴롭히는군!" 다행히 우리의 유태인 변호사가 법정에서 예수를 이겼다.

역사 속에는 오스카 쉰들러와 해리엇 터브먼 같은 혁명적인 영웅이 많다. 심지어 할리우드도 〈쉰들러 리스트(Schindler's List)〉와 〈호텔 르완다(Hotel Rwanda)〉 같은 영화를 통해 그들의 삶을 그렸다. 우리는 뉴스거리가 되지 못한 채 망각의 늪 속으로 사라져가는 이야기들을 재발견해야 한다. 물론 운동을 일으키는 것보다 기념비를 세우는 것이 훨씬 쉽다. 우리는 성자들의 본을 따르기보다는 그들의 청동상을 세우는 데만 바쁘다. 하지만 잘 살고 잘 죽은 사람들의 이야기를 기억하는 것이야말로 반드시 필요한 일이다.

프란츠 예거슈테터(1907~1943)를 예로 들어보자. 한 여인의 남편이자 세 아이의 아버지인 프란츠는 나치 정부의 입영 명령을 거부했다. 교구 사제와 지역 주교는 입대하여 가족을 지키라고 조언했으나 프란츠는 전쟁에 참여하는 것이 악에 동조하

"프란츠는 예수님의 십자가를 왜곡할 위험에 관해 경고해준다. 실제로 그가 비난한 나치 십자가는 원래의 형태에서 왜곡되고 변형되고 뒤틀린 형태다." _프란츠의 시복식이 있던 날, 제단 위에 놓인, 나치 십자가를 깨부수는 프란츠의 나무 조각상을 가리키며 필라델피아의 사제가 한 말.

는 것이라고 굳게 믿었다. 결국 나치가 그를 감옥에 처넣었지만 그의 믿음은 조금도 흔들리지 않았다. 군사재판을 받고 1943년 8월 9일 참수된 후 그는 교회의 순교자로 선포되고 성자로 시복되었다. 그는 왕과 대통령들의 전쟁에 양심적 병역 거부자가 되려는 우리 모두의 희망이다.[29]

대안 경제

우리는 하나님이 실수하지 않으셨다고 확신한다. 하나님은 사람을 너무 많이 만들지도 물질을 너무 적게 만들지도 않으셨다. 우리는 풍요의 경제와 충분의 신학을 믿는다.

그 옛날 예수님이 무리에게 설교하시던 중 식사 시간이 돌아왔다. 제자들이 이 사실을 고하자 예수님은 가서 무리를 먹이라고 말씀하셨다. 하지만 제자들의 사고는 제국의 경제라는 테두리에 철저히 갇혀 있었다. 그래서 그들은 모든 사람을 먹이려면 돈이 너무 많이 든다며 투덜거렸다. 그러자 예수님이 개입하셨으나 과시용 힘(돌로 빵을 만들라는 유혹)을 사용하지는 않으셨다. 이를테면 하늘에서 빵이 비처럼 내리게 하지 않으셨다. 예수님은 그저 사람들이 가져온 음식을 걷어오라고만 말씀하셨다. 결국 예수님은 한 소년의 초라한 점심(빵 몇 조각과 물고기 몇 마리)으로 수많은 무리를 먹이고도 몇 광주리나 남게

하셨다. 지금도 하나님은 우리가 내놓는 작은 예물로 기적을 일구고 계신다.

다음은 하나님의 이런 섭리를 보여주는 이야기들이다.

약 20년 전 돈이 별로 없는 사람들 4백명가량이 작은 공동체를 이루었다. 어느 날 목사가 사고를 당했는데 의료보험에 전혀 가입되지 않은 상태였다. 그래서 구성원들은 돈을 모아 목사의 의료비를 마련하기로 했다. 그 일이 잘 마무리된 뒤 목사가 구성원들에게 말했다. "나를 위해서 이렇게 해주었으니 이제는 서로를 도와봅시다." 그리하여 그 공동체는 아픈 구성원들이 생길 때 사용할 공동 기금을 마련했다. 현재 나(셰인)도 가입자가 2천 명 이상으로 성장한 이 공동체에 참여하고 있다.[30] 매달 우리는 병중에 있는 구성원들과 그들의 기도 제목을 소개한 소식지를 받는다. 내 돈이 형제자매들의 필요를 돌보는 일에 곧바로 쓰이고 있다. 20년간 우리는 의료비에 4억 달러를 지출했다. 정말 아름답고도 참신한 경제 시스템이지 않은가.

그리고 이것은 가난한 사람들, 의료 보장을 받지 못하는 미국의 4천7백만 사람들, 특히 의료 보험에 가입하지 못한 9백만 명의 아동들에게 참으로 좋은 소식이다.[31] 몇 년 전 이곳 포터 스트리트에서 쉬시(She-She)라고 불리는 어린 소녀가 천식으로 죽었다. 제때 적절한 치료만 받았어도 충분히 살았을 것이다. 가난한 자들에게 좋은 소식이 되지 못하는 복음은 예수님의 복음이 아니다.

관계적 십일조

새로운 경제 시스템을 구현한 또 다른 예는 관계적 십일조(Relational Tithe)라는 명칭의 집단이다. 교부 이그나티우스는 가난한 자와 억압받는 자, 굶주린 자를 돌보지 않는 교회는 이단이라고 말했다. 그런 의미에서 새로운 종교 개혁이 시급한 상황이다. 교회는 가난한 자들에게 속한 돈을 착복하여 건물들을 짓고 교회 직원들에게 봉급을 지급해왔다. 이제 이런 시스템에 반대하는 우리는 십일조와 헌금을 하나님이 원래 의도하신 재분배 경제의 도구로 되돌리기 위해 힘을 모으기 시작했다. 우리는 사도들이 성도들의 헌금을 모아 필요한 사람들에게 재분배했던 초대 교회의 모습을 다시 상상했다. 그 결과, 관계적 십일조라는 작지만 아름다운 일이 만들어졌다.[32]

관계적 십일조는 몸속에서 서로를 돌보는 작은 세포들처럼 전 세계적으로 조직된 거듭난 친구들의 네트워크다. 이 네트워크는 초대 교회처럼 모든 헌금을 모아 어려운 형제자매를 돌본다. 초대 교회와 다른 점이라면 블로그를 두고 있으며 전 세계 어디로나 돈을 보낼 수 있다는 점이다. 우리는 수입의 10퍼센트를 공동 기금으로 모은다. 그리고 정기적으로 이웃들의 필요를 서로에게 알리고 최대한 도와주려고 노력한다. 한편, 우리는 재력가에서 부랑자까지 계급 체제로 우리를 분열시키던 경제적 담을 허물어 관계를 쌓아가고 있다. 우리를 하나로 묶어주는 끈은 혼자서보다 함께 있을 때 훨씬 더 큰일을 이룰 수 있다는 믿음이다. 함께 우리는 친구들이 차를 얻고 공과금을 내도록 도왔으며 새로운 일자리를 창출하고 아이들을 여름 캠프에 보내고 생일잔치를 열어주고 어려운 사람들에게 생애 첫 휴가를 선사했다. 그리고 이 모든 일은 관계를 통해 이루어졌다. 진정한 우정이 바탕을 이루고 있지 않으면 아낌없이 주고 받는 일은 불가능하다. 2004년 쓰나미가 강타한 후 관계적 십일조의 두 일원이 먼저 태국으로 날아가 우리가 도와야 할 부분들을 알려주었다. 그 뒤 우리도 함께 그곳으로 날아가 울타리와 배, 놀이터를 수리했다. 덕분에 우리의 기사가 태국의 저명한 신문인 「방콕 포스트(Bangkok Post)」에 실리기도 했다. 우리는 하나님의 지갑을 가진 인간 가족이다!

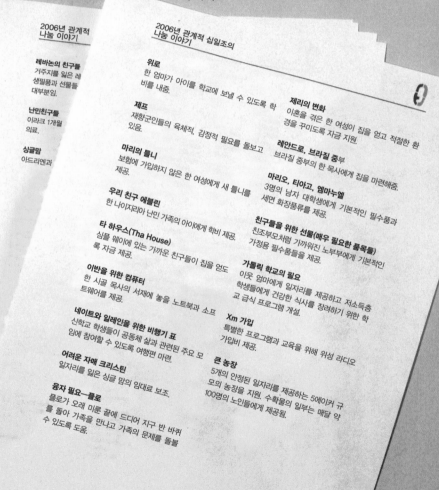

2006년 관계적 나눔 이야기

레바논의 친구들
거주지를 잃은 레 생필품과 선물들 대부분임.

난민친구들
이라크 1개월 의료.

싱글맘
아드리엔과

2006년 관계적 십일조의 나눔 이야기

위로
한 엄마가 아이를 학교에 보낼 수 있도록 학비를 내줌.

제프
재향군인들의 육체적, 감정적 필요를 돌보고 있음.

마리의 틀니
보험에 가입하지 않은 한 여성에게 새 틀니를 제공.

우리 친구 에블린
한 나이지리아 난민 가족의 아이에게 학비 제공.

타 하우스(Tha House)
심블 웨이에 있는 가까운 친구들이 집을 얻도록 자금 제공.

이반을 위한 컴퓨터
한 시골 목사의 서재에 놓을 노트북과 소프트웨어를 제공.

네이트와 일레인을 위한 비행기 표
신학교 학생들이 공동체 삶과 관련된 주요 모임에 참여할 수 있도록 여행편 마련.

어려운 자매 크리스틴
일자리를 잃은 싱글 맘의 임대료 보조.

융자 필요—폴로
플로가 오래 미문 끝에 드디어 지구 반 바퀴를 돌아 가족을 만나고 가족의 문제를 돌볼 수 있도록 도움.

제리의 변화
이혼을 겪은 한 여성이 집을 얻고 적절한 환경을 꾸미도록 자금 지원.

레안드로, 브라질 중부
브라질 중부의 한 목사에게 집을 마련해줌.

마리오, 티아고, 엠마누엘
3명의 남자 대학생에게 기본적인 필수품과 세면 화장품류를 제공.

친구들을 위한 선물(매우 필요한 품목들)
친조부모처럼 가까워진 노부부에게 기본적인 가정용 필수품들을 제공.

가톨릭 학교의 필요
이웃 엄마에게 일자리를 제공하고 저소득층 학생들에게 건강한 식사를 장려하기 위한 학교 급식 프로그램 개설.

Xm 가입
특별한 프로그램과 교육을 위해 위성 라디오 가입비 제공.

큰 농장
5개의 안정된 일자리를 제공하는 5에이커 규모의 농장을 지원. 수확물의 일부는 매달 약 100명의 노인들에게 제공됨.

서로 돕는 마을

여러 해 전 우리는 새로운 경제를 위해 또 다른 작은 실험을 했다. 우리는 테네시 주의 한 시골 농장에 수백 명을 모아놓고 PAPA라는 명칭의 작은 축제를 열었다. 요즘 교회의 축제와 컨퍼런스는 하나같이 제국의 시장과 연예인 문화에 물들어 있다. 그래서 우리는 조금 색다른 축제를 추구했다. 우리는 축제를 사실상 공짜로 즐길 수 있도록 선물 경제(gift economy)를 조성했다. 단, 모든 사람이 선물을 얻기 위해 땀을 흘려야 했다. 우리는 'PAPA 시간(PAPA Hours)'을 사용하는 물물교환 경제를 창출했다. 그러니까 사람들은 물 부대를 채우고 음식을 만들고 워크숍을 열고 아이들을 돌보는 등의 노동 시간으로 PAPA 시간을 벌었다. PAPA 시간이란 이 마을에서 통용되는 천으로 만든 통화였다. 그다음에는 한 마구간에서 PAPA 시간으로 책이나 시디, 공예품, 심지어 블루베리와 닭까지 온갖 물품을 구매했다. 그곳에서 미국 통화는 휴지조각이나 다름없었다.[33] 아침마다 우리는 심오한 이론적 워크숍을 열어 신학과 경제학, 평화 운동을 토론했다. 반면 오후의 워크숍은 전부 실용적인 내용이었다. 예를 들어, 바느질과 자전거 수리, 통조림 만들기, 서커스 기술, 원예 등에 관한 워크숍이 열렸다. 축제 현장에서 종교라면 질색을 하고 수녀들에게 수작이나 걸던 셰인의 삼촌을 보고 놀랐던 기억이 아직도 생생하다. PAPA 축제는 하나님 나라의 축소판이었다. 가장 기억에 남는 사실 중 하나는 겨우 몇천 달러로 축제를 치르고 사람들의 선물 하나하나가 소중히 여겨졌다는 것이다. PAPA 축제는 많은 돈을 지불하고 수동적으로 참여하는 여느 컨퍼런스와는 사뭇 달랐다. 그런 컨퍼런스의 강연자는 가진 것을 다 팔아 가난한 자에게 주라고 말하면서 정작 자신은 어마어마한 강사료를 챙겨간다. 그에 반해 PAPA 축제는 선(善)이 살아 숨 쉬는 왕국을 어렴풋이나마 엿볼 수 있는 기회였다.

'미친 농부들의 해방 전선'이라는 아름다운 시에서 웬델 베리는 우리가 매일 계산할 수 없는 뭔가를 해야 한다고 말했다. "장군들과 정치인들이 당신 마음의 움직임을 예측하는 순간, 당신은 진 것이다." 사랑과 선물은 정부가 결코 예측할 수 없는 행동이다.

기본적으로 교회의 가르침은 교회 자체다. 이 새로운 공동체의 표징과 탄생 과정이 곧 교훈이다. 메시지를 말로 선포하는 것은 단순히 이 공동체의 자아를 재확인시켜주는 것이다.

_니콜라스 래시의 『이 세상에서 그분의 임재(His Presence in the World)』

새로운 세상이 가능하다

마거릿은 우리 공동체에서 가장 지혜로운 동시에 가장 거침없는 장로 중 한 명이다. 몇 년 전 마거릿을 비롯한 여러 그리스도인들이 성령의 감동으로 성경의 예언을 실행한 적이 있었다. 그들은 전쟁 기계들이 벌이는 유혈극에 비통한 마음을 감출 수 없었다. 그래서 자신들의 피를 뽑아 그 전쟁 기계들 위에 뿌리기로 했다. 또한 죽음의 분위기를 생명의 분위기로 바꾸기 위해 가방 하나에 망치 같은 공구를 가득 채웠다. 준비를 마친 그들은 한 해군 전함의 견학 프로그램 현장에 나타났다. 가방을 나를 사람은 마거릿으로 정해졌다. 나이 많은 수녀라서 의심을 덜 받을 것이라 판단했기 때문이다. 나중에 마거릿이 순진한 얼굴로 금속 탐지기와 가방 검사원들의 삼엄한 경비를 뚫고나간 이야기를 해주는데 얼마나 배를 잡고 웃었는지 모른다. 마거릿이 검문소를 통과하려는데 가방이 너무 커서 문에 끼자 경비원이 와서 도와주었다. 경비원은 가방을 들고 보안 검사대를 지났고 마거릿은 순진한 할머니처럼 연신 고맙다고 인사를 했다. 마거릿 일행은 배에 탄 뒤 사다리를 타고 꼭대기로 올라갔다. 그리고 거기서 토마호크 미사일 발사 장치의 측면에 피를 쏟았다. 마거릿은 발사 장치가 거대한 별처럼 생겼다고 말했다. 그러고 나서 그들은 기도하는 심정으로 속이 빈 발사 장치를 두드리기 시작했다. 망치 소리 하나하나가 메아리처럼 지구 전체에 울려 퍼지는 듯했다. 이것은 일종의 성례전이었다. 그 순간, 시간이 멈춘 듯했다. 마거릿 일행은 계속해서 쾅쾅 망치를 두드렸다. 이윽고 해군들이 혼란과 충격이 가득한 얼굴로 그들을 포위했다. 장교들은 수녀들에게 갑판 위에서 양팔을 머리에 올린 채 고개를 숙이고 엎드리라고 명령했고 수녀들은 그대로 따랐다. 그때 마거릿은 하나님 앞에 엎드려 손을 뻗고 기도했던 시간들을 떠올렸다. 수녀들이 엎드리자 비가 내리기 시작했다. 마거릿은 그 비가 하나님의 눈물처럼 느껴졌다고 말한다.

성경에서 더없이 분명한 사실 중 하나는 국가가 사람들을 평화로 이끄는 게 아니라는 점이다. 오히려 사람들이 국가를 평화로 이끈다. 미가와 이사야는 모두 사람들이 칼을 쳐서 보습을 만들고 창을 쳐서 낫을 만들 것이라 예언했다. 그들의 예언은 나라들이 서로 싸우지 않고 더 이상 전쟁을 연구하지 않을 것이라는 말로 끝맺는다. 평화는 국가가 아닌 하나님의 백성들에게서 시작된다. 국가를 인간답게 만드는 것은 사람들이다. 다니엘이 짐승들 위로 올라간다고 말한 인자, 그리고 복음서에서 선포한 인자를 따르는 것은 국가가 아니라 사람들이다. 전쟁의 종식은 새로운 세상이 가능하다고 믿는 사람들에게서 시작된다. 새로운 제국이 벌써 시간과 공간을 뒤흔들었으며 하나님의 꿈으로 이 땅을 차지하고 있다. 이 꿈은 믿음과 소망으로 보이지 않는 것을 보고 확신하는 사람들에게서 시작된다. 우리는 이 꿈을 절대적으로 확신하기에 예언들을 실행하지 않을 수 없다. 우리는 눈에 보이는 증거와 상관없이 믿는다. 그러자 실제로 증거가 나타나고 있다.

뛰어난 과학자들이 B-52 폭격기를 트랙터로 전환할 방법을 알아내면 얼마나 멋질까?

기도의 사람들이 가정용 공구들을 들고 군사 기지로 달려가 전쟁 기계를 쳐서 농기기를 만들면 얼마나 멋질까?

과거에도 그랬으니 다시 그럴 수 있다.

우리는 변화를 믿는 사람들이다. 우리는 만물이 새로운 피조물로 변할 수 있다고 믿는다.

이 폭력은 상상력을 잃어버린 세상에나 어울린다.
_ 바그다드의 어느 병원의 원장

회심

　몇몇 보수주의 복음주의자들이 '회심'이란 단어를 독점하고 있으니 안타까운 노릇이다. 많은 사람이 회심이란 단어를 거창하게 생각한다. 하지만 회심은 단순히 개조 밴이나 환전처럼 과거와 다른 모습으로 바뀌는 것을 의미한다. 그렇다. 우리는 마음과 상상력을 새롭게 해야 한다. 세상을 파괴하는 패턴에서 벗어나 새로운 사람이 되어야 한다. 그렇지 않으면 우리는 단순히 신자일 뿐 회심자는 아니다. 그리고 오늘날 신자는 발에 차일 정도로 많다. 세상에 정말 필요한 것은 새로운 세상을 열정적으로 믿어 행동까지 나아가는 사람들이다.

　그럴 때 디젤이 아닌 식물 기름으로 가는 진정한 개조 밴이 나타날 것이다. 그럴 때 재생 가능한 에너지를 사용하고 고정식 자전거로 세탁기를 돌리고 설거지물을 화장실 물로 사용하는 개조 가옥이 나타날 것이다. 그럴 때 눈물이 웃음으로, 기관총이 색소폰으로 바뀌고 경찰관들이 곤봉으로 야구를 할 것이다.

왕관을 부수되 머리는 다치지 않게 하라.

새로운 축제가 필요하다

성경은 이 세상에 '적용'할 것이 아니라
교향곡이나 발레, 서커스처럼 공연해야 하는 것이다.

2년 전 두 가지 일이 일어났다. 첫째, 우리는 뉴욕 시 경찰들을 대상으로 한 소송에서 이겼다. 경찰들은 공공장소에 자는 집 없는 자들을 풍기문란 죄로 체포했다. 이 일로 수백 명이 모여 공공장소에서 잠을 자며 저항했다. 그러던 어느 날 밤 나(셰인)는 공공장소에서 잠을 자다가 체포당했다. 그 후 나는 오랜 시간이 걸리긴 했지만 무죄 판결을 받았고 불법 체포에 대한 민사 소송을 냈다. 나는 이 소송에서 이기면서 법적인 선례를 남겼을 뿐 아니라 약 1만 달러의 보상금을 받았다. 하지만 우리는 이 돈이 나나 심플웨이의 것이 아니라 이 모든 억압을 견뎌낸 뉴욕 시 부랑자들의 것이라고 판단했다. 이것은 바로 그들의 승리였다.

두 번째 일은 성경의 경제에 관한 공부 시간이 끝나고 누군가 익명으로 우리에게 1만 달러를 준 것이다. 우리는 이 돈을 주식에 투자한 뒤 수익을 가난한 자들에게 돌려주고 있다.

이 2만 달러는 참신한 집단적 상상력을 일으켰다. 오늘날 작은 희년 축제를 열면 어떨까? 이 질문의 파문은 심플웨이를 넘어 멀리까지 퍼져나갔고, 오래지 않아 세계 곳곳의 친구들이 얼굴에 미소를 머금은 채 이 질문을 품고 고민했다. 축제를 어디서 열어야 할까? 세계 경제의 중심지인 월 스트리트밖에

더 있겠는가? 다시 한 번 우리는 한 차례의 행사로 끝내지 않고 이 축제를 레위기 25장에 나온 대로 고대의 축제이자 새 예루살렘의 영원한 축제로 이어가기로 했다. 우리는 희년의 정신과 사랑의 경제를 실천하는 1백 개의 공동체에 1백 달러씩 보내기로 했다. 1백 달러 지폐에는 모두 '사랑'이라고 썼다. 그러고 나서 우리는 모든 사람을 월 스트리트에서 열릴 희년 축제에 초대했다.

웃고 꿈꾸며 준비한 지 몇 달 만에 드디어 축제일이 다가왔다. 준비는 모두 끝났다. (하지만 여전히 속은 조마조마했다.) 약 40명이 가진 동전을 모두 가져오니 가방과 커피 머그잔, 서류가방, 등짐에 동전 3만 3천 개 이상이 꽉 찼다. 월 스트리트에는 약 50명이 모일 예정이었다. '비밀 특공대'가 먼저 가서 공원이며 냅킨 홀더, 전화 부스까지 로어 맨해튼 전역에 2달러짜리 지폐 수백 장을 숨겨놓았다. 아침 8시 15분 우리는 뉴욕 증권거래소 정문 앞 광장으로 천천히 걷기 시작했다. 우리는 일부러 부랑자(일부는 진짜 부랑자다)며 관광객과 사업가 등 다양한 차림을 했다. 재분배에 관한 소식이 뉴욕 시 전역에 퍼지자 거의 1백 명에 달하는 사람들이 모여들었다. 월스트리트는 반테러 연극 무대처럼 미리 꾸며진 상태였다. 오전 8시 20분, 70세의 수녀 마거릿과 내가 앞으로 걸어 나와 희년을 선포했다.

"우리 중에는 월 스트리트에서 일한 사람도 있고 월 스트리트에서 잠 잔 사람도 있습니다. 우리는 투쟁의 공동체입니다. 우리 중에는 외로움으로부터 탈출하려는 부자도 있고 추위로부터 탈출하려는 가난한 사람도 있습니다. 우리 중에는 마약에 중독된 사람도 있고 돈에 중독된 사람도 있습니다. 우리는 망가진 사람들입니다. 그래서 서로와 하나님을 필요로 합니다. 우리는 우리가 세상을 얼마나 망쳐놓았고 그로 인해 우리가 얼마나 큰 고통을 받고 있는지 깨달았습니다. 이제 낡은 틀 안에서 새로운 사회를 탄생시키기 위해 함께 노력하려고 합니다. 새로운 세상이 가능합니다. 새로운 세상이 필요합니다. 새로운 세상이 여기서 이미 이루어졌습니다."

이제 마거릿 수녀가 (그 옛날 유태인들이 한 것처럼) 양의 뿔을 불자 우리 모두는 "축제를 다시 시작하라!"라고 외쳤다. 열 명의 사람들이 군중 위의 발코니에서 준비하고 있다가 수백 장의 지폐를 공중에 가득 차도록 뿌렸다. 그러고 나서 '테러는 그만', '나눔', '사랑', '모든 사람의 필요를 채우기에는 충분하지만 모든 사람의 탐욕을 채우기에는 부족하다-간디'라고 쓴 플래카드를 내렸다.

거리는 온통 은빛으로 변했다. 우리의 '행인'과 '관광객', '부랑자', '사업가'들이 동전을 뿌리기 시작했다. 우리는 색분필로 거리를 꾸미고 공기방울로 하늘을 가득 채웠다. 거리 전역에 기쁨이 넘쳐났다. 어떤 이들은 롤빵을 사서 나눠

주기 시작했다. 겨울옷을 나누는 사람들도 있었다. 한 거리 청소부는 우리에게 돈으로 가득 찬 쓰레받기를 보여주며 윙크를 했다. 어떤 이는 아무나 잡고 껴안으며 눈물을 흘렸다. "이젠 약을 살 수 있어요."

축제가 통했다. 물론 처음에는 심히 걱정스러웠다.[34] 하나님과 맘몬이 정면으로 대치하는 현장은 위험천만할 수밖에 없었다. 정말로 위험하다. 하지만 우리는 믿음의 사람들이다. 우리는 나눔의 전염성이 축적의 마력보다 강하다고 믿는다. 사랑은 미움을 변화시키고 빛은 어둠을 이길 수 있다. 풀이 콘크리트를 뚫을 수 있다. 심지어 월 스트리트에서도 그럴 수 있다.

이런 축제로 벽과 월 스트리트를 허물 수 있다.
고대의 성 여리고가 기억나는가?
하나님의 백성들은 힘과 무기가 아니라 예배와 춤과 찬양으로
여리고의 성벽을 무너뜨렸다. 때로는 거룩한 축제만으로
상황 끝이다. 거룩한 축제는 제국의 벽과 월 스트리트를 허물 수 있다.

세상에 대해 죽으라. 즉 세상의 정신없는 소란함과 부산함을 버리라. 하나님은 그 무엇도 악하게 창조하지 않으셨다. 악을 낳은 것은 우리다. 악을 낳은 사람은 그 악을 다시 없앨 수도 있다.

_타티아누스

새로운 언어가 필요하다

사도 야고보는 말하는 태도가 삶을 통제한다고 했다. 뭘 먹느냐에 따라 사람이 달라지듯 무슨 말을 하느냐에 따라 사람이 달라진다. 우리의 언어는 우리의 세계관에 영향을 미친다. 2부에서 우리는 하나님 나라라는 개념이 새로운 시민권을 함축하고 예수님의 제자들에게 새로운 정체성을 부여한다고 말했다. 그런데 진정으로 천국의 시민이라면 말을 천국의 시민답게 해야 한다. 일례로, 진정으로 거듭난 사람에게 '우리'는 다시 태어난 사람들 곧 교회를 지칭한다. 그는 새로운 정체성을 얻었기 때문에 더 이상 '우리의 군대'나 '우리의 역사' 같은 언어를 사용하지 않는다. 거듭난 사람에게 가공의 경계와 벽은 아무런 의미가 없다. 그의 이웃에는 시카고 주민뿐 아니라 바그다드 주민도 포함된다. 그에게는 이라크에서 온 형제나 캘리포니아에 사는 자매나 아무런 차이가 없다. 우리의 가족은 국가와 국경을 초월한다. 이라크 사람도 우리의 형제이고 팔레스타인 사람도 우리의 자매다.[35] 그리고 진정으로 거듭난 사람이라면 그런 시각에 따라 말도 달라져야 한다. '우리'와 '나'의 의미가 달라져야 한다. 충성의 대상과 언어가 바뀌면 히틀러 지배와 같은 상황에 전혀 새로운 시각으로 개입해야 할까? 바로 그렇다. 우리 곧 교회는 그리스도인으로서 돕고 개입해야 한다.[36]

또한 진정으로 거듭난 사람이라면 상업성 언어를 삼가야 한다. '문화 참여'는 요즘 그리스도인들 사이에서 유행하는 구호다. 그러기 위해 많은 교회가 세상 문화의 스타일을 따라가고 있다. 세상을 바꾼다는 명목으로 웹 사이트를 구축하고 자극적인 명칭과 어구, 이미지로 '운동'을 일으킨다. 그리고 여느 운동처럼 티셔츠와 유행어, 범퍼 스티커, 슬로건(참, 손목 보호대도 빼놓을 수 없다)을 만들어낸다. 많은 교회가 특별한 타이틀이 있고 텔레비전에 나오고 국가의 방향이나 입법에 영향을 미쳐야 제대로 된 운동이라고 생각한다. (물론 우리도 책을 냈으니 분명 이 흐름에 편승한 것이다. 하지만 고심 끝에 두렵고 떨리는 마음으로 그랬으니 너그럽게 봐주면 좋겠다.)

상업성 언어는 복잡하고 미묘하고 까다로운 기독교적 삶을 싸구려로 전락시키고 있다. 농부이자 작가인 웬델 베리는 여러 가지 이유로 운동(요즘 기독교계의 유행어)에 참여하지 않겠다고 공언했는데, 그 이유가 하나같이 고개를 끄덕이게 만든다. 그는 운동이 "너무도 쉽게 본래의 의미를 잃어버린다. 예를 들어 '평화 운동'은 금세 폭력적으로 변한다. …… 거의 모든 운동이 그리 급진적이지 못하다. 대개 원인이 아닌 결과만 다루고 끝난다. 아니면 어느 한 가지 이슈나 해법만 다룬다. 바로 이것이 그리 급진적이지 못하다는 결정적 증거다."라고 지적한다.[37]

세상의 지나친 단순화와 슬로건을 배제한 채 말하는 법을 다시 배우려면 보통 힘든 게 아니다. 하지만 이것은 해도 되고 안 해도 되는 일이 아니다. 자전거를 타고 지역 농사에 참여하는 것만이 새로운 경제를 추구하는 길이 아니다. 우리의 입은 우리 몸의 다른 부분들과 우리의 상상력을 통제한다. 따라서 입을 조심해야 한다.

새로운 예식이 필요하다

참된 그리스도인의 정체성을 갖기는 결코 쉽지 않다. 그래서 그리스도인으로서 진정한 소속감을 기르기 위한 방법들이 필요하다. 세계 전역에 우리와 같은 찬양을 부르고 같은 기도를 드리는 사람들이 있다는 사실, 우리가 교회라고 불리는 초국가적 공동체의 일부라는 사실을 늘 기억해야 한다. 미국을 떠나서 미국인이 없듯 교회를 떠나서 그리스도인은 없다.

교회의 독특한 관행 중에 주의 만찬이라고도 하는 성찬식이 있다. 이 성찬식 때문에 초대 교회 교인들은 함께 모여 살을 먹고 피를 마신다고 하여 식인종 취급을 받기도 했다. 우리는 가톨릭교도 친구들에게서 성찬식의 가장 신비롭고도 중요한 측면을 배웠다. 그것은 무엇을 먹느냐에 따라 사람이 달라진다는 것이다. 포도주와 떡을 먹는 것은 곧 그리스도를 받아들이는 것이다. 아니, 더 정확하게 표현하면 우리가 그리스도의 몸으로 들어가 새로운 피조물로 변하는 것이다. 우리는 함께 떡과 포도주를 먹으며 예수님을 다시 기억한다. 성찬식은 막연히 예수님에 대해서가 아니라 특별히 그분의 고난을 기억하는 예식이다. 떡은 예수님의 상한 몸이며 포도주는 예수님이 흘리신 피다. 다시 말하지만 무엇을 먹느냐에 따라 사람이 달라진다. 그런 의미에서 성찬식은 극심한 고통을 당하면서까지 원수를 사랑하신 분을 닮아가는 행위다. (가톨릭교도들처럼) 가슴에 십자가를 긋는 것은 자기 자신에게 십자가의 도장을 찍는 것이다. 이는 곧 예수님의 십자가 사랑을 자기 가슴에 품는 것이다. 고난 받으신 그리스도의 몸을 먹고 닮아가는 사람들은 함께 모여 그리스도의 몸을 이룬다.

성찬식은 매우 정치적인 행위다. 미국과 멕시코의 국경에서 교회가 벌인 아름다운 사건에 관한 이야기를 들어보라. 12월 16일 저녁부터 24일 저녁까지 멕시코 교회는 마리아와 요셉이 성전을 찾아 나사렛에서 베들레헴까지 간 일을 기억하며 라스 포사다스(Las Posadas) 축제를 치른다. 미국과 멕시코의 그리스도인들은 모두 이 절기를 지키며 성전을 둘러싼 현대의 분쟁과 이민자 문제를 돌아본다. 그들은 요새화된 울타리의 양편에 모여 찬송을 부르고 서로의 이야기를 들으며 마리아와 요셉과 여관 주인의 전례식문을 암송한다. 국경 수비대와 민병대는 곤혹스러운 표정으로 그 모습을 지켜본다. 전례가 끝나면 양측은 울타리 너머로 서로에게 사탕을 던지고, 멕시코의 전통 음식과 차를 마시며, 울타리의 구멍을 통해 희망의 리본을 교환한다.[38] 그들은 국경 없는 성찬식이라는 새로운 관행을 만들어냈다.

의회는 이민과 국경 문제로 입씨름만 벌이고 있지만 우리는 인간이 만든 울타리와 담, 성문, 국경을 넘어 초국가적 성찬식을 계속할 것이다. 의회가 이민자들을 어떻게 대할지 알려줄 때까지 기다릴 필요가 없다. 이미 성경에 답이 나와 있고 구주께서 본을 보여주셨다.

> 교회의 임무는 민족적 정체성을 파괴하거나 유지하는 것이 아니라 그리스도 안에서 이 땅의 정체성보다 더 근본적인 새로운 정체성을 얻는 것이다.
>
> _필라델피아 북부의 목사 매니 오리츠

새로운 영웅이 필요하다

　교회는 전사와 정복자가 아니라 순교자와 성자를 기린다. 그리고 교회 역사 속에서 기릴 만한 인물이 참으로 많다. 미국은 크리스토퍼 콜럼버스를 기리지만 교회는 축제일에 성자들의 삶을 기억한다. 현대의 순교자들을 기리는 일도 빼먹지 말아야 한다. 크리스천 피스메이커 팀과 함께 이라크에서 평화를 추구하다가 죽은 톰 팍스를 위해서도 축일을 만드는 게 어떨까? 도로시 스탕도 현대의 순교자다. 오하이오 주 출신으로 73세의 수녀 도로시는 기업들의 우림 지역 황폐화에 저항하다가 2005년 브라질에서 암살당했다. 우리에게는 새로운 영웅들이 필요하다. 또한 숨은 영웅들을 재발견해야 한다.

　당신의 영웅은 누구인가? 다음과 같은 인물이라면 당신의 영웅으로 삼을 수 있겠는가?

펠리키타스와 페르페투아

　펠리키타스와 페르페투아는 3세기 초 북아프리카에서 살았다. 펠리키타스는 페르페투아의 노예였지만 기독교로 개종한 뒤 두 사람은 자매요 절친한 친구가 되었다. 그들은 신앙 때문에 함께 감옥에 갇혔는데 당시 펠리키타스는 임신 8개월인 상태였다. 22세의 어머니였던 페르페투아는 신앙을 (말로만이라도) 포기하고 집으로 돌아오라는 아버지의 간청을 외면한 채 감옥에서 갓난아기를 길렀다. 로마법은 임신한 여인을 죽이지 못하도록 했기 때문에 펠리키타스와 페르페투아는 잠시 목숨을 부지할 수 있었지만 결국은 순교할 운명이었다. 펠리키타스의 아기가 태어난 지 이틀 만에 두 사람은 제국의 게임에서 짐승의 밥이 되었다. 두 사람은 서로에게 평화의 입맞춤을 하고 죽음을 맞았다고 한다.

막시밀리안 콜베

막시밀리안 콜베는 자신의 수도원에서 수천 명의 유태인에게 거처를 제공하고 세상의 폭력에 반대의 목소리를 높였던 폴란드의 사제였다. 막시밀리안은 독일 게슈타포에 체포되어 아우슈비츠 수용소에서 죄수 번호 16670번으로 수감 생활을 했다. 한번은 수감자 한 명이 탈출하자 나치는 본보기로 죽일 열 명의 수감자를 골랐다. 운 나쁘게 선택된 수감자들이 늘어서 있는데 그중에 프란시스체크 가조우니체크라는 수감자가 울기 시작했다. "여보! 애들아! 다시는 못 보겠구나!" 이때 막시밀리안이 앞으로 걸어 나와 대신 죽기를 자처했고 나치는 이를 받아들였다. 1941년 8월 14일 그는 죽음을 기다리는 수감자들과 함께 찬송을 부르고 기도를 드렸다. 그는 1982년 10월에 성인으로 추앙되었다. 런던의 웨스트민스터 성당 밖에는 그의 동상이 서 있다. 일설에 따르면 그는 일본에서도 살았으며 나가사키 변두리에 수도원을 세웠다고 한다. 그가 순교하고서 4년 후 8월 9일 나가사키에 원자폭탄이 떨어졌는데 그가 세운 수도원은 기적적으로 건재했다. 그리스도인들이 교회의 영웅으로서 그를 기리는 축일은 나가사키의 날로부터 일주일 후다. 매년 그 주에 우리는 인간이 보일 수 있는 최선의 모습과 최악의 모습을 숙고한다.

투르의 마르탱

투르의 마르탱은 콘스탄티누스의 유명한 기독교 귀의로부터 4년 후, 그리스도인들이 예수님의 십자가 대신 제국의 검을 들던 시대에 태어났다. 그러니까 그는 '성전(聖戰)' 시대에 태어났다. 마르탱은 군신 마르스를 따서 지어진 이름이었다. 그도 그럴 것이 그의 아버지는 로마 군대의 고위 장교를 지낸 퇴역 군인이었다. 나이가 되자 그는 여느 청년들처럼 제국의 군대에 입대했다.

그러던 어느 날 마르탱은 오늘날 프랑스의 아미앵에 해당하는 지역의 성문 밖에서 특별한 경험을 하게 된다. 그는 누더기 차림의 거지를 만나 깊은 연민을 느꼈지만 줄 것이 없었다. 그래서 그는 군복을 벗어 반으로 자른 뒤 반쪽을 거지에게 주었다. 그러고 나서 무기를 다 내려놓고 말했다. "나는 그리스도인이야. 더 이상 싸우지 않겠어." 결국 마르탱은 병역 거부로 모욕과 박해를 당하고 감옥에 들어갔다.[39]

주니퍼 형제

이번에는 좀 색다른 인물인 주니퍼 형제에 관해 생각해보자. 그는 아시시의 성 프란체스코의 모자란 형제들 중 한 명이었다. 그는 늘 어리석은 행동으로 말썽을 일으키곤 했다. 그런데 한번은 관리인이 그에게 성당을 맡겼다. (도대체 무슨 생각으로 그랬을까?) 그때 거지 몇 명이 성당 문 앞에 와서 음식과 돈을 구걸했다. 주니퍼 형제는 자기한테는 줄 게 없지만 성당에 있는 은종들은 하나님의 물건이니까 가져가도 좋다고 말했다. 그러고 나서 거지들이 은종을 가져가도록 도와주었다. 나중에 이 사실을 안 주교는 주니퍼 형제를 꾸짖었다. 전설에 따르면 이때 주니퍼는 너무 크게 고함을 지르는 바람에 목소리를 잃어버렸다고 한다. 화를 낸 게 미안해진 주니퍼는 그날 밤에 죽을 만들어 손에 초를 들고는 조심스레 주교의 방을 찾아갔다. 그가 방문을 두드리자 단잠에서 깬 주교는 짜증이 났다. 그러니 죽 따위는 눈에도 들어오지 않았다. 주교가 죽을 거절하자 아이처럼 순진한 주피터는 주교에게 죽이 식기 전에 먹어야 하니 초를 들어줄 수 있냐고 물었다. 이 순진한 말에 결국 주교는 피식 웃고 말았다. 주교가 초를 든 채로 두 사람은 함께 죽을 맛있게 먹었다. 주니퍼 형제는 참으로 단순하고 순진한 사람이었다.

러시아의 바실리

교회에서 가장 거룩한 바보 중 한 명은 정교회의 진정한 성자 바실리였다. 바실리는 거의 아무것도 걸치지 않고 거지처럼 방랑하기를 좋아하는 괴짜였다. 그가 붉은 광장의 시장에서 부정직한 상인들의 좌판을 뒤엎었다는 이야기들이 전해져 내려온다. 그런가 하면 그가 부자들의 대저택 초석에 입을 맞추면서 그들의 회심을 위해 기도했다는 이야기도 있다. 그는 러시아 폭군 이반에게 맞선 몇 안 되는 선지자 중 한 명이었다. 악명 높은 이반은 종교를 빙자하여 철권을 휘두른 황제였다. 많은 러시아인들이 채소만을 먹는 사순절 기간, 바실리는 차르를 찾아가 피가 뚝뚝 떨어지는 소고기 덩어리를 선물이라고 내밀며 말했다. "백성들의 피를 흘리면서 고기만 절제하면 뭐합니까?" 그런데 공포 정치로 천지를 떨게 만들었던 이반이 이상하게도 바실리를 처치하지 않았다. 오히려 그의 미련스럽기까지 한 믿음을 높이 사서 선물까지 주었다고 한다. 바실리는 그 선물을 갖지 않고 가난한 자들에게 나누어주었다.

예수님이 대통령이 되시는 성자들의 내각을 그 누가 당하랴?

당신의 영웅은 누구인가?

몇 명의 영웅을 더 소개하고자 한다.
우리는 숨은 영웅을 계속해서 재발견해야 한다.

마르켈루스 백부장, 뱅상 드 폴,

한나 이냐시오, 순교자 유스티누스,

아시시의 클라라, 디트리히 본회퍼,

투르의 마르탱, 토머스 머튼,

키이스 그린, 리치 멀린스,

노리치의 줄리안, 윌리엄 윌버포스,

마틴 루터 킹, 메리 오스카 로메로,

사라와 아브라함, 마더 테레사,

아빌라의 테레사, 페테르 클라베르,

십자가의 요한, 마르티노 데 포레스,

암브로시우스, 루이즈 드 마리악,

콘라드 그레벨, 데즈먼드 투투,

샤를 푸코, 대(大) 바실리우스,

캐서린 드렉셀, 도로시 데이,

메리 맥킬럽, 막달라 마리아,

대(大) 안토니우스, 발렌티누스,

니콜라스, 프란체스코 하이베르 카브리니,

엘리야, 더크 빌렘스,

아시시의 프란체스코

지칠 때 기도하고 인내할 수 있도록
끊임없이 그리스도가 도우시기 바라며.

새로운 노래가 필요하다

지극히 큰 자에서 지극히 작은 자까지

모두 와서 축제에 참여하라.

바로 여기 짐승의 뱃속에서

지금 와서 축제에 참여하라.

경찰들과 병사들도 와서 참여하라.

총을 내려놓고 오라.

부자들이 재물을 내려놓으면

가난한 사람들이 족해지리.

강한 자들이 권좌에서 내려오면

약한 자들이 외롭지 않으리.

애국주의자들이여, 어서 오라. 국기를 가져와도 좋다.

우리가 발을 씻기고 나면 천 조각이 필요할 테니.

_ 워십 그룹 솔터스(Psalters)의 노래

새로운 전례가 필요하다

국가에도 전례[40]가 있다. 예를 들어, 국가를 제창하고 가슴에 손을 얹고 스물한 발의 축포를 쏘는 것이 미국의 전례다. 이에 맞서 교회는 새로운 의식과 전례를 통해 성도들에게 국적보다 더 깊은 소속감과 정체성을 심어주어야 한다.

하늘에 계신 우리 아버지여 나라가 임하시오며……
나는 국기와 그 국기의 공화국에 충성을 맹세한다

복음을 세상에 분명히 드러낼 방법이 필요하다. 그 방법 중 하나는 성금요일에 그리스도의 수난을 기리는 행사를 하는 것이다. 예를 들어 이른바십자가의 길이라고 하는 길을 따라가며 그리스도의 마지막 시간들을 기억하는 사람이 많다. 하지만 예수님이 사신 세상과 십자가의 정치적 의미를함께 생각하지 않는다면 이런 행사는 공허한 허식일 뿐이다. 십자가를 우리가 사는 세상과 따로 떼어서 생각한다면 온전한 의미에서 구주를 따르고 십자가를 질 수 없다. 최신 멀티미디어 기술로 감각을 자극하는 예배만으로는 충분하지 않다. 그래서 우리는 전례를 거리로 갖고 나와, 세계최대의 무기 제조업체인 록히드 마틴의 본사 밖에 십자가의 길을 만들었다. 우리는 예수님이 '지극히 작은 자들' 속에서 신음하고 계신 세상속에서 성경을 읽고 예수님의 고난을 기억했다. 우리는 십자가의 길을따라 서서히 록히드 마틴의 부지로 들어갔다. 마지막으로, 십자가 앞에멈춰 무릎을 꿇고 우리 주님의 상한 몸과 피를 기억했다. 그러고 나서감옥으로 끌려가 묵상을 계속했다.

저항과 고백의 기도문

대표: 오 하나님, 저희를 구하소서.

회중: 저희의 발걸음을 당신의 평화의 길로 인도하소서.

대표: 겸손히 구합니다.

회중: 저희의 기도를 들으소서. 저희에게 평화를 주소서.

대표: 겸손히 구합니다.

회중: 저희의 기도를 들으소서. 저희에게 평화를 주소서.

대표: 하나님의 어린 양이시여, 세상의 죄를 없애주소서.

회중: 저희를 불쌍히 여기소서.

대표: 하나님의 어린 양이시여, 세상의 죄를 없애주소서.

회중: 죄와 죽음의 속박에서 자유를 주소서.

대표: 하나님의 어린 양이시여, 세상의 죄를 없애주소서.

회중: 저희의 기도를 들으소서. 저희에게 평화를 주소서.

대표: 오늘 하나님 나라에 궁극적인 충성을 맹세합니다.

회중: 충성을 맹세합니다.

대표: 로마의 평화와는 다른 평화에

회중: 충성을 맹세합니다.

대표: 원수 사랑의 복음에

회중: 충성을 맹세합니다.

대표: 가난한 자들과 상한 자들의 왕국에

회중: 충성을 맹세합니다.

대표: 돌아가시기까지 원수를 사랑하시는 왕께

회중: 충성을 맹세합니다.

대표: 그리스도께서 함께하시는 지극히 작은 자들에게

회중: 충성을 맹세합니다.

대표: 국가라는 인위적인 국경을 초월하는 초국가적 교회에

회중: 충성을 맹세합니다.

대표: 나사렛의 망명자께

회중: 충성을 맹세합니다.

대표: 머리를 누일 곳이 없던 집 없는 랍비께

회중: 충성을 맹세합니다.

대표: 검이 아닌 십자가에

회중: 충성을 맹세합니다.

대표: 국기가 아닌 사랑의 깃발에

회중: 충성을 맹세합니다.

대표: 철권이 아닌 수건으로 다스리는 분께

회중: 충성을 맹세합니다.

대표: 군마가 아닌 나귀를 타신 분께

회중: 충성을 맹세합니다.

대표: 피압제자와 압제자를 모두 해방시키는 혁명에

회중: 충성을 맹세합니다.

대표: 생명으로 인도하는 길에

회중: 충성을 맹세합니다.

대표: 죽임당한 어린 양께

회중: 충성을 맹세합니다.

대표: 함께 저희는 제국의 변방에서 부와 권력의 중심지까지 그분을
　　　찬양합니다.

회중: 죽임당한 어린 양 만세.

대표: 죽임당한 어린 양 만세.

회중: 죽임당한 어린 양 만세.[41]

우리는 이 세상의 패턴을 따라가지 않도록 마음을 새롭게 해야 한다.
하나님은 제국과 시장의 마수로부터 우리의 상상력을 해방시키고 계신다.

새로운 눈이 필요하다

　진정한 그리스도인이 되려면 시력을 개선할 게 아니라 새로운 눈을 얻어야
한다.

새로운 기념일이 필요하다

모든 견고한 사회는 독특한 가치관에 따라 독자적인 역법을 만들었다. 한동안 서구 문명은 주로 로마 제국의 영향을 받은 율리우스력과 그레고리력을 사용해왔다. [예를 들어, 8월(August)과 1월(January)은 각각 아우구스투스 카이사르(Augustus Caesar)와 야누스 신(Janus)에서 비롯했다.] 미국의 시민종교는 이 역법에다가 자체적인 기념일들을 섞어서 사용한다. 가장 중요한 기념일은 미국의 탄생일(7월 4일)과 미국 영웅들의 희생을 기념하는 날(전몰장병 추모일과 재향군인의 날)이다. 소비문화는 성 니콜라스와 성 발렌타누스, 성 패트릭 같은 성인을 기리는 교회의 축일을 산타, 부활절 토끼, 녹색 난쟁이 요정 같은 문화적 우상의 이름으로 평소보다 더 소비하는 날로 변질시켰다.

하지만 진정한 천국 시민 의식을 가진 교회라면 새로운 달력으로 성도들의 마음을 새롭게 해야 한다. 우리는 카이사르의 축제보다 성경의 절기를 중시하고, 전쟁 영웅과 대통령들보다 성자들의 축일을 더 의미 깊게 기려야 한다. 우리의 진정한 시작일은 7월 4일 독립기념일이 아니다. 우리는 오순절에 교회로서 시작되었다. (따라서 우리는 미국의 독립기념일보다 몇 달 일찍 불꽃놀이를 벌여야 한다.) 우리는 국가를 위해 살인을 불사했던 사람들의 희생보다 예수님이 세상을 위해 기꺼이 목숨을 버리셨던 성금요일을 더 깊이 기억해야 한다. 예수님은 '세상을 변화시키기' 위해 원수들을 죽이는 대신 오히려 그들을 위해 목숨을 내주셨다. 또 우리는 주현절의 시민 불복종을 기억해야 한다. 즉, 주현절은 카이사르의 왕국 밖에서 온 동방박사들이 새로운 종류의 왕께 경배하고 나서 폭군 헤롯의 눈을 피해 고향으로 돌아간 사건을 기리는 날이다. 상대적으로 덜 알려진 축일 중 하나는 무죄한 어린이들의 순교축일(Feast of the Holy

Innocents, 12월 28일)이다. 이날 교회는 헤롯이 새로운 왕의 싹을 잘라버리기 위해 아기들을 학살했던 일을 기억한다. 이런 날 우리는 예나 지금이나 하나님의 평화의 사랑을 실천하는 데는 정치적 대가가 따른다는 가혹한 진실을 떠올린다.[42] 이런 슬픈 절기는 2003년 미국의 침공으로 죽은 (백만 명에 달하는) 이라크인들을 떠올리게 만든다. 이런 날 우리는 그들의 죽음을 불가피한 '부수적 피해'가 아닌 현대의 헤롯들에 의한 학살로 기억한다.

여태껏 우리는 전쟁과 폭력의 렌즈를 통해 역사를 공부했고 왕과 대통령의 치리에 따라 역사를 편성했다. 하지만 예수님 안에서 우리는 역사를 재구성해야 한다. 예수님이 이 땅을 찾으신 날부터 시작하여 새로운 렌즈로 역사를 보며 고문당하고 쫓겨난 망명자들과 제국의 변방에서 일어난 혁명들을 기억해야 한다.

어느 해, 한 교회는 크리스마스를 색다르게 보내기로 했다. 이 교회는 화려한 장식들을 모두 치우고 예배당 바닥에 거름을 놓았다. 그래서 예배당 안에 고약한 냄새가 진동을 했지만 덕분에 성도들은 그 크리스마스를 평생 잊을 수 없었다. 성도들은 구주께서 악취 나는 대학살의 한복판에서 초라한 구유에 태어나셨다는 사실을 마음 깊이 새길 수 있었다.[43]

우리가 중시하는 기념일 중에는 '아무것도 사지 않는 날(Buy Nothing Day)'
이 있다. 매년 주님의 탄생일에 소비 활동이 최고조에 달하는 것은 참으로 가
슴 아픈 현상이다. 그래서 우리는 숨은 영웅들과 함께 쇼핑몰로 몰려가 돈을
쓰는 대신 사랑을 나누면서 주님의 탄생을 축하한다. 한번은 크리스마스 때
쇼핑몰에서 피자를 무료로 나눠주다가 몇 명이 체포되었다. 식품 코너에서는
음식을 무료로 나눠주면 안 되고 음식을 팔 수만 있다고 했다. 결국 우리는
수갑을 찬 채 쇼핑몰 경비실로 끌려갔다. 뿐만 아니라 경비실에서는 우리의
스냅사진을 찍어 중범죄자 사진 옆에 게시했다. (쇼핑몰에서 가장 흔한 범죄는 구
걸 행위였다.) 우리는 쇼핑몰로부터 '출입 금지 통보'를 받고 쇼핑몰의 '긴급 수
배자 명단'에 올랐다. 예수님도 성전의 탁자를 뒤엎은 일로 비슷한 출입 금지
통보를 받지 않으셨을까? 우리 행동에는 일말의 부끄러운 점도 없었다.

우리는 세상의 역법에 나오지 않는 공동체들의 창립과 사건들을 축하하는
새로운 역법을 만들었다. 우리는 부활주일을 '대통령의 날'로 명명했다. 이런
창의적인 프로젝트 하나하나가 우리의 마음을 새롭게 하여 세상의 패턴으로
부터 멀어지게 만든다.

선거에 관한 생각의 전환

> 선거철이 오자 가난한 사람들은 또다시…… 죽을힘을 다해…… 뛴다.
>
> _공민권 시대의 음유시인 질 스콧 헤론

　2004년 대통령 선거가 한창일 때 우리는 투표에 관한 질문들로 머리를 싸맸다. 투표를 할 것인가? 한다면 누구에게 표를 던질까? 투표 행위가 얼마나 중요한가? 우리가 고민하는 동안 〈폭스 뉴스(Fox News)〉에서 MTV의 〈록 더 보트(Rock the Vote)〉까지 모든 언론은 투표가 사람의 일생에서 가장 중요한 행위라고 입을 모아 선전했다. 이라크 전쟁의 엄청난 피해. 그 전쟁의 확대를 둘러싼 온갖 기만행위들. 최근 미국 정부가 저지른 범죄들. 이렇다 보니 '그(부시) 말고는 아무나'라는 슬로건이 옳게 보였다. 하지만 케리와 부시의 토론을 보니 둘 다 폭력의 구원하는 힘을 믿는 게 분명했다. 케리의 주장은 마치 "나는 겁쟁이가 아니다. 세계 역사상 가장 큰 군비 예산을 세울 것이다!"라고 외치는 듯했다. 이런 주장을 듣고 나니 그리스도인의 삶과 미국 시민으로서의 삶이 정치적으로 충돌한다는 사실이 더욱 실감 나게 다가왔다. 대통령 후보가 토론회에서 (산상수훈 같은) 기독교 정치를 운운했다가는 비웃음만 사기 십상이다.

　하나님이 뽑을 만한 후보를 한 명도 세우지 않으셨으니 투표하지 말라는 뜻인가 하는 생각도 들었다.

　왕과 대통령에 대한 신뢰가 땅에 떨어지니 많은 사람이 아예 정치에 관심을 끊고 살아간다. 차세대 대통령이 세상을 바꾸리라 기대하느니 U2의 보노를 믿겠다는 사람이 많다. 하지만 우리는 다른 선택사항을 권하고 싶다. 우리는 투표의 개념 자체를 바꾸고 싶다.

하나님 나라의 백성들에게 어울리는 질문은 어떻게 투표하느냐가 아니라 어떻게 살아가느냐다. 우리가 다음 선거에서 어떤 선택을 하느냐보다 매일 어떻게 살아가느냐가 더 중요하다. 매순간 우리는 특정한 기업들과 사람들에게 표를 던지며 살아간다. 따라서 우리는 우리 삶의 이면에 누가 있는지를 생각하며 살아야 한다. 우리가 삶의 방식을 통해 충성하는 대상은 누구인가? 매순간 우리는 우리의 발과 손과 입술과 지갑으로 표를 던지고 있다. 우리는 가난한 자들에게 투표해야 한다. 평화 운동가들에게 투표해야 한다. 소외받는 사람들, 억압당하는 사람들, 사회의 약자들에게 투표해야 한다. 예수님은 바로 그들에게 표를 던지셨다. 그들은 모든 제국이 외면한 사람들이며 어떤 백만장자 정치인도 대변하지 않으려는 사람들이다.

우리는 정치 후보들에게 투표할 때 이 책에서 탐구한 선지자적 상상력을 동원해야 한다. 우리가 아는 어느 공동체는 이민자와 밀입국자들을 위해 사역했다. 그들은 체제를 신뢰하지 않았기 때문에 대부분이 투표권을 행사하지 않았다. 그러다가 자신들이 투표하지 않는 것은 선거 결과에 상관없이 어느 정도의 '특권'[44]을 누릴 수 있기 때문임을 깨달았다. 그들이 투표권 포기라는 사치를 누릴 수 있는 것은 사회적 지위 덕분이었다. 하지만 투표권을 얻기 위해 감옥에 들어가면서까지 투쟁한 사람들을 생각하면 투표권 포기는 있을 수 없는 일이다. 그래서 그 공동체의 일원들은 투표권이 없는 이민자 친구들과 짝을 맺었다. 그리고 포럼을 열어 중요한 정치 쟁점들에 대해서 서로의 의견을 교환했다. 그 다음에는 이민자 친구들이 원하는 후보에게 표를 던졌다. 어떤 의미에서 이것은 목소리를 낼 수 없는 사람들의 목소리가 되어준 것이다. 한 기독교 공동체는 노스캐롤라이나의 가난한 흑인 동네로 이사 온 백인들이 주축을 이루고 있다. 그들은 가난한 이웃 흑인들을 돕기 위한 방편 중 하나로 그 이웃들이 원하는 후보에게 표를 보태주고 있다.

우리는 룻이 나오미와 수년을 함께한 뒤 한 말을 기억해야 한다. "어머니께서 가시는 곳에 나도 가고 어머니께서 머무시는 곳에서 나도 머물겠나이다. 어머니의 백성이 나의 백성이 되고 어머니의 하나님이 나의 하나님이 되시리니 어머니께서 죽으시는 곳에서 나도 죽어 거기 묻힐 것이라."(룻 1:16~17)

정치에 참여할 방법은 무한히 많다. 우리에게 정말 필요한 것은 상상력과 용기다. 십자가와 하나님 나라의 정치에 못 미치는 것에 절대 만족하지 말아야 한다. 악만 가득하고 그중에서 덜 악한 것을 선택할 수밖에 없는 세상이니 우리는 하나님 외의 다른 것을 의지하지 말아야 한다. 이 타락한 세상, 특히 '거룩한 전쟁'이나 '스마트(똑똑한) 폭탄' 같은 모순이 판을 치는 세상에서는 가장 좋은 것을 선택해도 결국은 실망하게 되어 있기 때문이다. 어느 때에는 투표가 제국의 영향력을 약화시키는 수단으로서의 의미만 지니기도 한다. 그러니까 뭔가에 찬성표를 던지는 게 아니라 하나님의 꿈에서 벗어난 뭔가에 반대표를 던지는 것이다. 그런가 하면 어떤 이들은 투표 부스에 들어가 투표 용지에 인쇄되어 있지 않은 분의 이름을 쓰고 나오기도 한다.

부록

아직 할 말도 많고 다뤄야 할 문제도 많다. 원래 우리는 이 책을 네 권짜리로 쓰고 싶었다. 산상수훈에서 보듯이 기독교 정치는 기도, 성윤리, 분노, 근심, 두려움 등에 관한 토론과 함께 다뤄져야 한다. 관련 주제를 다 다루자면 끝이 없다. 하지만 그럴 수 없어 많은 내용을 탈락시켰다. 책의 부록을 (그것 없이도 살 수 있는) 몸의 장식품 정도로 생각하는 사람이 있지만 본문만큼이나 중요한 부록도 있다.

우리는 이 책에서 두 개의 부록을 어쩔 수 없이 뺐지만 우리의 웹사이트 jesusforpresident.org에 실어놓았다. 그 외에 디저트처럼 즐기라는 의미에서 두 개의 부록은 이 책에 실었다. '부록 3: 복종과 혁명'은 로마서 13장을 중심으로 성경 해석 역사상 가장 중요하면서도 오래된 오해를 다룬다. '부록 4: 저항과 고백의 기도문'은 기독교 평화 운동가 짐 로니와 신학자 브라이언 월시의 도움으로 쓴 호칭 기도다. 이 기도문을 그대로 혹은 편집해서 사용하면 좋을 것이다. 책을 끝내기에 기도만한 것도 없으리라 생각된다.

부록 1

창조 이야기는 구별된 반제국주의 민족으로서 이스라엘의 정체성을 어떻게 강화시켰는가?

jesusforpresident.org를 보시오.

부록 2

모하메드를 대통령으로? 다원론과 유일무이함

jesusforpresident.org를 보시오.

부록 3

복종과 혁명: 로마서 13장은 뭔가?

이 부록은 짧게 편집한 것이다. 전문을 보려면 jesusforpresident.org를 방문하시오

우리는 이 세상의 거류민이다. 그렇다면 우리는 이 세상의 권력자들을 어떻게 대해야 할까? 신약에서 권세들에 복종하라는 두 구절보다 세상과 다른 길을 가르치는 구절들이 훨씬 길고 많은 데는 다 이유가 있다. 흔히 잘못 인용되는 로마서 13장은 세상의 패턴을 따르지 말고 원수를 사랑하고 선으로 악을 이기라는 권고의 말씀들에 둘러싸여 있다. 권위에 복종하라는 내용의 베드로전서 2장 13절 이하는 세상의 방식에 대해 거류민으로 살라는 교훈의 배경 속에서 나타난다. 따라서 로마서 13장과 같은 본문이 기독교 전쟁이나 폭력을 정당화한다고 생각하면 섣부른 판단이다. 이 구절들은 신약 전체의 주제라는 배경 속에서 해석해야 옳다.

지면 관계상 이 책에서는 로마서 13장만 다루기로 한다. 먼저 바울의 글을 읽어보자.

각 사람은 위에 있는 권세들에게 복종하라. 권세는 하나님으로부터 나지 않음이 없나니 모든 권세는 다 하나님께서 정하신 바라. 그러므로 권세를 거스르는 자는 하나님의 명을 거스름이니 거스르는 자들은 심판을 자취하리라. 다스리는 자들은 선한 일에 대하여 두려움이 되지 않고 악한 일에 대하여 되나니 네가 권세를 두려워하지 아니하려느냐? 선을 행하라. 그리하면 그에게 칭찬을 받으리라. 그는 하나님의 사역자가 되어 네게 선을 베푸는 자니라. 그러나 네가 악을 행하거든 두려워하라. 그가 공연히 칼을 가지지 아니하였으니 곧 하나님의 사역자가 되어 악을 행하는 자에게 진노하심을 따라 보응하는 자니라. 그러므로 복종하지 아니할 수 없으니 진노 때문에 할 것이 아니라 양심을 따라 할 것이라. 너희가 조세를 바치는 것도 이로 말미암음이라. 그들이 하나님의 일꾼이 되어 바로 이 일에 항상 힘쓰느니라. 모든 자에게 줄 것을 주되 조세를 받을 자에게 조세를 바치고 관세를 받을 자에게 관세를 바치고 두려워할 자를 두려워하며 존경할 자를 존경하라.

_롬 13:1~7

이 본문에서 눈여겨봐야 할 점이 몇 가지 있다.[1]

(1) 어떤 텍스트든 그 뜻을 제대로 헤아리려면 일단 편견 없이 정독해야 한다. 우선은 그 텍스트가 옳다는 전제 하에 읽어야 한다. 바울의 경우에도 그의 논리가 일관적이라는 전제 하에 분명한 구절들을 기초로 까다로운 구절들을 해석해야 한다. 따라서 로마서 13장도 바울의 정치에 관한 나머지 구절들과 일맥상통한다고 가정해야 한다. 애초에 호의적인 가정을 하지 않으면 텍스트를 이해할 수 없다. 의심과 비판의 눈초리로는 분명하게 볼 수 없다.

한편, 두 텍스트가 상충하는 것으로 보일 때 "그리스도인에게는 폭력적인 면과 평화로운 면이 둘 다 필요하다."라는 식으로 얼버무리는 것은 저자에 대한 예의가 아니다. 그런가 하면 어떤 이들은 로마서 13장을, 단순히 바울의 급진적 정치 노선이 나중에 변질된 것으로 본다. 나중에 다른 저자가 덧붙인 글이라고 주장하는 이들도 있다. 하지만 두 텍스트가 서로 모순되는 게 아니라 하나의 요점을 말하고 있다면? 로마서 13장 1~7절이 이전 장의 마지막 부분과 전혀 모순되지 않다고 가정하자.

****

너희를 박해하는 자를 축복하라. 축복하고 저주하지 말라. …… 서로 마음을 같이하며 …… 아무에게도 악을 악으로 갚지 말고 모든 사람 앞에서 선한 일을 도모하라. 할 수 있거든 너희로서는 모든 사람과 더불어 화목하라. 내 사랑하는 자들아 너희가 친히 원수를 갚지 말고 하나님의 진노하심에 맡기라. 기록되었으되 원수 갚는 것이 내게 있으니 내가 갚으리라고 주께서 말씀하시니라. 네 원수가 주리거든 먹이고 목마르거든 마시게 하라. 그리함으로 네가 숯불을 그 머리에 쌓아 놓으리라. 악에게 지지 말고 선으로 악을 이기라.

_롬 12:14~21

**********   ****************   ****

(2) 로마서 13장에서 하나님이 '모든' 권세를 정하셨다는 구절에 주목하라. 다시 묻지만, 히틀러의 통치 하에 있는 독일인 그리스도인 혹은 사담 후세인의 통치 하에 있는 이라크인 그리스도인은 이 구절을 어떻게 적용해야 할까? 단순히 생각하면 이 구절이 콘스탄티누스나 미국의 군국주의를 정당화한다고 판단하기 쉽다. 하지만 그것은 '모든' 권세가 네로와 빌라도, 마오쩌둥, 사담 후세인, 히틀러의 제3제국까지 말 그대로 모든 권세라는 사실을 간과한 판단

355

이다. 이 구절에는 이런 권세를 하나님이 축복하셨다거나(순종의 근거) 저주하셨다는(불순종의 근거) 언급이 전혀 없다. 이 구절은 민주적으로 뽑혀 구성된 정부만이 아니라 독재자까지도 하나님이 정하셨다고 말한다.

정부가 특정한 기준에 못 미치면 어떤 그리스도인들은 "사람보다 하나님께 순종하는 것이 마땅하니라."라는 구절을 인용하곤 한다. 하지만 이 구절은 정부에 복종하지 말라는 뜻이 아니라 하나님 백성들의 정치적 지향점을 말하는 것이다. 그러니까 하나님 백성들은 사람보다 하나님께 순종하되 모든 권세에 복종해야 한다.

그런데 하나님이 모든 권세를 정하셨다고 해서 그분이 모든 권세를 인정하신 건 아니다. 이 말씀의 요점은 하나님이 이 세상의 어떤 권세보다도 위대하시다는 것이다. 아무리 훌륭한 민주주의라도 충성의 대상은 아니다. 하나님이 그 위에서 다스리신다. 여기서 '정하신'이라는 말은 하나님이 도서관 사서가 책을 취급하는 것처럼 권세를 관리하시되 그 내용에 꼭 동의하지는 않으신다는 뜻이다. 물론 바울은 '선한 일을 칭찬하는' 정부를 말하고 있는 것이지만 세상 어디에도 완벽한 정부는 없다. 실제로 바울은 정부에 의해 많은 박해를 받았으며 나중에 밧모 섬의 요한은 (요한계시록 17장에서) 권세들을 큰 음녀라고 말했다. 하나님이 아시리아를 '명하사' 이스라엘을 응징하신 것(이사야서 10장)도 같은 맥락이다. 이사야는 하나님이 아시리아나 그 폭력을 인정하셨다고 말하지 않는다. 그럼에도 이스라엘이 아시리아의 폭력을 당한 것은 분명 하나님이 허락하신 사건이다. 그래서 예수님은 빌라도에게 '위에서 주지 아니하셨더라면 나를 해할 권한이 없었으리니'라고 말씀하셨다. 이스라엘 백성들이 하나님의 경고에도 불구하고 왕을 요구했던 것이 기억나는가? 그때 하나님은 마지못해 왕을 주셨다. 따라서 하나님이 왕을 정하시되 인정하지는 않으신 것이다.

이제 우리가 우리 자신과 왕과 대통령으로부터 우리를 구해달라고 기도하니 아이러니가 아닐 수 없다.

(3) 바울은 권세들에 복종하기 위한 조건을 제시하지 않는다. 따라서 그는 불순종이나 순종보다 더 깊은 뭔가를 이야기하고 있는 것이다. 사실, 바울은 '(자신의 의지를 굽히는) 순종'이라는 단어를 사용하지 않았다. 그는 '복종'이라는 단어를 사용했다. 여기서 복종은 단순히 명령에 따르는 것을 의미한다. 이 단어는 애국주의나 충성의 맹세와는 상관이 없다. 바울은 애국심이 없는 그리스도인들에게 충성심을 심어주려는 것이 아니다. 바울은 이 세상의 패턴을 따르지 않는 그리스도인들에게 정부를 전복시키지 말라고 말하고 있는 것이다.[2] 바울은 제자들에게 권력 투쟁은 쓸데없으므로 로마서 12장에서 제시한 길(그리고 예수님의 삶과 가르침)을 따르라고 말하고 있는 것이다. 로마서 9장에서 11장까지를 보면 이방인들은 정치적 혁명의 꿈을 좇지 말고 아브라함과 사라에서 시작된 하나님의 구별된 백성들로 합류해야 한다.

복종은 단순히 겸손한 상태를 유지하기 위한 영적 절제의 개념이 아니다. 복종은 폭력과 권력의 유혹으로부터 우리를 지켜주는 방패와도 같다. 역사를 보면 폭력과 강압으로 정권을 탈취한 혁명가가 또 다른 압제자로 변하지 않은 사례가 없다. 2장에서 말했듯이 예수님은 마카비 혁명을 통해 이 점을 잘 알고 계셨다. 그래서 예수님은 열심당원들이 헤롯이나 빌라도에게서 정권을 탈취하려는 것에 반대하셨다. 바울도 열심당원들의 권력욕을 거부하고 혁명적 복종을 제시하고 있다. 톨킨의 『반지의 제왕』에서 보듯이 권력의 반지는 '신실한 사람'에게 주는 것보다 불에 녹여버리는 것이 상책이다.

복종의 개념이 아직도 이해가 되지 않는다면 권세들의 손에 돌아가신 예수님을 보라. 예수님은 종교 지도자들이나 빌라도에게 복종하시되 혁명적 태도를 보이셨다. 예수님은 그들의 변덕스러운 바람을 따라가지 않으셨으나(성전 청결 사건을 보라) 체포당할 때는 비폭력적으로 복종하셨다.[3] 예수님은 권력의 타락을 꿰뚫어보셨음에도 권세가들에게 복종하면서 그들이 권력에 눈이 멀어 보지 못하는 진리를 말씀하셨다. 예수님을 악에 저항하는 대신 감내하고 견뎌냄으로 악을 이기셨다.

　(4) 많은 전사 그리스도인이 '정당한 전쟁'을 이야기한다. 그리고 이 이론이 생긴 중심에는 로마서 13장이 있다. 하지만 정작 로마서 13장을 읽어보면 그리스도인이 무장을 하거나 검으로 다스려도 좋다고 하는 내용은 어디에도 없다. 이전 장과 함께 13장에서 제시하는 그리스도인의 정체성은 세상 권세들과 철저히 구별된다. 그래서 또 다른 주님께 충성하는 바울에게 국가는 철저히 '그들'이었다. 그런 의미에서 정당한 전쟁은 논리와 적용뿐 아니라 전제 자체가 잘못되어 있다. 그러니까 정당한 전쟁론자들에게 '우리'는 교회가 아니라 국가다. "제2차 세계대전에서 우리가 어떻게 해야 했을까?" 이 질문에 대해 우리는 "우리가 누구인가?"라고 물어야 한다. 예수님의 왕국에 속한 시민으로서 그리스도인은 세상 권세가 아니라 철저히 교회의 입장에서 생각해야 한다. 교회는 히틀러를 종교적으로 지지하거나 대변하지 말았어야 했다. 교회는 예수님의 가르침을 실천했어야 했다. 교회는 사냥당하는 유태인들을 감싸줬어야 했다. 많은 경우 교회는 실제로 그렇게 행동했지만 우리는 학교에서 그런 역사를 배우지 않는다. 하지만 쉰들러와 셀레스틴, 이집트의 산파들까지, 충성스러운 그리스도인들은 거룩한 전복과 불복종을 실천했다. 우리는 거대한 군대의 역사가 아니라 교회의 충성스러운 소수들을 통해 역사적 교훈을 배워야

한다.

로마서 13장은 그리스도인과 칼을 언급하지 않을뿐더러 국가와 전쟁에 관해서도 말하지 않는다. 4절에 나오는 '칼'은 헬라어로 '마키아라(machiara, 단도)'인데, 전쟁용 검이 아니라 지역 치안권의 상징을 말한다. 그것은 로마 장교들이 세리들과 동행할 때 찬 칼이었다. 전쟁용 검을 지칭하는 헬라어가 많지만 마키아라는 전쟁용 검이 아니다.

하지만 굳이 국가와 전쟁에 관해 말하자면 '정당한 전쟁'은 교회에서 가장 두드러진 전통이다. 실제로 이 이론을 수용하는 그리스도인들은 결코 전쟁터에 나가지 않는다. 정당한 전쟁 이론은 '아무 전쟁이나 정당화해주는' 이론이 아니다. 이 이론은 엄격한 기준에 따라 정당한 전쟁을 정의하며, 그 목적은 오히려 정부를 비판하고 폭력을 최소화하며 전쟁의 부당성을 알리는 데 있었다. 그리스도인들로 하여금 예수님의 가르침을 버리도록 만드는 것은 이 이론의 목적이 전혀 아니다.

정당한 전쟁론을 주장하는 교회를 비롯해서 모든 주요 교파는 최근의 이라크 전쟁을 불의하고 불법적인 전쟁으로 규정했다. (하지만 이 교파의 많은 교회는 성도들이 전쟁터에 나가도록 허락했다. 그야말로 언행불일치다.) 우리가 알기로 이라크 전쟁을 공식적으로 지지한 주요 교파는 남침례교뿐이다. 그러나 남침례교가 내세운 이유도 정당한 전쟁론은 아니었다. (미국 대통령이 '거듭난 그리스도인'이 아니라 무신론자라도 해도 남침례교가 이라크 전쟁을 지지했을까?)

(5) '힘쓰느니라(프로스칼테룬테스, proskarterountes)'를 중심으로 6절을 다시 쓰면 "이 일(악을 벌하고 선을 칭찬하는 일)에 항상 힘쓸 때만 그들은 하나님의 일꾼이다"가 된다. 그렇다. 악을 벌하고 선을 칭찬하는 국가만이 하나님의 일

꾼이라고 할 수 있다. 하지만 그런 국가라 할지라도 그리스도인이 악을 벌하는 일에 동참해서는 안 된다. 그리스도인은 진노하심을 따라 보응하는 자가 아니라 복음의 일꾼으로서 악을 이겨야 한다. 반면, 악을 벌하고 선을 칭찬하지 않는 국가라 할지라도 그리스도인이 그 국가를 전복시키는 것은 옳지 않다.[4]

마찬가지로, 선지자들이 좋은 왕의 조건에 관해 말했다고 해도 왕 제도는 여전히 하나님의 본뜻이 아니다(삼상 8장). 왕의 조건은 어디까지나 왕의 조건이지 그리스도인이 추구할 바는 아니다.[5] 바울과 예수님은 그리스도인이 악을 벌하는 행위에 참여하는 것을 분명히 금했다(롬 12장, 마 5장).

얼핏 로마서 13장은 그리스도인은 손에 피를 묻히지 말고 피비린내 나는 폭력의 일은 국가의 손에 맡기라는 말씀처럼 보인다. 실제로 바울은 권세들의 역할을 이해하고 있었다. (바울은 이방 로마 정부가 폭력적인 폭동을 막아준 덕을 보았다. 분명 그는 이 점을 고맙게 생각했다. 하지만 "이는 내게 사는 것이 그리스도니 죽는 것도 유익함이니라."라는 말로 보면 그는 육신의 안위에 별로 관심이 없는 듯했다.) 하지만 그래봐야 권세들의 역할은 유한하고 파괴적인 옛 질서의 일부일 뿐이다.

이렇게 생각해보자. 전쟁으로 벽에 구멍이 뻥뻥 뚫린 낡은 성이 재건되고 있다. 전쟁의 악순환에 책임이 있는 권세들이 계속된 폭격으로부터 성을 보호하고 성이 무너지지 않도록 비계와 들보를 세운다. 하지만 그들은 폭력의 악순환을 멈출 생각은 없고 단지 폭력의 피해를 줄일 생각밖에 없다. 한편에서는 성을 새롭게 수리하려는 무리(교회)가 성을 파괴하려는 전사들과 평화를 이루고 성의 구조를 재설계하고 배관 등을 새로 설치한다. 하지만 포탑이 설치된 성벽을 재건하는 이상, 모든 것을 파괴하는 악순환은 사라지지 않는다. 좀 부족하기는 하지만 이 비유를 통해 보면 낡은 질서는 나름의 역할을 하되 제한적이며, 대개 부정적인 역할을 할 뿐이다. 이때 그리스도인들은 침몰하는 배를 구하려고 하기보다는 사람들을 구명보트로 안내해야 한다. 폭력과 권세의 낡은 질서 안에서 뭔가를 하려고 하는 한, 오히려 이 질서를 연장시키고 유지시키는 꼴에 지나지 않는다. 요컨대, "옛 시대의 사회를 보존하는 최선책은 새로운 시대에 사는 것이다."[6)]

부록 4

저항과 고백의 기도문

짐 로니와 브라이언 왈시의 도움으로 작성

대표: 하나님의 어린 양이시여, 세상의 죄를 없애주소서.

회중: 저희를 불쌍히 여기소서.

대표: 하나님의 어린 양이시여, 세상의 죄를 없애주소서.

회중: 죄와 죽음의 속박에서 자유를 주소서.

대표: 하나님의 어린 양이시여, 세상의 죄를 없애주소서.

회중: 저희의 기도를 들으소서. 저희에게 평화를 주소서.

• •

대표: 전쟁의 희생자들을

회중: 불쌍히 여기소서.

대표: 여자와 남자와 아이들을

회중: 불쌍히 여기소서.

대표: 불구가 된 사람들을

회중: 불쌍히 여기소서.

대표: 버림받은 사람들과 집 없는 사람들을

회중: 불쌍히 여기소서.

대표: 포로 된 사람들과 괴롭힘을 당하는 사람들을

회중: 불쌍히 여기소서.

대표: 과부와 고아들을

회중: 불쌍히 여기소서.

대표: 피 흘리며 죽어가는 사람들을

회중: 불쌍히 여기소서.

대표: 지친 사람들과 절망한 사람들을

회중: 불쌍히 여기소서.

대표: 잃어버린 사람들과 버려진 사람들을

회중: 불쌍히 여기소서.

대표: 오 하나님, 저희 죄인들을 불쌍히 여기소서.

회중: 저희의 잘못을 용서하소서.

대표: 저희가 지구를 황폐하게 만들었습니다.

회중: 저희를 용서하소서.

대표: 저희가 수많은 물을 낭비했습니다.

회중: 저희를 용서하소서.

대표: 저희가 무기를 만들고 팔았습니다.

회중: 저희를 용서하소서.

대표: 저희의 카이사르와 헤롯에 대해

회중: 저희를 용서하소서.

대표: 저희의 마음에 폭력이 뿌리를 내리고 있습니다.

회중: 저희를 용서하소서.

대표: 저희가 남들을 원수로 대했습니다.

회중: 저희를 용서하소서.

....

대표: 오 하나님, 저희를 구하소서.

회중: 저희의 발걸음을 당신의 평화의 길로 인도하소서.

대표: 저희의 기도를 들으소서.

회중: 저희에게 평화를 주소서.

대표: 오만한 폭력에서

회중: 저희를 구하소서.

대표: 구원하는 폭력의 신화에서

회중: 저희를 구하소서.

대표: 탐욕의 폭정에서

회중: 저희를 구하소서.

대표: 추악한 인종 차별에서

회중: 저희를 구하소서.

대표: 미움이라는 암에서

회중: 저희를 구하소서.

대표: 재물의 유혹에서

회중: 저희를 구하소서.

대표: 권력의 중독에서

회중: 저희를 구하소서.

대표: 국가주의라는 우상에서

회중: 저희를 구하소서.

대표: 냉소주의의 마비 상태에서

회중: 저희를 구하소서.

대표: 냉담한 폭력에서

회중: 저희를 구하소서.

대표: 빈곤의 속박에서

회중: 저희를 구하소서.

대표: 부의 속박에서

회중: 저희를 구하소서.

대표: 상상력의 부족에서

회중: 저희를 구하소서.

대표: 오 하나님, 구하소서.

회중: 저희의 발걸음을 평화의 길로 인도하소서.

. . . .

대표: 이 세상의 패턴을 따르지 않겠습니다.

회중: 마음을 새롭게 함으로 변화를 받자.

대표: 하나님 은혜의 도우심으로

회중: 그 어떤 악도 거부하자.

대표: 전쟁을 벌이는 일을

회중: 따르지 않으리라.

대표: 살인의 합법화를

회중: 따르지 않으리라.

대표: 무고한 사람들을 학살하는 일을

회중: 따르지 않으리라.

대표: 인간의 생명을 우습게 여기는 법을

회중: 따르지 않으리라.

대표: 공동체를 파괴하는 일을

회중: 따르지 않으리라.

대표: 손가락질하고 욕하는 일을

회중: 따르지 않으리라.

대표: 돈으로 행복을 살 수 있다는 논리를

회중: 따르지 않으리라.

대표: 지구를 파괴하는 일을

회중: 따르지 않으리라.

대표: 압제적인 국가와 권력을

회중: 따르지 않으리라.

대표: 사람들의 삶을 파괴하는 일을

회중: 따르지 않으리라.

대표: 여성들을 강간하는 일을

회중: 따르지 않으리라.

대표: 살인하는 정부를

회중: 따르지 않으리라.

대표: 제국의 신학을

회중: 따르지 않으리라.

대표: 군국주의의 일을

회중: 따르지 않으리라.

대표: 부자들의 사재기를

회중: 따르지 않으리라.

대표: 두려움을 퍼뜨리는 일을

회중: 따르지 않으리라.

. . . .

대표: 오늘 하나님 나라에 궁극적인 충성을 맹세합니다.

회중: 충성을 맹세합니다.

대표: 로마의 평화와는 다른 평화에

회중: 충성을 맹세합니다.

대표: 원수 사랑의 복음에

회중: 충성을 맹세합니다.

대표: 가난한 자들과 상한 자들의 왕국에

회중: 충성을 맹세합니다.

대표: 돌아가시기까지 원수를 사랑하시는 왕께

회중: 충성을 맹세합니다.

대표: 그리스도께서 함께하시는 지극히 작은 자들에게

회중: 충성을 맹세합니다.

대표: 국가라는 인위적인 국경을 초월하는 초국가적 교회에

회중: 충성을 맹세합니다.

대표: 나사렛의 망명자께

회중: 충성을 맹세합니다.

대표: 머리를 누일 곳이 없던 집 없는 랍비께

회중: 충성을 맹세합니다.

대표: 검이 아닌 십자가에

회중: 충성을 맹세합니다.

대표: 국기가 아닌 사랑의 깃발에

회중: 충성을 맹세합니다.

대표: 철권이 아닌 수건으로 다스리는 분께

회중: 충성을 맹세합니다.

대표: 군마가 아닌 나귀를 타신 분께

회중: 충성을 맹세합니다.

대표: 피압제자와 압제자를 모두 해방시키는 혁명에

회중: 충성을 맹세합니다.

대표: 생명으로 인도하는 길에

회중: 충성을 맹세합니다.

대표: 죽임당한 어린 양께

회중: 충성을 맹세합니다.

대표: 제국의 변방에서 부와 권력의 중심지까지 그분을 찬양합니다.

회중: 죽임당한 어린 양 만세.

대표: 죽임당한 어린 양 만세.

회중: 죽임당한 어린 양 만세.

주

서문

1. 이 책에서는 성경의 처음 39권에 대해 '구약'보다는 '히브리 성경'이라는 표현을 주로 사용할 것이다. '구약'이라는 표현은 신약보다 시대에 뒤떨어지거나 부적절하다는 느낌을 준다. 하지만 신약은 성경 내러티브의 성취이자 지속으로 봐야 옳다.

1부 왕과 대통령이 있기 전

1. 히브리말로 아담은 '흙(humus)으로 만든 인간(human)'을, 하와는 '살아 있는 존재' 혹은 '산 자의 어미'를 뜻한다. 이 부부는 인류의 조상이다.
2. 아브라함 헤셸(Abraham Heschel), 『예언자들(The Prophets)』 4쪽(이하 표기한 쪽 수는 모두 원서 기준. 삼인 역간).
3. 게하르트 로핑크(Gerhard Lohfink), 『하나님이 교회를 필요로 하실까?(Does God Need the Church?)』 178쪽을 보라.
4. 아담과 마찬가지로 히브리어 '인자'에는 땅의 느낌이 있다. '사람(Man)' 혹은 인간성(humanity)은 흙(humus)이나 땅(adama)과 연결되어 있다.
5. 아이러니하게도 나중에 기드온의 아들 아비멜렉은 왕좌를 차지하기 위해 가족 전체를 죽였다. 하지만 더 큰 아이러니는 아비멜렉이 전장에서 여인이 던진 돌에 맞아 상처를 입고 수치스러운 나머지 "여자가 그를 죽였다는 말이 퍼지지 않도록" 자기 갑옷을 나르는 종에게 자기를 죽이라고 명령한 것이다. 힘과 교만. 남자와 칼. 정말 위험한 조합이지 않은가.
6. 게리 윌스(Garry Wills)의 『예수는 그렇게 말하지 않았다(What Jesus Meant)』 34~35쪽(돈을새김 역간).
7. 『하나님이 교회를 필요로 하실까?』 114쪽에서 로핑크는 성경 저자들이 다윗부터 시작되는 왕정 시대를 일부러 토라에서 뺐다고 지적한다. 왕정 시대는 이후 타협이자

불경의 역사로 성경에 기록되었다.

8. 이번에도 약속의 땅에 들어가는 순간이 토라에서 의도적으로 제외되었다는 점을 짚고 넘어갈 필요가 있다. 히브리 백성들은 '아직 도착하지 않았다'는 느낌을 유지해야 했다. 『하나님이 교회를 필요로 하실까?』 125쪽에서 로핑크는 신명기 끝부분에서 "백성들이 약속의 땅 입구에 섰을 뿐 아직 안으로 들어가지는 않았다. 모든 가능성이 열려 있었다. 약속의 땅 안으로 아직 들어가지 않았다."라고 썼다.

9. 안식일 법에 관해서 마이어스 형제의 소책자 『안식일 경제의 성경적 비전(The Biblical Vision of Sabbath Economics)』(Tell the Word 시리즈)을 읽어보라.

2부 전혀 새로운 대통령

1. 당시에는 신성과 정치를 분리된 것이 아니라 동일한 것으로 생각했다.

2. 존 하워드 요더(John Howard Yoder)는 마귀가 광야에서 예수님을 부를 때 사용한 정치적 이름에 관해 이렇게 썼다. "아람어 '하나님의 아들'은 아버지의 아들과 동일한 존재를 지칭하지 않았다. …… 시편 2편 7절에서 '하나님의 아들'은 왕이다. 광야의 마귀가 예수님께 제시한 모든 선택사항은 왕의 특권이었다. …… 누가복음 22장 66절~23장 21절(다른 복음서에서도 마찬가지)은 (유대 배경에서의) '메시아'와 '하나님의 아들'을 (빌라도 앞에서의) '유대인의 왕'과 동일시한다. 일반적 용례에서 이 세 가지 명칭은 모두 성육신한 하나님이 아니라 하나님께 권한을 위임받은 왕을 지칭했다." 존 하워드 요더의 『예수의 정치학(The Politics of Jesus)』 24~25쪽(한국 IVP 역간).

3. 에케하르트 슈테게만(Ekkehard W. Stegemann)과 볼프강 슈테게만(Wolfgang Stegemann)의 『예수 운동(The Jesus Movement: A Social History of Its First Century)』 275쪽.

4. 웨스 하워드 브룩(Wes Howard-Brook)과 앤서니 귀더(Anthony Gwyther)의 『제국의 베일 벗기기(Unveiling Empire: Reading Revelation Then and Now)』 117쪽.

5. 톰 라이트(N. T. Wright)의 『하나님의 아들의 부활(The Resurrection of the Son of God)』 231쪽(크리스챤다이제스트 역간).

6. 리처드 호슬리(Richard A. Horsely), 『예수와 제국(Jesus and Empire)』 23~24쪽(한

국기독교연구소 역간).

7. Fides/pistis = '충성'(즉, 복종과 순응).『예수와 제국』27쪽.

8. 리처드 호슬리,『예수와 제국』23~24쪽. 디텐베르거(W. Dittenberger)의『그리스 동부 비문 선집(Orientis graeci inscriptiones selectae)』도 보라.

9. 이어지는 내용은 주로 롭 벨(Rob Bell)의 가르침을 토대로 했다.

10. 심지어 이런 이야기도 있다. 예수님의 친척뻘일지 모르는 한 나사렛 가족이 황제 앞으로 끌려가 '다윗의 자손으로서' 심문을 받았다. 심문 중에 황제(도미티아누스)가 그들에게 재산이 얼마나 되는지 물었다. 그러자 부부는 가난해서 돈이 얼마 없다고 대답했다. 그러면서 못이 박인 손과 거친 몸을 증거로 보여주었다. 나사렛에서의 삶은 고역의 연속이었다. 이런 곳에서 어떻게 왕이 나올 수 있겠는가. 그곳에는 오직 황제의 목수와 농부, 문지기들만 살았다. 에우세비우스(Eusebius)의『교회사(Ecclesiastical History)』3.19.1~3.20.7, 3.32.5~6(은성 역간).

11. 요세푸스,『유대 전쟁사(Jewish War)』5.449~451(나남 역간).

12. 가룟 유다(Judas Iscariot)는 이름이 비슷해서 이 운동의 참여자까지는 아니더라도 동조자로 추측된다. 학자인 오스카 쿨만(Oscar Cullman)은 "열두 명 중 절반은 열심당에서 영입했을 가능성이 높다."고 말한다. 오스카 쿨만의『신약 속의 국가(The State in the New Testament)』8쪽 이후, 요더의『예수의 정치학』39쪽 참조.

13. 호슬리,『예수와 제국』96쪽.

14. 요세푸스가 무심코 쓴 문장에 '그들의 통치자 하나님'(『유대 역사(Jewish Antiquities)』18.8.6)이란 구절이 나타나는 것이 놀랍다. 사무엘상 8장에 나타난 '군주제에 대한 혐오'가 당시에도 여전히 살아 있었다.

15. 칼리굴라(Caligula) 황제는 사령관에게 그들을 공격하라고 명령했지만 페트로니우스(Petronius)는 목숨을 걸고 거부했다. 이에 황제는 페트로니우스에게 자살하라고 명령했지만 그는 이 명령이 실행되기 전에 죽고 말았다!

16. 요세푸스,『유대 전쟁사』18.3.1

17. 요세푸스,『유대 역사』18.8.1~3.

18. 블레셋(Philistines)에서 비롯함. 이 땅은 보는 이의 관점, 시대, 사안에 따라 '가나안'이나 '유대'로 다르게 불릴 수 있다.

19. 토머스 카힐(Thomas Cahill)의『영원한 언덕의 욕망(Desire of the Everlasting

Hills)』54쪽.

20. 누가복음 19장 11~27절에 로마의 이 작은 실수에 대한 예수님의 정치 풍자가 나타나 있다. 예수님의 비유에서 강력한 인물이 항상 하나님이나 하나님 왕국의 방식만을 상징하는 것은 아니다. 때로는 세상의 방식을 가리키기도 한다. 그래서 예수님은 이 비유를 "하나님 나라는 이와 같으니……"로 시작하지 않으신다.

21. 요세푸스의 『유대 전쟁사』 2.1.2~3.

22. 이 배경을 알면 예수님의 아버지 요셉의 행동을 이해할 수 있다. "요셉이 일어나 아기와 그의 어머니를 데리고 이스라엘 땅으로 들어가니라. 그러나 아켈라오가 그의 아버지 헤롯을 이어 유대의 임금 됨을 듣고 거기로 가기를 무서워하더니 꿈에 지시하심을 받아 갈릴리 지방으로 떠나가 나사렛이란 동네에 가서 사니."(마 2:21~23)

23. 마 14:3~5, 막 6:17~20.

24. '회개하라(metanoeite)'는 '마음을 바꾸라', '삶에 관해 다시 생각하라', '자신의 사고방식에 관해 생각하라', '삶의 방식을 바꾸라' 등으로 바꿀 수 있다. 관련 단어인 영어의 'pensive(생각에 잠긴)'나 스페인어의 'pensar(사고)'는 둘 다 생각과 관련이 있다.

25. 요세푸스, 『유대 역사』 18.5.2.

26. 이 이야기는 40이란 성경의 숫자를 상기시켜준다. 하나님이 노아를 통해 새 세상을 여실 때도 40일간 비가 내렸다. 특히 이스라엘의 40년 광야 생활을 빼놓을 수 없다. 여러 문화권의 현자들이 그랬듯 예수님은 일종의 '신명 탐구(vision quest)' 혹은 시간 여행을 통해 선조들의 이야기 속으로 들어가고 민족의 역사적 실수를 몸소 경험하셨다. 이 개념과 그 외에 2부의 많은 내용은 셰드 마이어스와 윌 오브라이언(Will O'Brian)에게서 차용한 것이다.

27. 모든 사람이 필요한 만큼만 거둬야 했다. "많이 거둔 자도 남음이 없고 적게 거둔 자도 부족함이 없이."(출 16:18) 만나는 이집트 노예 시절의 근무 시간과는 다른 안식일 원칙을 배우기 위한 수단이기도 했다.

28. 리처드 호슬리의 『예수와 제국』(24~25쪽)에 따르면, 로마의 풍자시인 유베날리스(Juvenalis)가 만들어낸 용어인 '빵과 서커스'는 로마 제국이 대중의 지지를 얻기 위해 가난한 자들에게 음식을 제공했던 관행을 말한다. 사실, 애초에 가난을 초래한 죄는 로마 제국에 있었다. 로마 제국은 단지 스스로 벌여놓은 상황을 정리하려고 했

던 것뿐이다. 그런데도 대중의 반응은 뜨거웠다. 대중에게 빵을 제공한 것은 사람들을 달래기 위한 일종의 복지 시스템이었다. 대중의 인기를 얻기 위한 세금 감면과 비슷했다.

29. 요더, 『예수의 정치학』 24~25쪽 참조.

30. 마이어스는 이렇게 말한다. "이 기도를 드리는 것은 다른 모든 권력자, 특히 주권을 주장하는 자들을 부정하는 것이다. 예수님은 제자들에게 세상의 왕에 대한 하나님의 축복을 구하라고 가르치신 적이 없다. 이것이 예수님이 말씀하신 '하나님 나라'의 진정한 의미다."(셰드 마이어스, 『성령에 이끌려 광야로 가시다(Led by the Spirit into the Wilderness: Reflection on Lent, Jesus's Temptations, and Indigeneity)』, www.bcm-net.org를 보라.)

31. 이 개념은 기독교 전통 밖에서 발견된다. 플라톤의 『국가』에서 제시한 철학자-왕 개념에 따르면 통치할 자격이 있는 왕은 통치자가 되기를 거부할 만큼 지혜로운 왕뿐이다.

32. 혹자는 알렉산더 대왕을 통해서든 맥도날드를 통해서든 글로벌화가 문화들을 통합시킨다고 주장하지만 식민화와 글로벌화를 당하는 자의 입장에서는 문화적 붕괴와 황폐화만 겪을 뿐이다. 그래서 성경이 바벨탑 원형을 비판하는 것이다. 게르하르트 로핑크는 열강의 노예화와 식민화로 인해 "예수님 당시 열두 지파 중 많은 지파가 사라졌다."라고 썼다(게르하르트 로핑크, 『하나님이 교회를 필요로 하실까?』 162쪽). 또 유대인들은 모국어인 히브리어를 버리고 널리 사용되는 아람어를 사용했으며, 일부 지역에서는 헬라어를 사용하기도 했다. 로마는 계속된 글로벌화 프로젝트를 통해 히브리 문화를 순응적인 형태로 길들여나갔다. (알렉산더와 고대의 글로벌화가 예수님의 배경에 미친 영향을 더 자세히 알고 싶다면 토머스 카힐의 『영원한 언덕의 욕망』을 보라.)

33. 하지만 예수님은 이스라엘에 재난이 닥치는 날(주후 70년) 도시를 벗어나 산으로 도망치라고 명령하셨다(마 24:15~21). 이것은 로마에 맞서다가 모두 죽임을 당하지 않도록 지혜로운 비폭력의 길을 택하라는 말씀이었다. 주후 60년대와 70년대 유대 전쟁 중 그리스도인들은 예수님의 가르침에 따라 싸우지 않고 펠라 등지로 도망쳤다.

34. 월터 윙크(Walter Wink), 『권세들(The Powers That Be)』 111쪽.

35. 월터 브루그만(Walter Bruggeman)의 저서 『예언자적 상상력(The Prophetic

360

Imagination)』에서 만들어낸 용어.

36. 요더는 여기서 '완벽한'이 '흠이 없는'이 아니라 '무조건적인'을 의미한다고 지적했다(『예수의 정치학』 117쪽).

37. 유대인들은 불가사의하신 하나님의 이름을 함부로 부르지 않았다. 아마도 그래서 마태도 하나님 대신 '천국'이란 용어를 사용한 듯하다. 오늘날에도 많은 사람이 감히 하나님의 이름을 그대로 언급할 수 없다고 여겨 'the Name'이나 'G-d'를 대신 사용한다.

38. 내가 이 글을 쓰고 있는 지금, 수많은 이라크 인들이 점령군에 대해 이런 마음을 먹고 있다. '가라지를 뽑는' 길을 선택할 사람이 많아 보인다. 그 결과는 끝없는 폭력과 복수의 악순환인 것을.

39. "[이 가르침은] 유대의 종말론과 다르다. 종말론자들도 하나님 백성들의 불행과 적들의 강성함을 안타까워했지만 그들의 결론은 예수님과 달랐다. 그들이 볼 때 철저히 파괴되고 타락한 이 세상에서 하나님의 계획이 성공하기란 불가능했다. 그들은 '이 세상', '이 영겁'에서는 하나님의 약속이 성취될 수 없다고 말했다. 따라서 하나님이 역사에 폭력적으로 개입하여 낡은 세상을 불로 파괴한 다음 새로운 세상, '새로운 영겁'을 창조해야 한다. 그런 후에야 비로소 하나님의 약속이 이루어질 수 있다."(로핑크, 『하나님이 교회를 필요로 하실까?』 45쪽)

40. 여기서 '가라지'에 해당하는 단어는 '독보리(darnel)'다. 이것은 곡식과 매우 비슷하게 생긴 잡초다. 존더반 출판사에서 펴낸 『사진을 넣은 성경 백과사전(Pictorial Encylopedia of the Bible)』을 보라.

41. 하지만 예수님이 성전을 정결하게 하신 사건은 뭔가? 악을 뿌리 뽑으려는 시도가 아니었는가? 그러나 유심히 보면 그때 예수님은 누구도 죽이지 않으셨다. 심지어 누구에게도 상처 하나 입히지 않으셨다. 무엇보다도 예수님의 목표는 세상에서 악을 제거하는 것이 아니라(빌라도의 공관이나 헤롯의 궁을 정결하게 하지 않으셨다) 세상의 증인이 되어야 할 '아버지의 집'을 청소하는 것이었다. 이 책에서 성전 정결 사건을 심도 깊게 다루지는 않을 것이다. 일단 예수님이 창조적 비폭력의 노선에서 벗어나셨다는 결정적 증거는 없다는 점만 짚고 넘어가자. 더 자세한 내용은 요더의 『예수의 정치학』 42~43쪽을 참조하라.

42. 로핑크, 『하나님이 교회를 필요로 하실까?』 45쪽.

43. 큰 소리 없이 온 주변을 뒤덮는 야생 덩굴식물이다. 큰 산비탈 전체를 덮고 나무들의 성장을 막으며 시멘트 건물 벽에 금이 가게 할 수 있다.

44. 에버하르트 아놀드(Eberhard Arnold)가 엮은 『초대 교회 교인(The Early Christians: In Their Own Words)』.

45. 톰 라이트의 『하나님의 아들의 부활』 230쪽.

46. 바울도 로마서에서 비슷한 말을 한다. "이스라엘에게서 난 그들이 다 이스라엘이 아니요 또한 아브라함의 씨가 다 그의 자녀가 아니라."(롬 9:6~7) 벧전 1:23~25에서도 '썩어질 씨'의 탄생을 곧 시들 무의미한 것으로 여긴다. 이 주제는 로핑크의 『하나님이 교회를 필요로 하실까?』 60~66쪽에서 심도 깊게 다루었다.

47. 히브리 성경을 보면 하나님의 백성들은 단일민족이 아니라 다인종 사회였다. 그리고 하나님의 백성들이 단일민족인지 다인종 사회인지는 신약의 주제가 전혀 아니었다(로핑크의 『하나님이 교회를 필요로 하실까?』 58쪽을 보시오). 이집트 탈출 때 히브리 백성들만 나온 것이 아니라 여러 인종이 '혼합된 무리'가 합류했다. 하지만 그들은 하나님 한 분에 대한 믿음(그들의 출신지인 가나안 사회들의 다신론과 구별되는 점)과 '군주제에 대한 혐오'(56~59쪽)로 하나가 되었다.

48. 요 18:33~38, 19:12~15.

49. 거름에 관한 가르침은 눅 14:35을 보라.

50. 'Yes! And...'는 협력 예술을 통해 상상력을 일깨우려는 예술 교육가들의 공동체다(www.yesandcamp.org).

51. 요세푸스의 『유대 전쟁사』 5.365, 7.78.

52. 히브리 성경의 헬라어 역본.

53. 워렌 카터(Warren Carter)의 『마태와 제국(Matthew and Empire)』 125~126쪽. 워렌 카터에게 감사한다. 우리는 2부에서 그의 저작을 많이 참조했으며 덕분에 마태복음을 새로운 눈으로 볼 수 있게 되었다.

54. 사 65:4을 보라.

55. 돼지는 안디옥에 주둔해 있던 로마 제10군단의 마스코트이기도 했다(카터의 『마태와 제국』 71쪽). 흥미롭게도 예수님이 귀신을 쫓으신 장소는 대개 성전과 군사 지역이었다. 악령 퇴치 때 자주 사용된 '나오라(come out)'는 예수님이 성전을 정결하게 하실 때도 사용하신 동사다. 예수님은 하나님의 전을 시장판으로 전락시키고 이방

인 방문자들을 무시한 환전상들에게 '나오라' 하고 말씀하셨다. '나오라'의 느낌은 이집트 탈출이나 질외사정(coitus interruptus)과 비슷하다. 존 도미니크 크로산(John Dominic Crossan)과 셰드 마이어스를 비롯한 여러 학자들에게 감사한다. 그들의 저작 덕분에 이 주제를 새로운 눈으로 볼 수 있었다.

56. 요세푸스의 『유대 전쟁사』 18.5, 23.

57. "무리가 다 일어나 예수를 빌라도에게 끌고 가서 고발하여 이르되 우리가 이 사람을 보매 우리 백성을 미혹하고 가이사에게 세금 바치는 것을 금하며 자칭 왕 그리스도라 하더이다 하니."(눅 23:1~2).

58. 동전은 카이사르가 자신의 메시지를 제국 전역에 알리는 수단 중 하나였다. 따라서 예수님의 질문은 곧 이렇게 해석할 수 있다. "누가 언론을 통제하느냐?" 카이사르의 동전과 텔레비전은 최대한 멀리하는 편이 현명하지 않을까?

59. 이 사건 직후 바리새파와 헤롯당 사이의 논쟁이 다시 불을 뿜었을 것은 말할 것도 없다. 바리새파는 예수님의 말씀을, 카이사르보다는 하나님께 바치라는 말씀으로 판단하여 쾌재를 불렀을 것이고 헤롯당은 그 반대로 해석했을 것이다.

60. 이 장면에 담긴 예수님의 해학과 풍자는 한 농부에 관한 옛날이야기를 연상시킨다. 황제가 지나가자 농부가 땅에 엎드려 고개를 숙이고……방귀를 뀐다. 제국은 복종을 이끌어낼 수 있지만 마음까지 얻을 수는 없다. 카이사르에게 동전이 있지만 그래봤자 녹이 슨 쇳덩어리일 뿐이다. 생명과 자연은 하나님의 것이다. 혹 카이사르가 우리의 생명을 앗아가도 우리는 죽음에서 다시 일어설 것이다.

61. 세포리스는 헤롯 안디바의 영토의 수도였다. 안디바는 왕실용 샘, 궁전, 조각상, 극장, 체육관이 갖춰진 이 화려한 도시에서 왕국을 다스렸다. 수천 명이 거주하는 세포리스는 만인이 그 부유함을 볼 수 있도록 언덕 위에 건설되었다. 세포리스는 숨길 수 없는 언덕 위의 도시로 알려졌다. 가난하고 조그마한 아랫마을 나사렛에서 부의 상징과도 같은 도시를 올려다보는 기분을 상상해보라. 사실상 어떤 문명의 구조도 갖추지 못한 나사렛에는 겨우 몇백 명이 살았다. 세포리스는 나사렛 주민 같은 소작농들의 피땀 위에 세워진 도시다. 나사렛 주민들의 심정이 어떠했을까?

62. 헤롯은 나중에 디베랴라는 도시를 세웠다(한 로마 황제의 이름을 따 묘지 위에 세운 도시로, 역시 유대인들이 혐오할 만한 도시다. 죽은 자 위에 건물을 세우는 것이 유대인들에게는 보통 큰 죄가 아니었다). 예수님은 헤롯의 근거지에서 멀찍이 떨어

져 다니셨지만 사촌 요한이 체포될 때는 나사렛을 떠나 디베랴 바로 옆에 붙은 작은 마을 가버나움으로 향하셨다. 흥미로운 사실은 복음서가 예수님의 위치를 매우 분명하게 기술했다는 점이다. "스불론과 납달리 지경 해변에 있는." 이 두 마을은 하나님이 헤롯이 아닌 아브라함에게 주셨던 땅이다(신 34장, 수 18장, 사 7장). 복음서는 이 지명을 반복적으로 사용함으로써 이 땅이 카이사르가 아닌 하나님의 땅이라는 사실을 강조한다. 그날 예수님은 왕궁과 감옥 아래 해변에서 설교를 시작하셨다. 혹시 세례 요한이 감옥 창문을 통해 들으라고 그러셨던 건 아닐까? 예수님은 사람들이 복음을 듣기 위해 광야로 나간 이유를 상기시키셨다. '부드러운 옷을 입은 사람'을 보러 간 것은 아니었다. 그런 사람들은 디베랴와 세포리스에 있었다. 사람들은 낙타 가죽과 넝마를 입은 야인 선지자들에게서 로마의 미래가 아닌 하나님 나라에 관해 듣기 위해 광야로 갔다. "너희가 무엇을 보려고 광야에 나갔더냐? …… 부드러운 옷 입은 사람이냐? …… 선지자냐? 옳다. 내가 너희에게 이르노니 선지자보다도 훌륭한 자니라."(눅 7:24~26)

63. 예수님이 태어나시기 몇 세대 전에 일어난 마카비 혁명 당시 유대인들은 점령 세력에게 더럽혀진 성전을 청소한 뒤 "종려나무 가지를 흔들며 환호 소리도 드높게 비파와 꽹과리와 거문고 소리에 맞춰 찬미와 노래를 부르면서 요새 안으로 들어왔다. 민족의 큰 적이 참패를 당하고 이스라엘 땅 밖으로 쫓겨간 것을 축하하는 것이었다."(마카베오상 13:51)

64. *New Testament Studies* 1995년 1월호 41:1과 *Bible Review* 1997년 2월호 30에 실린 토마스 슈미트(Thomas Schmidt)의 '십자가를 향한 예수의 개선 행진(Jesus' Triumphal March to Crucifixion: The Sacred Way as Roman Procession)', *Bible Review* 1988년 2월호 14:01에 실린 N. T. 라이트의 '황제를 무색케 하다(Upstaging the Emperor)'도 보시오. www.followtherabbi.com/Brix?pageID=2751에 실린 레이 밴더 란(Ray Vander Laan)의 '만주의 주(Lord of Lords)'도 볼 것.

65. 슈미트는 이 행렬의 주제가 부활이라고 말한다. "승리자와 황소가 같은 옷을 입은 것에서도 확인된다. 다시 말해, 황소는 죽은 후 승리자를 통해 되살아나는 신이다."('십자가를 향한 예수의 개선 행진' 41:1).

66. 요더의 『예수의 정치학』 51쪽(이왕이면 책 전체를 다 읽으라).

67. 웬델 베리(Wendell Berry)가 저서 『희망의 뿌리(Sex, Economy, Freedom, and

Community)』 101쪽(산해 역간)에서 처음 사용한 용어.

68. 인간(humanity 혹은 human being)은 굴욕(humiliation)이나 겸손(humility)과 연관된 단어며 땅(humus)에 가깝다는 의미를 내포하고 있다. 그래서 앞서 말했듯이 아담은 땅(adama)으로부터 지음을 받았다. 그런가 하면 예수님은 천국을 땅에서도 이루기 시작하셨다.

3부 제국이 세례를 받을 때

1. 로버트 윌켄(Robert L. Wilken), 『로마인들의 눈에 비친 그리스도인(The Christians as the Romans Saw Them)』 27쪽.

2. 에버하르트 아놀드의 『초대 교회 교인들』에서 인용.

3. "하지만 (로마의 지성인) 켈수스는 대부분의 그리스도인들이 병역을 거부한다는 사실을 알고 있었다. 다시 말해, 대부분의 그리스도인은 제국을 보호하는 데 힘을 보탤 생각이 전혀 없었다. 70년 후 오리게네스는 이 사실을 인정했다. …… 그리스도인들은 군복무뿐 아니라 모든 공직을 거부했으며 도시를 관장하는 자리를 일절 맡지 않았다. …… 자기 사회의 지위를 신적 위치로 격상시킨 것은 제국을 돌보시는 한 분 하나님께 맞서는 행위다."(윌켄, 『로마인들의 눈에 비친 그리스도인』 117~125쪽)

4. 에버하르트 아놀드, 『초대 교회 교인들』 89, 122~123쪽.

5. '계시록'이라는 제목은 '드러냄'을 뜻하기도 한다. 오즈의 마법사에서 커튼이 걷혀 마법사의 사기 행각이 드러나는 순간이나 옛날이야기에서 꼬마가 왕이 벌거벗었다고 밝히는 순간이 연상된다.

6. 우리는 '매춘부'라는 용어보다 '큰 음녀'를 주로 사용한다. 매춘부가 가난과 남성 지배적인 성적 착취라는 배경적 의미를 함축하고 있기 때문이다. 반면 음녀는 유혹과 간음의 분위기를 풍긴다.

7. 로마의 부를 비판한 사람은 요한만이 아니었다. 다음은 시빌라의 신탁에 실려 있는 장문의 시다. "덧없는 금은에 대한 열망이 지배하리라. 인간의 눈에 이보다 더 귀한 것은 없다. 태양빛도, 하늘이나 바다도, 광활한 땅도…… 오! 무신의 근원, 무질서의 전조, 모든 전쟁의 주인이자 수단, 증오에 찬 평화의 적이여, 부모가 자식에게 맞서고 자

식이 부모에게 맞서게 만드는구나! …… 수많은 백성들을 끝없이 먹이기 위해 가난한 자들을 착취하고 계속해서 더 많은 땅을 차지하여 자랑하고 가난한 자들을 억누르는구나. 광대한 땅이 별이 총총한 하늘에 가까이 있었다면 사람들은 별빛조차 공유하지 않으려 했으리라. 금으로 빛을 사서 부자들만 즐겼으리라. 가난한 자들을 위해 하나님이 또 다른 존재를 준비해야 했으리라. 오! 목이 뻣뻣한 로마여, 언젠가 하늘에서 네게 합당한 재난이 찾아오리라! 그때 처음으로 네 목이 숙여지리라! 너는 완전히 무너지고 불길에 휩싸여 대자로 뻗을 것이다. 네 모든 부가 소멸되리라. 그 후 네 폐허는 늑대와 여우의 거처가 되고, 너는 한 번도 가보지 못한 곳에 버려지리라."(에버하르트 아놀드, 『초대 교회 교인들』)

8. 다니엘이 제국의 포로였을 때 왕의 식탁에서 고기를 먹지 않은 것처럼(단 1:8).

9. 웨스 하워드 브룩과 앤서니 귀더의 『제국의 베일 벗기기』 175쪽. 아돌프 다이스만(Adolf Deismann)의 『고대 아시아의 빛(Light from the Ancient East)』 341쪽과 「엑스퍼지터리 타임스(Expository Times)」지 74:13~15에 실린 G. B. 케어드(Caird)의 '계시록 해독(On Deciphering the Book of Revelation: Heaven and Earth)' 173쪽도 보라.

10. "50+200+6+50+100+60+200……: 짐승은 로마 제국이다. 더 정확하게는 네로 카이사르에서 정점을 이룬 로마의 잔혹한 정치적 지배를 의미한다."(토머스 카힐, 『영원한 언덕의 욕망』 163쪽)

11. 실제로 2003년 딕 체니의 크리스마스카드에 실렸던 메시지다. http://www.nytimes.com/2007/07/01/weekinreview/01goodheart.html?_r=1&pagewanted=all&oref=slogin 혹은 http://www.commondreams.org/views04/0415-12.htm에서 확인해보라.

12. 다시 말해, 그들은 '새 포도주(새 삶)'를 세상의 구조라는 낡은 부대에 넣을 생각이 없었다(마 9:17). 예수님의 방식을 세상의 낡은 패턴에 꿰맞출 수는 없다.

13. 사람들이 바울의 설교를 듣고 어떻게 했는지 행 17:6~8을 보라.

14. 교회 타락의 출발점은 콘스탄티누스의 칙령보다 더 먼 과거까지 거슬러 올라간다. 타협은 교회가 유대인과 이방인을 융합하지 못하면서 시작되었다. 수십 년 후 이 두 집단을 하나로 묶기가 너무도 어려워졌다. 유대인이 이방인 회심자를 수용하면서 시작된 교회는 이방인 중심의 모임으로 변했다. 그런데 그 후 우리가 이 책에서 밝힌

위대한 정치적 이야기(교회가 '다른 국가들'과 다른 소수자 그룹이요 거류민이요 제국에서 탈출한 부족이라는 점)가 소실되었다. 이 뿌리가 시들었으니 나무를 뽑아 제국의 터에 심기가 너무도 쉬웠다. 이 상처를 어찌 치료해야 할지 답답하기만 하다. 아마도 교회의 본질과 정체성이 고대 광야의 반제국주의 부족과 하나로 연결되었다는 점을 인정하는 게 급선무일 듯하다. 한편, 종교 개혁자들은 근본적인 비판을 하지 못했다. 그들은 더 근본으로 돌아가지 못했다. 문제는 교황 정치와 교회의 계급 구조, 변질된 의식만이 아니었다. 콘스탄티누스의 기독교 합법화 과정과 유대교와의 분열 속에서 나타난 교회의 권력에 대한 태도 자체가 문제였다.

15. 로인(H. R. Loyn)과 퍼시벌(J. Percival)이 편집하고 번역한 『샤를마뉴의 치리(The Reign of Charlemagne: Documents on Carolingian Government and Administration)』 52쪽.

16. 달라스 윌라드(Dallas Willard)가 이 질문에 명쾌한 대답을 준다. "'예수님은 현명하시다.'라고 자신 있게 말하지 못하는 사람에게는 '예수님은 주님이시다.'라는 말이 사실상 아무런 의미가 없다."(『하나님의 모략(The Divine Conspiracy)』 95쪽, 복 있는 사람 역간)

17. 13세기에 프란체스코는 이탈리아의 풍요와 십자군 전쟁 속에서 기독교의 정체성이 사라졌음을 발견했다. 그래서 그는 자신의 군마와 갑옷을 버리고 비무장으로 이슬람교도인 술탄을 찾아가 친구가 되었다. 그는 창을 통해 자신의 모든 소유물을 거지들에게 던져주고 나서 아시시 마을 밖에서 나체로 춤을 추며 백합과 참새처럼 살았다. 그 후 그의 정신을 따르는 반문화 청년 운동이 일어났다. 아시시의 젊은이들은 정복과 확장이라는 제국의 꿈을 거부하고 가난한 사람들 속에 교회를 재건한다는 새로운 꿈을 꾸었다. 그들이 그 꿈을 좇은 본거지는 산 다미아노(San Damiano)라는 이름의 버려진 성당이었다. 그들은 사회에서 당연히 여기는 모든 것에 의문을 제기하면서 변방으로 떠났다.

18. 요더는 『최초의 혁명(The Original Revolution)』에서 이 점을 이렇게 풀어 썼다. "이스라엘 백성들이 다른 국가들처럼 왕과 상비군을 둔 순간, 성전(聖戰)은 끝났다. 이스라엘 백성들의 삶 속에서 성전의 본래 의미는 가장 절박한 순간에도 왕이신 야훼의 돌보심에 자신들의 생존을 맡기고 심지어 그분이 왕을 두지 말라고 해도 무조건 따르는 것이었다. …… 선지자들의 요지는 이렇다. '야훼께서 지금까지 우리를 잘 돌

봐주셨다. 그러니 미래를 그분의 섭리에 맡기지 못할 까닭이 무엇인가?' 이런 정신을 이어받아 후대의 선지자들은 군 계급체제, 군사 동맹, 군사력의 수준에 기초한 정치 구조를 반대하게 되었다."(99쪽) 요더의 『예수의 정치학』(특히 4장 '하나님이 우리를 위해 싸우시리라')과 노만 고트발트(Norman Gottwald)의 『야훼의 지파들(The Tribes of YHWH)』, 게르하르트 로핑크의 『하나님이 교회를 필요로 하실까?』 55쪽도 보라.

19. '아메리카'라고 하면 대개 '미합중국'을 떠올린다. 아메리카 대륙 전체가 '미합중국'의 프로젝트에 연루되어 있다는 인상을 풍기지 않도록 아메리카라는 용어를 신중하게 사용하는 게 현명할 듯하다.

20. 청교도 지도자 존 메이슨(John Mason)은 피쿼트 족을 학살한 뒤 끔찍한 말을 했다. "하나님이 그분의 적들과 그분 백성들의 적들을 비웃고 그들을 불타는 화덕으로 만드셨다. …… 그렇게 주님은 이교도들을 심판하사 그 땅을 시체로 가득 채우셨다."(찰스 세갈(Charles M. Segal)과 데이비드 스타인벡(David A. Stineback)의 『청교도, 인디언, 명백한 운명(Puritans, Indians and Manifest Destiny)』 111~112쪽) 이 주제에 관해 더 자세히 알고 싶다면 하워드 진(Howard Zinn)의 『미국 민중사(A People's History of the United States of America)』(이후 역간), 특히 1장을 보시오.

21. 그레그 보이드(Greg Boyd)는 저서 『십자가와 칼(Myth of a Christian Nation)』에서 이 주제를 낱낱이 파헤쳤다.

22. 프레더릭 더글러스(Frederick Douglass)의 『노예의 노래(Narrative of the Life of Frederic Douglass, an American Slave, Written by Himself)』 120쪽(모티브 역간).

23. 그가 '오늘날 세상에서 가장 폭력적인 국가'로 부른 미국이 그를 기리는 국경일을 제정했으니 이 얼마나 큰 아이러니인가. 예수님이 지적하신 것처럼 자기 조상이 죽인 선지자들을 위해 기념비를 세운 바리새인들이 생각난다.

24. 아인슈타인은 핵무기 개발을 참회한 후 이렇게 말했다. "우리 과학자들은 비극적 운명 때문에 소름끼칠 정도로 강력한 멸절의 도구를 만들어냈다. 이제 우리는 이 무기가 사용되지 못하도록 온 힘을 동원해야 한다. 그것이 우리의 엄숙하고도 초월적인 의무다. …… 우리에게 이보다 더 중요한 일이 또 있겠는가?"(도널드 클라크(Donald W. Clark)의 『아인슈타인(Einstein: The Life and Times)』 723쪽)

25. 바로 이란-콘트라 스캔들이 그런 상황이었다. 미국은 양측에 전쟁 무기와 적잖은

자금을 제공했다.

26. 하워드 진의 『미국 민중사』 같은 저작과 노엄 촘스키(Noam Chomsky)의 연구를 보면 미국의 오만한 행태들을 상세히 볼 수 있다.

27. PNAC의 탄생은 1991년 국방부 차관 폴 월포위츠(Paul Wolfowitz)가 조지 H. W. 부시 대통령에게 제출한 「국방 정책 지침 1992~1994」라는 제목의 보고서에서 비롯했다. 이 보고서를 통해 월포위츠는 군의 규모를 늘리기 위한 추가 기금을 마련할 것을 촉구했으며 미국의 이권을 보호하기 위해 선제공격을 해야 한다고 주장했다. 1997년 「위클리 스탠다드(Weekly Standard)」지의 편집장 윌리엄 크리스톨(William Kristol)이 이 보고서를 기초로 싱크탱크를 구성하면서 월포위츠의 주장은 설득력을 얻기 시작했다.

28. 연방 정부의 「국가 안보 전략 보고서(National Security Strategy for the United States of America)」와 PNAC의 보고서 「미국 국방 재건: 새로운 세기를 위한 전략과 군대와 자원」이 언어와 스타일뿐 아니라 강제적인 팍스 아메리카나의 야심에서도 비슷한 면을 보이는 것은 우연이 아니다.

29. 이 책의 핵심은 미국이 정말로 교만한 국가인가가 아니다. 아무리 겸손한 국가라 해도 어디까지나 예수님께 대한 충성이 먼저다. 세상에서 오직 미국만 짐승 같은 제국인지도 핵심적인 문제가 아니다. 러시아, 중국, 르완다, 벨기에를 비롯해서 수많은 국가의 독재정권이 미국 못지않게 잔혹한 유혈극을 벌이고 합법의 허울을 쓴 채 광기를 발산했다. 우리가 세상 권세의 나쁜 열매를 살피는 것은 십자가와 국기를 동시에 쥐고 있는 사람을 위해서다. 미국 역사를 자세히 뜯어보면 미국은 버락 오바마(그리고 수많은 사람들)의 말처럼 '지구상에서 마지막으로 남은 최상의 희망'이 결코 아니다. 오바마의 말은 세상 역사의 기준에서 볼 때 틀렸을 뿐 아니라 교회의 시각에서 볼 때는 이단이다. 이 말을 (하나님은 물론이고) 밧모 섬의 요한이 들었다면 불같이 화를 냈을 것이다. 역사의 관점에서 볼 때 몇 년 후가 될지는 모르겠지만 미국은 반드시 무너질 것이다.

30. 사 24:4~7, 32:15~20, 렘 12:4, 23:10, 호 4:1~3, 욜 1:10, 18, 20, 나 3:16, 계 11:18을 보라.

31. 학자들은 '글로벌 (포스트) 산업 자본주의'라는 표현을 쓴다.

32. 레스터 브라운(Lester Brown), 웬델 베리, 레이첼 카슨(Rachel Carson), 제레드 다

이아몬드(Jared Diamond), 폴 호켄(Paul Hawken), 빌 맥키벤(Bill McKibben)을 비롯한 많은 저자들이 이 문제를 제기하고 경제학적 측면에서 깊이 파헤쳤다.

33. 이 풍자적인 슬로건을 만들어낸 「기즈(Geez)」지의 편집자들에게 감사한다.

34. 웬델 베리, 『희망의 뿌리』 99쪽.

35. 마 7:1~6.

36. 2001년 9월 연설에서 대통령은 '미국 경제에 대한 계속된 참여와 신뢰'를 촉구했으며, 5년 후 테러와의 전쟁을 평가하는 자리에서는 또다시 "나가서 더 쇼핑하길 바랍니다."(2006년 12월 20일)라고 말했다. http://www.whitehouse.gov/news/releases/2006/12/20061220-1.html.

37. 그래서 이 책을 쓸 때도 고민이 많았다. 책을 출간하려면 컴퓨터, 화석 연료, 산림 벌채, 해외 운송 등으로 이루어진 산업 세계에 의존해야 하기 때문이다. 웬델 베리의 『나에게 컴퓨터는 필요 없다(What Are People for)』(양문 역간)에 실린 도발적인 글 '내가 컴퓨터를 사지 않는 이유'를 보라.

38. 웬델 베리, 『희망의 뿌리』 84쪽.

39. www.cbsnews.com/stories/2006/10/04/politics/main2064630.shtml?.

40. 1930년대에 교회와 제3제국의 결탁에 동조하지 않은 여러 독일 그리스도인 중 한 명.

41. 보이드의 『십자가와 칼』 84쪽.

42. 제임스 아호(James A. Aho)의 『이 어두운 것(This Thing of Darkness: A Sociology of the Enemy)』 12쪽.

43. 더 자세한 정보는 http://alternate.org/waroniraq/68713/과 http://www.truthout.org/docs_2006/112607B.shtml을 보라.

44. 군대를 떠나라는 말처럼 들리는가? 바로 그렇다. (물론 이건 존더반 출판사가 아니라 저자들인 우리의 말이다.)

45. 마크 트웨인(Mark Twain)의 『전쟁을 위한 기도(The War Prayer)』의 앞부분. 출판사에서 출판을 거부하는 바람에 이 책은 저자의 사후에야 출간되었다. http://en.wikipedia.org/wiki/The_War_Prayer_%28story%29.

46. 티모시 맥베이의 '위선에 관한 에세이(Essay on Hypocrisy)'.

47. 이 이야기는 실화다. 일리노이 주의 작은 고향 마을에 도착한 직후 제시는 마을 곳

곳에 붙은 자신의 수배 사진을 보았다. 그는 자수한 뒤 다른 병사들과 함께 합법적으로 제대했다. 그리고 얼마 있지 않아 우리를 찾아 심플 웨이(Simple Way)에 왔다.

48. 데렉 웹(Derek Webb)의 아름다운 노래 '한 왕과 한 왕국'의 가사.

49. 최근의 동성애자 축제일에 우리는 동성애자 지역 한복판에서 메시지를 전했다. 그때 안 사실인데, 그곳의 기독교 공동체도 천막을 설치해놓고 기독교인들이 그리스도의 이름으로 동성애자에게 못되게 굴었던 일을 행인들에게 고백할 수 있도록 해왔다. 그 공동체 관계자들은 우리에게 단순한 고백 행위를 통해 나타난 화해와 구속의 역사에 관해 이야기해주었다.

4부 독특한 집단

1. 낯선 이름들을 함께 소개한 것은 당신의 호기심을 자극하여 새로운 영웅들을 발견하도록 하기 위함이다. 이 이름들은 역사 수업이나 주일학교에서 좀처럼 듣기 어렵다.

2. 순교자들에 관해 자세히 알고 싶다면 틸레만 반 브라이트(Thieleman J. van Braght)의 『순교자의 거울(Martyr's Mirror of the Defenseless)』과 『폭스의 순교자들에 관한 책(Foxe's Book of Martyrs)』을 보라.

3. 최근 기독교에 익숙한 아웃사이더인 청장년들을 대상으로 조사한 결과에 따르면, 방관자들이 그리스도인들에 대해 가장 공통적으로 하는 말은 동성애를 반대하고(91%) 비판적이며(87%) 위선적(85%)이라는 것이었다. 예수님이 종교 엘리트들을 꾸짖으며 하셨던 말씀을 지금 그리스도인들이 사람들에게 듣고 있으니 이 얼마나 슬픈 일인가. 우리는 나쁜 이미지를 풍기고 있다. 바나(Barna) 그룹 리서치 팀의 이 조사에 관해 더 자세히 알고 싶다면 우리 친구인 데이비드 키네먼(David Kinnaman)과 게이브 라이언(Gabe Lyons)이 쓴 책 『나쁜 그리스도인(Unchristian)』(살림 역간)을 보라.

4. 주전 586년경 남왕국(유다)은 바벨론의 손에 넘어갔다. 북왕국(이스라엘)은 그보다 이른 주전 700년대에 멸망했다.

5. 존 하워드 요더, 『다시 보는 유대인과 크리스천의 분열(The Jewish-Christian Schism Revisited)』 79쪽.

6. 스탠리 하우어워스(Stanley Hauerwas)와 윌리엄 윌리몬(William Willimon)의 『하나님의 나그네 된 백성(Resident Aliens)』(복 있는 사람 역간)을 참조하시오.

7. 이유 있는 반항아에 관해 더 알고 싶다면 328쪽 이하와 성경 속의 믿음의 영웅들을 보라.

8. 결국 이 청소년들은 관목을 태워 움직이는 픽업트럭을 개발해냈다.

9. 다소 비현실적이긴 하지만 윌리엄 맥도너(William McDonough)와 미하엘 브라운가르트(Michael Braungart)는 『요람에서 요람으로(Cradle to Cradle: Remaking the Way We Make Things)』(에코리브르 역간)에서 이런 아이디어들을 소개하고 있다. 첨단 기술을 반대하는 입장에 대해 더 자세히 알고 싶다면 웬델 베리의 아무 책이나 읽어보라.

10. 수정 헌법 13조에 따르면 "유죄 판결을 받은 사람이 아닌 이상 …… 노예 제도나 강제 노역은 불법이다." 그런데 현재 미국 흑인 3명 중 1명이 투옥 혹은 구류 상태에 있다. 기업들은 최저 임금보다 훨씬 못한 봉급에 죄수들에게 일을 시킨다. 감옥 산업은 가장 빨리 성장하는 산업 중 하나다. 노예 제도는 사라지지 않았다. 단지 형태만 변했을 따름이다. 다행히 예수님은 포로를 자유하게 하기 위해 오셨다고 선포하셨다. 이 주제에 관해서 더 알고 싶다면 우리 친구 마크 루이스 테일러(Mark Lewis Taylor)의 책 『처형된 하나님(The Executed God: The Way of the Cross in Lockdown America)』을 보시오.

11. 이 남자는 셀레스틴과 함께 알람 르완다(ALARM Rwanda) 위원회에서 폭력을 끝내기 위해 애쓰고 있다. 셀레스틴은 이슬람 공동체 리더와 기독교 목사들에게 평화 운동을 가르치며 화해의 사역을 계속하고 있다. 우리가 이 책을 쓰는 현재, 그는 우간다의 훈련 캠프에서 다음과 같은 이메일을 우리에게 보내왔다. "국가주의나 애국주의가 아닌 십자가가 분열된 공동체들의 유일한 공통 기반입니다."

12. 필라델피아의 여성들도 여성 인권 행진 때 비슷한 행동을 했다. 여성 인권 단체들이 데모를 하자 낙태 반대 운동가들이 데모 반대 데모를 벌였는데, 이 여성들은 양 진영 사이에서 다리이자 대화 창구가 되었다.

13. 존 하워드 요더는 저서 『당신이라면 어떻게 하겠는가?(What Would You Do?)』에서 내내 이 질문을 던진다.

14. 이 글은 원래 「소저너스(Sojourners)」지와 빌리프넷(Beliefnet)에서 제공하는 하나

님의 정치 블로그(www.godspolitics.com)에 실려 있었다. 발췌문은 허가 하에 인용했다.

15. 이 비극의 와중에 나타난 구속의 사랑에 관해 더 알고 싶다면 도널드 크레이빌(Donald Kraybill)과 스티븐 놀트(Steven Nolt), 데이비드 웨버 제커(David Weaver-Zercher)의 『아미시 그레이스(Amish Grace: How Forgiveness Transcended Tragedy)』(뉴스앤조이·역간)를 보라.

16. 스탠리 하우어워스가 퍼뜨린 표현.

17. "신약 성경은 그리스도께서 십자가에서 고난 받으신 것처럼 그 제자들인 그리스도인들도 악의 면전에서 고난을 받아야 함을 보여준다."(존 하워드 요더, 『최초의 혁명』 57쪽)

18. 존 하워드 요더, 『예수의 정치학』 129쪽.

19. 존 하워드 요더, 같은 곳.

20. 그래서 알카에다는 세상 악의 뿌리라고 여겨지는 두 곳, 바로 펜타곤과 세계무역센터를 공격했다. 오사마 빈 라덴은 2004년 10월 29일에 공개한 동영상에서 (세상에서 악을 제거하겠다는 의도를 드러내며) 다음과 같이 말했다. "(미국의 원조 하에 이루어진 이스라엘의 폭격으로) 파괴된 레바논의 이 탑들을 보면서 폭군에게 똑같은 벌을 내려야 한다. 미국도 쓴맛을 보고 더 이상 우리의 아이들과 여자들을 죽이지 못하도록 미국의 탑도 파괴해야 한다. …… 부시는 우리가 자유를 미워한다고 말하는데 그렇다면 우리가 스웨덴은 공격하지 않는 이유는 뭔가? 자유를 미워하는 자들은 고귀한 영혼을 지니지 못했다는 말이 있다."(2003년 10월 29일 BBC 방송의 '빈 라덴 동영상' 일부)

"알라신께 맹세하건대 원래 우리에게는 탑을 공격할 생각이 전혀 없었다. 하지만 상황이 참을 수 없는 지경에 이르고 팔레스타인과 레바논에 대한 미국과 이스라엘 연합의 억압과 학대를 목격하고 난 후에는 그런 생각을 하게 되었다."(알자지라 방송에 2004년 11월 1일 방영된 빈 라덴 연설의 전문)

21. 2006년 10월 21일자 「랜싯 메디컬 저널(Lancet Medical Journal)」에 실린 글 '2003년 이라크 침공의 사망자수: 횡단적 군집 표본 조사(Mortality after 2003 Invasion of Iraq: A Cross-sectional Cluster Sample Survey)'를 보라.

22. 세상의 종말만이 아니라 현재의 삶까지 포함하도록 '종말론'의 정의를 넓힐 필요성

이 있다. 존 하워드 요더는 종말론이 '궁극적인 것에 관한 교리'라고 썼다(요더, 『최초의 혁명』 52쪽). 요더에 따르면 "종말, '마지막의 것', '마지막 사건'은 삶에 특별한 의미를 더해준다. ……아직 이뤄지지 않은 의미 있는 목표에 따라 현재 상황을 정의함으로써 현재의 고난을 이겨내게 만드는 희망, 이것이 우리가 말하는 종말론이다." (53쪽) 계속해서 요더는 일어날 일의 날짜와 형태를 추측하여 돈벌이 수단으로 쓰는 유행성 '종말론'과 진정한 종말론의 차이를 설명한다. "묵시 문학이 (성경에) 나타나기는 하지만 그 본질은 예측을 위한 예측이 아니라 미래의 일에서 현재를 위한 의미를 찾는 것이다."(54쪽)

23. 히브리서 13장 5절도 자주 왜곡되는 (수백 가지) 구절 중 하나다. 사실, 이 구절에는 실질적인 의미가 담겨 있다. 하나님이 우리를 떠나지도 버리지도 않으신다는 말씀은 우리로 하여금 탐욕을 떨치도록 돕기 위해 주신 말씀이다.

24. 토머스 머튼(Thomas Merton), 『어느 악한 방관자의 추측(Conjectures of a Guilty Bystander)』 124쪽.

25. 기독교인들의 입에 자주 오르내리는 어구인 '왕국 건설'은 이런 위험하고 실망스러운 소망의 구호로 변질되기 쉽다. 예수님이 말씀하신 왕국은 세상 속에 억지로 세울 수 있는 것이 아니다. 이 왕국은 겸손한 믿음과 소망과 사랑으로만 받아들이고 키울 수 있는 것이다.

26. 몇 년 전 우리 친구의 가족이 사는 집에 불이 났다. 그 집은 이중 자물쇠와 창살로 완벽하게 잠겨 있어 심지어 아이들도 창살 사이로 탈출하지 못하고 가족 전체가 몰살했다. 이 비극의 원인 중 하나는 스스로를 너무 효과적으로 가둔 것이었다.

27. 로고를 사용하게 해준 지저스 래디컬스(Jesus Radicals)의 친구들에게 감사한다. jesusradicals.com을 방문해보라.

28. 마틴 루터 킹, 『양심의 나팔(The Trumpet of Conscience)』.

29. 이 글을 쓰는 동안 나(셰인)는 재향군인의 날 행사로 노트르담 대학에서 메시지를 전하고 ROTC 군사 훈련 프로그램에서 탈락한 한 젊은이를 만났다. 적극적인 반전 활동으로 학교에서 추방당한 그는 내게 자신의 영웅이라는 마르켈루스(Marcellus) 백부장의 이야기를 해주었다. 298년 마르켈루스는 디오클레티아누스(Diocletianus) 황제의 군대를 떠나면서 이렇게 말했다. "나는 영원한 왕이신 예수 그리스도를 섬긴다. 너희의 황제는 더 이상 섬기지 않겠다. …… 그리스도인이 이 세상의 군대에서

복무하는 것은 옳지 않다." 참수형을 선고받은 그는 처형자를 축복하는 기도를 드린 뒤 죽임을 당했다. 그런데 그의 뼈와 유골이 노트르담의 바실리카 제단 아래에 매장되었으니 이 얼마나 아이러니인가. 성자를 묻은 곳에서 ROTC의 번영을 꾀하다니, 장소를 잘못 골라도 한참 잘못 골랐다. ROTC에서 탈락한 그 친구는 현재 가톨릭 평화 연대(Catholic Peace Fellowship)에서 사역하고 있다. 가톨릭 평화 연대는 웹사이트인 catholicpeacefellowship.org를 통해 게릴라 평화 운동가들을 지원해왔다.

30. christianhealthcareministries.org를 보라.

31. 미국 국립 과학 아카데미(National Academy of Sciences)에 따르면 미국에서 매년 1만 8천 명 이상의 아동이 적절한 의료 서비스를 받지 못해 죽고 있다.

32. relationaltithe.com을 보라.

33. PAPA 축제를 계획할 때 고맙게도 폴 글로버(Paul Glover)라는 사람에게 새로운 경제에 관한 조언을 얻었다. 글로버는 뉴욕 이타카에서 이타카 시간(Ithaca Hours)을 사용한 선구적인 물물교환 경제(STATS)를 창출하는 데 참여한 인물이다. 이 경제는 이타카 주민들이 거래할 만한 서비스와 필요한 서비스의 목록을 작성하면서 시작되었다. 글로버는 조언만 하지 않고 우리의 축제에 직접 참여하여 힘을 보태주었다.

34. 경찰들이 완전 무장을 하고 왔지만 즐거운 분위기를 보고 곧 경계심을 풀었다. (공기방울과 색분필을 보면 누구든 웃을 수밖에 없다.) 나중에 한 경찰관은 "그들을 쫓아버려라"는 명령을 받았는데 누가 '그들'인지 분간할 수 없었다고 말했다. 그러면서 나중에서는 자기 경찰서 앞에서 축제를 열라며 빙긋 웃었다.

35. 이스라엘보다 팔레스타인에 그리스도인이 더 많다는 사실을 아는가? 전쟁과 빈곤으로 신음하는 사람들을 가족으로 받아들이면 세상을 보는 눈이 달라질 수밖에 없다.

36. 영화 〈미션(The Mission)〉의 마지막 장면이 이 점을 잘 설명해준다. 선교지를 식민지화와 노예무역으로부터 보호하고 싶은 마음은 동일하지만 구체적인 방법에서 두 사제의 의견이 충돌한다. 맞서 싸울 것인가? 아니면 그리스도인으로서 비폭력의 길을 택하여 원주민들과 함께 고난을 당할 것인가? "물론 그들을 도와라. 단 사제로서 하라." 이것이 하나님의 뜻이다.

37. 웬델 베리, 『시민권 증서(Citizenship Papers)』 5장.

38. 여기서 제시된 통찰의 상당 부분은 주로 '바디메오 협력 미니스트리(Bartimaeus Cooperative Ministries)'의 회보와 셰드 마이어스(특히 2007년 1월 「아메리카

(America)」지에 실린 그의 글 '제국 치하의 주현절(Epiphany under Empire: Remembering Resistance)'에서 얻었다.

39. 투르의 생 마르탱 축일은 공교롭게도 미국의 재향군인의 날인 11월 11일이다. 그러니까 같은 날 애국주의자들은 전쟁을 위한 병사들을 기억하고 교회는 평화의 병사들을 기리는 셈이다.

40. 전례는 예배를 뜻한다. 그런데 단순히 주일 아침에 하는 것만이 예배가 아니다. 예배는 삶 자체다. 다음 쪽에 아름다운 호칭 기도를 실어놓았다.

41. 우리가 사용한 기도문의 전문은 부록 4에 실려 있다. 이 전문을 그대로 혹은 편집하여 사용해보라.

42. 마이어스의 '제국 치하의 주현절'을 보라. 요더는 이렇게 말한다. "역사 속에서 무저항주의 그리스도인들에게 일어난 일들을 보면 '평화'라는 단어는 전혀 어울리지 않는다. ……기독교 반전론도 전쟁 없는 세상을 보장해주지 않는다."(요더의 『최초의 혁명』 53쪽)

43. 대강절 공모 운동(Advent Conspiracy) 역시 상업화 기계로부터 크리스마스를 되찾으려는 프로젝트 중 하나다. 우리의 친구들이 시작한 이 작은 프로젝트는 눈덩이처럼 불어나 "소비가 아닌 연민을 통해 예수님을 예배함으로써 크리스마스 스캔들을 회복하는" 국제적 운동으로 성장했다. 이 운동의 웹사이트에는 이런 글이 실려 있다. "우리가 헤롯의 통치 하에 살고 있지는 않지만 예수님께 충성하지 못하도록 방해하는 또 다른 왕국이 있다. 그것은 바로 소비주의와 물질주의의 왕국이다. 예수님은 이 세상 왕국의 문화에 반하는 놀라운 왕국을 이루셨다."(adventconspiracy.org)

44. 특권이란 단어에 작은따옴표를 붙인 것은 우리가 국적이나 성, 지리적 위치에 따른 부와 힘을 물려받은 것은 복이요 특권이지만 학살과 노예매매, 학대의 유산을 물려받은 것은 전혀 복이 아니기 때문이다.

부록

1. 이 짧은 부록에 존 요더의 영향력이 미치지 않은 부분은 거의 없다. 우리는 요더의 『예수의 정치학』(특히 10장 '모든 영혼은 복종하라')에서 절대적인 영향을 받았다.

맛보기인 이 부록만 보는 데서 그치지 말고 요더의 책과 그가 참조한 책들을 보기 바란다.

2. 바울이 이 구절을 쓰기 몇 년 전, 브리스길라와 아굴라가 납세자 반란과 연루되어 로마에서 추방되었고 네로의 폭정 아래서 새로운 반란의 조짐이 일고 있었다. 따라서 바울은 반란이 성경적인 혁명의 수단이 아니라고 말하고 있는 것이다. 클라우스 벵스트(Klaus Wengst)의 『팍스 로마나와 예수 그리스도의 평화(The Pax Romana and the Peace of Jesus Christ)』 82쪽을 보라.

3. "정부의 요구대로 하지 않되 여전히 그 정부의 주권 아래 있으면서 정부의 제재를 받아들이는 양심적 병역거부자. 혹은 카이사르를 숭배하지 않되 카이사르가 주는 죽음을 받아들이는 그리스도인. 그들은 순종하지는 않되 분명 복종하고 있는 것이다."(존 하워드 요더의 『예수의 정치학』 209쪽)

4. "'정부다운 정부'라는 개념 하에 정부를 거부하고 전복시키려는 자들이 있는데, 이 구절에는 그런 개념이 전혀 없다. 로마에 사는 유대인 그리스도인이라는 배경 속에서 이 구절의 목적은 이 부패한 이방 정부에 대해 반역하려는 마음, 심지어 감정적인 거부감까지도 없애려는 것이다."(요더, 『예수의 정치학』 200쪽)

5. "그리스도인들은 스스로 복수하지 말고 하나님과 그분의 진노하심에 맡겨야 한다(롬 12:19). 권세들은 그리스도인들이 하나님께 맡긴 기능을 대신 맡으려는 자들이다(롬 13:4). …… 정부가 담당하는 기능은 그리스도인들이 하는 기능과 다르다."(요더, 『예수의 정치학』 198쪽)

6. 존 하워드 요더, 『최초의 혁명』 83쪽.

더 읽을 책들

Arnold, Eberhard, *Early Christians: In Their Own Words*, Plough Publishing House, 1998.

Bass, Diana Butler, *Christianity for the Rest of Us*, HarperOne, 2007.

Berrigan, Daniel, *The Kings and Their Gods*, Eerdmans, 2008.

Berry, Wendell, *Sex, Economy, Freedom & Community*, Pantheon, 1994. 『희망의 이유』(산해, 2004)

Boff, Leonardo, *Cry of the Earth, Cry of the Poor*, Orbis Books, 1997.

Boyd, Gregory, A., *The Myth of a Christian Nation*, Zondervan, 2007. 『십자가와 칼』(한언, 2007).

Brueggerman, Walter, *The Prophetic Imagination*, Fortress Press, 2001. 『예언자적 상상력』(복 있는 사람, 2009).

Carter, Warren, *Matthew And Empire*, Trinity Press International, 2001.

Cavanaugh, William, T., *Torture and Eucharist*, Blackwell Publishing, 1998.

Chittister, Joan, *Wisdom Distilled from the Daily*, HarperOne, 1991.

Christian Peacemaker Teams, *Getting in the Way*, Herald Press, 2005.

Clapp, Rodney, *Peculiar People*, IVP Academic, 1996. 『구별된다는 기쁜 의미』(서로 사랑, 2005)

Crossan, John, Dominic, *God and Empire*, HarperOne, 2007. 『하나님과 제국』(포이에마, 2010).

Day, Dorothy, *Selected Writings*, Orbis Books, 2005.

Dawn, Marva, *Powers, Weakness, and the Tabernacling of God*, Eerdmans, 2001. 『세상 권세와 하나님의 교회』(복 있는 사람, 2008).

Ellul, Jacques, *Anarchy and Christianity*, Eerdmans, 1988. 『무정부와 기독교』(솔로몬, 1994).

Hauerwas, Stanley & Willimon, William H., *Resident Aliens*, Abingdon Press, 1989. 『하나님의 나그네 된 백성』(복 있는 사람, 2008).

Heschel, Abraham Joshua, *The Prophets*, Hendrickson Publishers, 2007. 『예언자들』(삼인, 2004).

Howard-Brook, Wes, & Gwyther, Anthony, *Unveiling Empire*, Orbis Books, 1999.

Horsley, Richard A., *Jesus and Empire*, Fortress Press, 2002. 『예수와 제국』(한국기독교연구소, 2004).

Lohfink, Gerhard, *Does God Need the Church?*, Michael Glazier Books, 1999.

McLaren, Brian, *Everything Must Change*, Thomas Nelson, 2009. 『예수에게서 답을 찾다』(포이에마, 2010).

Myers, Ched, *Binding the Strong Man*, Orbis Books, 2008.

Nolan, Albert, *Jesus before Christianity*, Orbis Books, 1975. 『그리스도교 이전의 예수』(분도출판사, 1999).

Padilla, Ren, *The Local Church*, Agent of Transformation, Ediciones Kairos, 2004.

Perkins, John, *Let Justice Roll Down*, Regal Books, 1976.

Romero, Oscar A., *The Violence of Love*, Orbis Books, 2004.

Sobrino, Jon, *Jesus the Liberator*, Orbis Books, 1994.

Stark, Rodney, *The Rise of Christianity*, HarperOne, 1997.

Taylor, Mark Lewis, *The Executed God*, Augsburg Fortress Publishers, 2001.

Trocmé, Andr, *Jesus and the Nonviolent Revolution*, Orbis Books, 2003. 『예수와 비폭력 혁명』(한국신학연구소, 1986).

Tutu, Desmond, *God Has a Dream*, Image Books, 2005.

Wallis, Jim, *Agenda for Biblical People*, Harpercollins, 1984.

Walsh, Brian J. & Keesmaat, Sylvia C., *Colossians Remixed*, IVP Academic, 2004.

Wengst, Klaus, *Pax Romana and the Peace of Jesus Christ*, Fortress Press, 1987. 『로마의 평화』(한국신학연구소, 1994).

Wirzba, Norman, *The Paradise of God*, Oxford University Press, 2007.

Wink, Walter, *The Power That Be*, Galilee, 1999.

Yoder, John Howard, *Politics of Jesus*, Eerdmans, 1994. 『예수의 정치학』(한국 IVP, 2007).

THE END

(하지만 우리 모두 계속해서 예수의 정치를 공부하고,
상상하고, 실천해야 할 것임.)

대통령 예수

펴낸날   초판 1쇄 2010년 9월 30일

지은이   셰인 클레어본, 크리스 호
옮긴이   정성묵
펴낸이   심만수
펴낸곳   (주)살림출판사
출판등록 1989년 11월 1일 제9-210호

경기도 파주시 교하읍 문발리 파주출판도시 522-1
전화 031)955-1350   팩스 031)955-1355
기획·편집 031)955-4675
http://www.sallimbooks.com
book@sallimbooks.com

ISBN   978-89-522-1509-3   03230

책임편집 강영특